懂拚，贏過有錢、有勢、有背景

劉媱媱——著

推薦序

十個精準努力的祕訣

前矽谷臉書產品經理、《追不到夢想就創一個》作者／矽谷阿雅

很喜歡這本書的犀利，還有滿滿的故事與「乾貨」。就如同書名一樣，這本書教我們兩件事「精準」、「努力」，我列出十個書中我特別有共鳴的觀念。

精準

第一，「認識自己是很漫長的路」。舉我自己的例子，出國前是記者，美國行銷碩士畢業後，發現行銷很有趣，到美國雜誌社做數位廣告；做數位廣告時，發現廣告主的應用更多元，於是進了美國第四大零售，做大數據行銷；做大數據行銷的時候，我發現電商起飛，大數據在電商上應用更多，於是我進了手機電商部門，做個人化的ＡＰＰ；在美國第四大零售集團的經驗，我發現規模扮演很重要的角色，於是我到了美國第二大零售集團Target；在Target的時候，我發現全球產品很有趣，於是到了麥當勞做全球外送ＡＰＰ；

在麥當勞的時候，我發現電商科技還是科技公司最強，於是我到了eBay；在eBay的時候，我發現一流科技公司步調更快，於是到了臉書；在臉書的時候，我發現大公司很棒，但我只是螺絲釘，於是出來創業。

第二，「有用不等於值得」。我在臉書擔任產品經理，想要做的功能永遠都做不完，最重要的一件事就是分析了解哪些最能符合企業目標，為團隊刪除那些「不夠值得」的功能點子。

第三，「有前途的事，不一定要做」。舉我自己在《追不到夢想就創一個》書裡的例子，到美國西北大學念行銷碩士時，我沒有只選擇「好找工作」的課程，而是忠於自己的熱情。當時系上有三種主修：品牌管理、數據分析、媒體管理，大數據是當紅炸子雞，加上課堂主要以統計為主，不擅英文的我們通常都能有好成績，學長姐都說：「如果要在美國找工作，那是唯一有機會的主修！」但記者出身的我，還是選了媒體管理，我選擇聽自己的心。回頭看，最後我一路到了矽谷臉書總部帶領產品團隊，我還是走出了自己的路。

第四，「知道自己做事的目的」。我以前學打高爾夫球，有次自己打得很高，我滿意極了！老師結束卻拿了一本書給我，書名叫做「Every shot needs a purpose」（每次揮桿都要有目的），「高不是目的，去哪才是。」

第五，「目標等於取捨」。很多人問我「如何決定該選哪個工作？」如同我在《追》書裡提到的，我通常會反問他：你期待的下一份工作是什麼？為什麼現在不能做？缺什麼經驗？哪個工作幫你補足缺的經驗？抉擇很少有正確答案，而是「最符合你想要的」，你在意的依序是什麼？是去學習跟以後自己想做新創相關的東西、上班時間不要太長讓你可以一邊準備托福考試、學習帶領團隊、跟最先進的人工智慧等領域有接觸、專精一種程式語言、有機會跟國外客戶開會出差、工作時間彈性離家近可以帶小孩、工作步調快自由度高、公司有規模有制度？

努力

第一，「你不配稱它為夢想！」媛媛有個朋友說音樂是自己的夢想，但當被問到有沒有參加過學校的音樂節、嘗試寫歌、學音樂的相關知識，答案卻都是沒有。「你不配把音樂稱為你的夢想」媛媛說。書裡很犀利又中肯地說「人已經懶惰到這種程度，他有一個夢想……卻連動動手指都不肯。」

媛媛提到，曾經她覺得自己不會說話，於是每天錄下跟別人的對談，回家聽。我有類似的經驗，當在臉書從行銷部門要內轉產品管理部門的時候，我找了數百個產品經理幫我做模擬面試，最後我做了七十三次練習，而且在那之前，我不是產品管理的新手，我已經有近十年的經驗。

第二，「積極的人容易失敗」。沒錯，沒嘗試的人沒失敗，積極的人「十個嘗試，有七八件事都被我搞砸了，抱著滿腔熱情撲上去，然後傷痕累累退下來。但是人們看不到十之七八，他們只是看到了一二，就覺得你很厲害。他只能看到我身上開的掛，看不到我身上掛的彩。」

第三，「消除消極的方法就是立馬行動」、「計畫太多增加焦慮」。如同我在《追》書裡提到的，我們最害怕的時候，就是還沒動手做之前，還有剛失敗後。越在腦中「計畫」就越害怕；剛失敗的時候，不斷想著失敗的各種結果，將恐懼最大化，隨著恐懼，我們把夢越做越小。不過，一旦你開始動手做，你的注意力就會放在執行上，就忘記了那些擔心、傷心、害怕！

第四，「投資自己」。「時間的使用方式有四種：第一種，投資。學習一項技能、努力工作……它會讓你的未來更值錢。」沒錯，大部分的人喜歡「立刻可以賺錢」的投資類乾貨，但看遠一點，未來才能更值錢，我在eBay的實習生，都靠著經驗在兩年內從無薪的實習生，到年薪千萬台幣。一個到臉書當工程師，一個到谷歌當產品經理，回頭看，兩個人都說如果當時沒有願意「先蹲再跳」、投資自己，不可能這麼快坐上高薪的位子。

第五，「提高時間價值的一個方式……尋求幫助」。在臉書面試新進員工，有一個常用考題就是「你是不是曾經有資源不足的情況」，大部分來面試的人會說「有，我一人分飾多角、加班，終於把事情搞定了！」但其實，考官要聽到的答案是「有，我說服其他的人，大家一起來幫忙。」因為就算你不睡覺，一天也就二十四小時，遠比不上你找另外十個人來幫你。

推薦序
別讓未來遺憾今天的自己一事無成

閱讀人主編／鄭俊德

很多研究指出貧窮會世襲，要從階級的谷底翻身真的非常不容易，但如果連想翻的動力都沒有，人生真的就只能一蹶不起，今天要與你介紹這本書作者劉媛媛，家裡窮到連門都沒有，她在內心大喊不想死於一事無成。

早在出版社邀請我寫下這篇推薦時，我已在網路上的《超級演說家》冠軍賽中聽過她的分享。在其中一場演講中她分享了某位銀行資深人資主管在網路書寫的文章，標題也引發眾多網友討論「寒門再難出貴子」，點名了這個世代如果沒有父母的資源、金錢的支持、足夠的人脈，基本上人生就注定只能活在金字塔的最底層。

但在這場演說中，劉媛媛卻吶喊著如果你相信了，那麼你就註定永難翻身，但如果你不相信，即使機會再小，但依然有機會，否則就不會有這麼多逆襲人生的真實故事激勵著人們努力。

改變人生的這段路並不輕鬆，有錢人家的孩子跌了一跤，有很好的醫療資源、有家人的關心以及可以再找到更好的教練。但窮人家的孩子失敗了只能自己爬起來，一次又一次的忍受孤獨寂寞，舔拭著自己滲血的傷口，硬著頭皮再撞一次，直到磨出經驗磨出方法。書中有一句話我很喜歡，他再次提醒著事情的一體兩面，你的觀點決定你的選擇。

「你看到的是失敗的重點，我看到的是成功的畫面；
你看到的是無能為力的自己，我看到的是可能被解決的問題。
所以你決定放棄，而我決定闖下去。」

我在十八歲的時候，生了一場疾病名叫「自發性氣胸」，這場意外也給了我很深刻的提醒——生命的有限性，因為它復發的可能性高達50%，發作當下沒有及時就醫就會有生命危險。面對生命的無常有時真的是無能為力，但依舊可以選擇你該如何精彩活出人生。有的人選擇避免風險把自己關在家裡，但我卻選擇去冒險創業，在安全許可的狀態下做任何我想做可以做的事情，我選擇成為一個Yes man，任何的邀請我都不開口馬上拒絕，而是如果我想做也還可以做，即使不熟稔，我依然說Yes，因為我知道熟練都是從練習中磨出來的。

我曾看過一部電影《一路玩到掛》，電影中有一段場景在金字塔的頂端，卡特對艾德華說：「人死後，當靈魂飄到天堂門口，會被問到兩個問題，而靈魂的回答決定了它們的去留。（1）你的生命中有快樂嗎？（2）你是否給別人帶來過快樂？」這時我也想問你如果生命有限，你曾否好好面對自己的每一天，為自己與他人創造快樂呢？

這本書是一本勵志書、雞湯文但卻也是工具書，有作者自己的故事，更提供了逆襲人生的方法，劉媛媛非常用心分別寫下了以下章節。

一、目標篇：如果你常常訂目標卻做不到，那麼這個篇章有你需要的答案。

二、策略篇：如果你投入一定努力卻事倍功半，這篇章將給你四種策略幫助你做正確的事。

三、執行篇：如果你常常拖延沒有動力無法專注，那這個篇章將透過工具幫助你有效執行。

四、心態篇：如果你想跳離舒適圈但卻不知如何面對現實人生，這個篇章將幫助你重建自信。

五、社交篇：一個人走得快一群人走得遠，未來世代需要透過貴人借力，人生的逆襲才夠快。

六、學習篇：閱讀是所有能力的基礎，這篇章將告訴你如何正確學習，並且解決人生問題。

劉媛媛在這本書的末了寫下了一句非常醒目的標題「年輕沒有用」，這個篇章不是要詆毀年輕人，而是要給所有朋友提醒，改變人生不是年輕人的權利，只要你願意改變任何時候都不晚，所以不要後悔年輕時不會想現在來不及，只要現在開始任何年齡都不晚。別讓未來遺憾今天的自己一事無成，與大家分享這本好書。

自序

我不想死於一事無成

有位讀者曾透過社群媒體私訊給我：我很羨慕你的人生，彷彿開外掛一樣。當時我還為這件事情發了一篇文章，因為真的太感慨了。從來沒有想過有一天，會有人羨慕我。羨慕我人生開外掛，羨慕我擁有很多。

十一、二歲到外地求學，每次離開家時，都要先從家裡騎車到鎮上的車站，坐兩個小時的車晃晃悠悠到市區，然後背著行囊轉乘公車到學校，剛進校門就看到同學的家人開車送她來。那是個秋天的下午，我到現在都記得她當時穿了一件紫色的毛衣。那時候沒人會覺得我的人生跟開外掛有什麼關係，畢竟我是那種普通話[1]都說不好的、體育課沒有運動鞋穿的女生。

十四歲，我勉強考上了當地不錯的高中，結果進班就成績墊底，我在自己的日記本上寫：這裡的人都太厲害了，到底怎麼樣才能脫穎而出，考上北京大學？同桌同學說我「要什麼沒什麼，志氣倒是很大」。那時候，我的人生和開外掛也沒有關係。

十七歲考上大學，四年大學期間，我的體重一直保持在一百二十斤以上，大三時的男友逢人就說我人很好，生怕別人看不到我的優點。是的，那時的我不漂亮、成績不好，且整個人處於無緣北大的頹喪中，對生活提不起任何一點勁，那時候也不會有人覺得我人生開外掛。

二十二歲，我毅然決然辭職，決定參加考研[2]，並在北大東南門租了個破房子備考。冬天的晚上，睡覺前把鞋放到暖氣片[3]上烤，醒來後一摸還是涼的，夏天則悶得渾身起蕁麻疹，那時候覺得自己前途灰暗，全靠做夢。彼時彼刻，絕不會有人跟我說我人生開外掛。

二十三歲，誤打誤撞去參加選秀節目，第一輪比賽差點被淘汰。朋友說，這一行根本就不是我這種人應該來的。於是自己蹲在走廊裡哭到手腳發軟，被人發現以後還假裝是被別人的演講感動了。那時候「開外掛」這個詞，也離我好遠。

二十六歲畢業後創業，公司要搬家，我不捨得花錢，就自己組裝桌子，用手一顆一顆地轉螺絲釘。下班回家走在路上，覺得人這一輩子怎麼那麼長，怎麼熬也熬不完；北京的人怎麼這麼多，到哪兒都是人；路燈怎麼那麼亮，怎麼躲也躲不開；世界那麼大，到底我會落在哪裡？那時候若有人跟我說開外掛，我會覺得是個笑話。

說來說去，都是雞湯。到現在我也不覺得自己人生開外掛，反倒是，人生處處有南

1 在這裡是指以北京語音為標準音。
2 指中國一年一度的全國碩士研究生統一招生考試。
3 在中國北方城市，冬天常使用的一種暖氣設備。

牆[4]，隨時準備頭破血流。

有時坡底，有時坡峰，坎坷是坎坷，曲折倒也曲折，可人生就這麼一條路，向上或者向下，不管在什麼點上，沒有別的選擇。

所以，我的選擇是：向上，向上，向上。

我真的很努力。

一直覺得，自己努力的原因是我什麼都沒有，單槍匹馬，毫無依仗，只能自己拼出一條路。

到了後來，當我擁有了一些別人羨慕的東西：車子與房子，自由與事業。我仍然拼，且隨時做好失去一切的準備。

我跟自己說，反正你已經擁有這麼多，怎麼折騰都能活下去，還有什麼好怕的？

原來我努力的動力，從來不是為了擁有什麼。

我從不怕苦，我怕自己死於一事無成。

年少時我也曾是成績差的後段生，上大學時也庸庸碌碌，在那些毫無追求的日子裡，我外表平靜，但內心一直都在翻騰。我覺得生命不該這樣默默無聞地逝去，青春不該這樣風平浪靜地衰退。我要的是波瀾壯闊，要的是波濤洶湧，要的是起伏跌宕，要的是熱鬧轟動，那時我在即時通訊軟體上的簽名寫的是：我是一座活火山，隨時爆發。

人生走到低谷時，我最喜歡看勵志書。

許多人比我聰明，許多人比我漂亮，許多人比我家境好還更努力，許多人比我有天賦還更自由，許多人比我幸運。我從未羨慕，也沒有羨慕的資格，我只是一遍一遍地告訴自己：你看，那些看起來比你更弱的、更差的、更笨的人，他們最後都做到了。

我不一定能成為他們，他們也沒有證明弱小和成功之間有必然聯繫，他們只是證明了可能性。

如果只有一點點可能，你願不願意付出，敢不敢去努力？

我願意。

所以我從未停止過探索更多的人生可能。

你問我是否覺得辛苦。

其實努力不辛苦的，真正辛苦的是無望的堅持。

如果一個人不知道自己腳下的路通向何方，更不懂得正確的走路姿勢，那他的每一步都是難的，每一次堅持都是痛的。但如果你知道自己在哪裡，要走向哪兒、怎麼走，就根本不會在意自己吃了多少苦、流了多少汗。

這一點是我在高中時發現的。

那時候我每天早上幾乎是整個女生宿舍裡起得最早的一個，冬天天未亮，我就奔出宿舍大樓，去教學樓旁的小亭子下面背英語單詞。

---

4 中國傳統房屋通常是坐北朝南，大戶人家在大門內會立一座堅固的牆，遮擋外人的視線，稱之為「南牆」。

晚上我在被窩裡開著手電筒做題目，擔心被宿舍管理員發現了給班級扣分。我每天都興致高昂，充滿希望，那是因為我知道成績進步的祕密。

我也能理解同學們為什麼痛苦：他們不知道自己做的事情是為了什麼，不知道每天解開一道道題目的作用是什麼，甚至不知道自己在做什麼，所以覺得前途遙遠、步步為難。

所以你看，其實努力不辛苦的，只要你懂得努力的方法。

在本書當中，我總結了所有我實踐過的努力的方法，這些都在我人生的某個階段起到重要作用。

我把這些方法按照做事的環節分為六個部分，包括：

一、目標篇。

在這部分，我寫下了制訂有效目標的方法。

二、策略篇。

在這部分，主要分享我實現目標的方法和策略。

三、執行篇。

在這部分，我寫了高效執行的祕密，包括如何及時開始、怎麼保持專注，以及如何長期有效地堅持。

四、心態篇。

心態是努力最大的動力，在這部分，我寫了自己如何保持自信的狀態，以及克服焦慮的方法等。

五、社交篇。

作為一個內向的人，與人交際往來對我來說是巨大的損耗，在這部分我分享了有效的社交策略。

六、學習篇。

學習能力是一個人逆襲的最佳武器，在這裡，我分享了學習的方法。

以上就是整本書的主要內容。

其中最核心的一個思想，就是把有限的資源，透過合理的安排，發揮最大的作用。

是的，我擁有的東西很少，一點點可憐的才能，一個幫不上忙的家庭，不佔優勢的外貌。時間有限，精力不多，沒錢沒勢。

但是我會讓這些東西發揮最大的作用，去做天大的事情。

祝你閱讀愉快。

Contents

目錄

推薦序　十個精準努力的祕訣／矽谷阿雅　002

推薦序　別讓未來遺憾今天的自己一事無成／鄭俊德　006

自序　我不想死於一事無成　010

Chapter One 目標篇

別把寶貴的時間，浪費在有用的事情上　022

二十幾歲的你，一定要想明白這三個問題　028

爲什麼你制定的目標，從來無法完成　039

你擁有的那些，正在毀掉你　046

不懂的事情，一定不要做　052

爲什麼我說，喜歡的事情不要選　060

你所在的位置，決定你的價值　066

Chapter Two 策略篇

從今天開始，想想賺錢這回事 076

培養積極競爭力，拿到一手壞牌也能成功逆襲 082

加入槓桿，讓你的努力帶來翻倍的收穫 104

掌握六步迴圈，讓你再也沒有做不成的事 115

你有人生錯題本嗎？堪稱最好用的進步神器 136

Chapter Three 執行篇

用筆記消除內心聲音，提高專注度 158

增加快樂小路上的障礙，根治你的拖延症 169

時間花到哪裡，哪裡就是你的人生 191

懶惰不是你人生的死敵，不熱愛才是 205

專注的時間才有意義，你需要深度工作 211

永不放棄，讓堅持變得更容易 226

Chapter Four 心態篇

焦慮是生存必需品，過得太舒服可能是沒進步 240
練習樂觀與感恩，可以讓你更幸福 260
有勇氣面對現實的人，才是眞正的猛士 267
性格自由，在這世界活出最舒服的模樣 274
學會不生氣，別讓情緒成爲你進步最大的阻力 289
只要成功六次，你就能成爲有自信的人 313

Chapter Five 社交篇

提供社交價值，你就是一個值得交往的人 332
別把最好的時間，給了不對的人 343
做好印象管理，成爲你想成爲的人 352
說話就是交易，有價值的話才能受歡迎 366

Chapter Six 學習篇

閱讀理解能力，是最基礎的能力 384
深度思考，是走向世界的捷徑 392
學得快的人，善於利用別人的思維與經驗 403
學習就是加速度，是普通人最不凡的武器 410

End 寫在最後：年輕沒有用 422

Chapter One

目標篇

我們這輩子都在和問題打交道，
一堆問題向你湧來的時候，
你必須識別出關鍵的問題；
一堆事情要做的時候，
必須確定最重要的事情是什麼。

○◒◒●

別把寶貴的時間，浪費在有用的事情上

有兩種人喜歡說「慢慢來」。

一種是心中無數的人，當他看到周圍人進步都很快的時候，會安慰自己，慢慢來不要急，一步一腳印。實際上他根本沒有高瞻遠矚的能力，不知道應該做什麼，與其說一步一腳印，不如說只能走一步看一步，想到什麼做什麼。

另一種是心中有數的人，這種人知道自己的目標和路徑，有屬於自己的做事節奏和速度，全心全意地向著自己的目的地奔跑。因為知道自己在做的事情到底有什麼意義，所以不會被周圍人影響。

第二種人當然是少數的聰明人，但第一種人就是「偽踏實人」。

踏實是個好品質，但是有時候我們賦予它的讚美，掩藏了問題本身。許多人就在這種思維之下，踏踏實實地做了許多無用的事情。

不是每一件事都是當下最值得做的事情。

產品品質管理當中有一個法則叫作「重要少數法則」。這個法則是由品質管理專家約瑟夫・朱蘭（Joseph・M・Juran）所提出。

約瑟夫・朱蘭認為，大多數形成的品質不良問題，可以歸因為「重要的少數」，而其餘的小瑕疵，才是由「不重要的多數」造成的。

所以我們在處理品質問題的時候，應該先處理重要的少數。

他用大量的統計分析證明，在發生品質問題的時候，20%的問題是由基層操作人員的失誤所造成，但是80%的問題是由領導者造成；而80%的領導問題，又是在20%的重要環節上造成的，這就是品質管理當中的「二八原則」。

這個原則對我的人生產生了很重要的影響。

每次開始做一件新的事情的時候，都會經歷一個逐步完善的過程。

剛開始大家總是漏洞百出。

比如那時候我去參加《超級演說家》的比賽，發現自己從髮型到服裝，從演講氣場到演講內容，通通不對。在這樣的情況下，人會做出兩個選擇：

第一個，告訴自己慢慢來，先從髮型開始改變，再改變服裝，再去調整演講內容的品質等等。

第二個，瞎改、手忙腳亂。

但其實這兩個選擇都不夠明智，當各方面都在崩塌的時候，你應該靜下來想一想，接下來的精力到底花在哪裡才能有效地解決大多數問題。

我當時的選擇是改變演講內容。

自己說話的節奏還不錯，加上好的內容，還是有取勝的可能。

果然內容改變之後，大多數問題都被解決了，剩下的就是一些不影響大局的瑕疵。

人很容易落入「只要有用」的陷阱。

如果你認為一件事情只要有用，不管是能提升生活品質還是工作效率，就值得去做，你會很容易陷入努力的沼澤。

無論怎樣投入，都得不到想要的收穫。

有用不等於值得。

我在電視節目《非你莫屬》上遇見過這樣一個選手，考研究生、考公務員、考事業編[5]，結果考了兩年都沒有考上，當主持人問他浪費了這兩年時間是什麼感受時，他說：「這段時光也是很有意義的，並沒有浪費，在這個過程中收穫了很多，所以覺得值得」。

可是不能有一點收穫就覺得值得。不管多麼錯誤的事情，人類都能從中思考出意義來，如果沒有做這樣錯誤的選擇，我們本來可以收穫更多。

所以值不值得，要把機會成本考慮進去。

我也曾經落入過這樣的陷阱。

大學期間比較迷茫，覺得自己處處不夠好、處處是問題，所以總是盲目地要求自己去關注很多資訊，我的電腦裡收藏了許多新聞網頁，從政治到娛樂，從經濟到軍事，彷彿每天看這些就可以打開所謂的格局，拓寬所謂的眼界。

我還要求自己學許多東西，寢室的牆上貼著「要學英語」的標語，但其實也不知道學英語的目的是什麼；要求自己讀書，可是讀書的範圍也不確定，所以在圖書館只要看到好書，就覺得對自己有用，借回來之後亂看，並未形成什麼知識系統。

畢業以後才發現，那個時候最重要的事情反而沒有做，能夠改善未來命運最關鍵的20%的事情沒有做。那就是去尋找未來的職業方向。我應該多去嘗試、瞭解和探索自己的興趣和特長；選定未來的職業道路；為自己的選擇做充分的準備。

這個問題遺留到大學解決其實已經很晚了，然而大多數人仍然沒有意識去做最重要的事情。

我邀請過一位成功的職場人來做講座，她是一家世界排名前二十的跨國公司的高級主管。說到自己的大學生涯，她說從大二就開始蒐集各種求職資訊，去接觸學長學姐，瞭解到了一些行業和職位的情況，最終結合自己的英語特長和專業，鎖定了幾家外商，充分研究這些企業的招聘要求。一畢業，輕輕鬆鬆地就從上千名應聘者裡脫穎而出。

---

5 事業單位介於國家公務機構與企業之間，本質上屬於社會服務組織，單位的經費是由國家負擔全部或部分。

為何你的努力和別人的努力總是有差別？

因為任何事情都有它重要的20％，「二八原則」告訴我們：80％的成果都是由20％的努力產生的。如果能夠抓住關鍵的環節，就能以更少的投入，收穫更大的回報。

這並不是教大家怎麼投機取巧，我們只是在追求有效。人的專注力、時間、精力都是有限的。這件事我會在本書當中反覆提及，一直到它成為你全身每個細胞都記住的事情。

所以我們必須選擇一種有節制的、更專注的努力方式，去追求更高的效率，追求有用的功。帶著這個思路去做事情，就能排除不重要的事，甚至排除很多根本就不必要的事。

我來舉個具體操作的例子。

曾有位粉絲來向我提問。他說，自己的性格很懦弱，總是被別人欺負，就連剛來的新人也看不起他，人際關係讓他很苦惱。雪上加霜的是，他的業務做得也不夠好，加上不太會說話，導致上司也不喜歡他。這一切導致他很自卑，他問我應該怎麼改變自己的性格，是不是應該去學習一下溝通和表達？

我說，不要輕舉妄動。你先分析一下，在這些問題當中，性格懦弱、跟同事處不好、不會說話、業務不好、上司不喜歡、自卑苦惱……，哪個部分是關鍵的20％，解決哪個部分就能解決大部分問題？

我認為關鍵的20％是把自己的業務能力提高，只要把業務能力提高，就能解決所有問題當中的80％，就可以增強自信，得到同事跟上司的尊重。

如果天天去討好同事，那就南轅北轍了。

所以在不知道什麼問題是關鍵問題的時候，要把在通往目標路上遇到的所有問題全部列舉出來。

問自己：

是哪些問題，導致你對現在的生活不滿意？

其中的哪些問題是你認為的主要問題？

這些問題的解決，是否可以促進其他問題的解決？

透過自問自答，鎖定其中關鍵的部分，然後在這20％的領域，投入專注的卓絕努力，去得到80％的收穫。

改掉只要有用就去做的思維。也可以反過來思考這些問題：

如果我只做三件事，我應該做哪三件？

如果只做一件呢？

這一件對促進解決其他問題是不是有用的？

我們這輩子都在和問題打交道，一堆問題向你湧來的時候，你必須識別出關鍵的問題；一堆事情要做的時候，必須確定最重要的事情是什麼。

擁有這種思維的人，才能贏得更快。

○◒◒●

二十幾歲的你，一定要想明白這三個問題

一開始我對去大學做講座充滿熱情，因為我是從這個階段走過來的，我太瞭解他們的困惑，對於如何度過這段時光，我太有心得了。

但是逐漸地我開始覺得，其實我說再多也沒有用。

我有答疑解惑的耐心，可是他們未必有解決問題的耐心，即便得到了答案，他們還是會翻來覆去地問。

只問，也不行動。

二十幾歲的時候，我們困惑的問題大概有三個。

第一個問題，不知道自己將來要做什麼。

人活著要做什麼，關於這個問題我也想了好久好久。

小時候躺在媽媽身邊，睡不著，會想著和媽媽的相處時間在一分一秒地減少。

她每呼吸一次，就過去了兩秒鐘，那麼她的餘生和我的餘生就減少了兩秒鐘。

我們離彼此的死亡，又接近了兩秒鐘。

頓時就變得焦慮起來。

那時候才十歲出頭，在外地求學，回家不容易，我和媽媽一個月只見面兩天，所以與她相處的時間真的太珍貴了。

我有時候會憤恨，老天爺派我們人類來到世界上到底是為了什麼？難道讓人活著，就是為了讓人遇見愛，然後再遭受離別嗎？

我大學四年都像個幽魂一樣，不知道自己的將來在哪裡，只知道自己不要什麼。

偶爾看到一個優秀的人、一個名人，或者成功的人，就會把他們的樣子當成我的夢想，直到真正去實踐，才發現不實際和不合適。

還好我知道自己為什麼會這樣，所以雖然焦慮，但是不至於驚慌。

我們大部分人，二十歲之前的人生只學會了一件事情，就是考試。

學習根本不是學習，讀書也不能稱為讀書，在學校的全部生涯就是考試、考試和考試。老師不會帶你去看大自然，不會給你講原理，他們只會告訴你知識以及正確的答案。

在求學期間，我們拼的是誰能快速解題，誰能快速地找到那個唯一的、正確的答案。

沒有人問過你喜歡什麼。可能你學習成績不好，但是除此之外你也一無所長，你被安排著學習一切，又被訓練著去模仿老師找答案，所以當你突然從那一道門邁出來，看到選擇，看到大千世界，一下子就迷茫了。

迷茫是正常的。

考上大學選個專業，並不是人生定向，一切只是剛剛開始，要花很長時間去自己探索和尋找答案。我，到底要做些什麼？

而許多人之所以浮躁，就是因為他們在剛剛拿到這道題目的時候，就想要一個答案。就好比求學的時候，他們只要看到一道不會做的題目，就想著往後翻幾頁。

可人生已經沒有標準答案了，甚至有些人連題目是什麼都沒搞清楚。

只能自己耐心地去想、去看。

我找到的答案是這樣的：

在我活著的時候，我有三件事情需要做。

首先，承擔責任。例如贍養父母，給他們更好的生活。

其次，實現自我。人有實現自己能力的需求，我們必須感受到自我價值，才能幸福。我有許多夢，也有一些閃耀的才華，更有許多不著邊際的想法，所以我要找到屬於我的麥田，揮灑我的汗水，徹徹底底完成自我實現。

再者，餘力造福於人。一定要學會給予更多，給認識的、不認識的人。奉獻是會讓人感到快樂的。

這三條就是我人生的秩序，它不是絕對正確，但是符合我的性情和價值觀，所以當我做選擇的時候，會按照這三個標準去考量。知道自己要做什麼，一切就有了答案。

如何實現自我？能夠在未來找到的那件讓你充分綻放的事情，無非就這三種：

你喜歡的。

你擅長的。

你眼下擁有的。

聽起來很簡單，但是喜歡什麼？擅長什麼？能接觸到的機會是什麼？這足夠讓一個年輕人去想好幾年了。

所以，一定要有耐心。

二十幾歲的時候，我們困惑的第二個問題是，不知道怎麼做自己。

跟朋友意見不合了，我該怎麼辦？去道歉，回頭又嫌棄自己。堅持到底，又覺得自己很沒有氣度。

類似這樣的問題出現，都是自我比較模糊的一種表現。

我們不知道自己應該是什麼樣子，我們被社會的觀念綁架，被父母的看法干擾，被朋

友和周圍人的目光挾持。

對自我的不確定性，讓我們又不夠欣賞和喜歡自己，於是，這一切猶豫都變成了自我嫌棄。

記得求學時期，朋友們很喜歡聚餐，每每這個時候我總是來回搖擺。其實我不想去，一方面我不喜歡在社交上花費時間，另一方面每個月生活費就只有四、五千塊，吃一頓飯可能就要花去十分之一。不過，我不好意思拒絕。一方面，我莫名其妙地認為社交是有必要的；另一方面，我又不想掃興。

後來我問自己的內心：你是不是真的很需要社交？

我讀了很多書，確定了一個答案，那就是需要。不是因為功利，而是因為和周圍人的聯繫，是你確定自己存在感的方式，和幸福本身有關係。所以不要盲目地被朋友圈的雞湯文煽動，放棄所有的社交。但是這個社交需求是不是只有透過聚餐才能滿足？

並不是。我有其他的途徑可以和朋友親近。

沒有誰會認同這句話：一個人只要不經常和朋友聚餐，就不配擁有朋友。對嗎？

一旦解決了這個內心衝突，我心情立刻變得舒服了起來。當接到聚餐邀請的時候，我會盤算一下自己手頭的任務和當月剩餘的生活費，條件允許的話我就開開心心地答應，條件不允許時就果斷地拒絕並坦然地祝大家玩得開心。

認識自己是個漫長的過程。你要看很多書，從書中去尋找自己的影子，解釋自己解釋不了的事情，認識自己沒有認識到的那一面。你還要細心地觀察自己的情緒，瞭解自己需要什麼、應該怎麼做。

這太難太難了。

馬歇爾．盧森堡博士在《非暴力溝通》的書裡講，在與人的交往中，人起碼分為三個階段：

第一個階段是討好期；

第二個階段是獨立期；

第三個階段是平衡期。

任何事情，只要分為三個階段，就會顯得很有道理，當然確實也有道理。

我們的成長期總體也可以分為類似的三個階段：

第一個階段是聽話期；

第二個階段是掙脫期；

第三個階段是自由期。

二十幾歲的時候，我們大多數人處於第二個階段，即尋找自我的掙脫期。我們想要聽從內心的聲音，然而這個聲音又不夠明朗。

好孩子有一個重要的標準就是聽話，聽誰的話呢？聽爸媽的話，聽社會標準怎麼說。而當你不想聽話的時候，你就走到了第二個階段，這個時候的你矛盾、困惑、較勁，這些都是必然會經歷的過程。

走過這一程，就能達到真正的自由狀態。

一切選擇都是我的選擇，我對自己做的所有事情都感覺舒服，對自己全部接納。

二十幾歲的時候，我們困惑的第三個問題是，不知道怎麼實現自己的夢。

我有個朋友，是理工科的學生，並且在985院校[6]就讀。他的專業，抱歉，到現在我還是沒有搞懂，叫作資訊技術與工程，好像是電腦相關的專業，但是聽上去範圍很廣，我確實不知道是學什麼的。

我這個學資訊技術與工程的朋友，他的夢想是做音樂。但是第一，他在音樂方面並沒有展露出什麼天分。第二，他確實毫無經驗，而且現在學習的專業和音樂相差甚遠。

畢業的時候他去了一家互聯網公司工作，跟我訴說了內心的不情願，一直到那個時候我才知道他喜歡音樂。我才發現，他的歌單裡有許多我連名字都不知道的歌，並且他能夠詳細地說出每一首歌的風格。

我問他：「你為什麼不追求你的夢想呢？」

他說：「你為什麼忽然變得這麼幼稚，現實一點好不好？怎麼可能，音樂這條路很難走，成功率太低了」。

我說：「我不是這個意思，我只是想問你，在校期間你參加過學校的音樂節嗎？你嘗試過寫歌嗎？你學習了一些音樂的相關知識嗎？」

對於這些問題的答案，他的回答都是：沒有、沒有和沒有。

我歎氣，然後說了很重的話，我說「你不配把音樂稱為你的夢想」。

從我參加完《超級演說家》這個節目以後，就一直有人在問我，如何才能去參加這個節目。

我一般會問對方：你去《超級演說家》的官方網站留言了嗎？發私信了嗎？你有密切關注它的招募資訊嗎？甚至，你從地圖上就可以查到這個節目組的辦公位址，你去過那裡試試看，問一下嗎？

通通沒有。

人已經懶惰到這種程度，他有一個夢想，卻連實現的方法都要問別人，連動動手指都不肯。

---

6 中國大學的分級制度，被列為985的學校，屬於不論綜合實力、學科教育及科學研究表現都優異的名校。

我告訴我那個有音樂夢想的朋友，我大學時的一個學長是怎麼做的。

他是一個法律系的學生，喜歡音樂，所以努力成為學校合唱團的指揮，自己寫歌，自己去找錄音室錄製，然後上傳到音樂網站，到現在已經有了二十多首自己的作品。

讀研究所的時候也有一個學長，同樣是法律系的，喜歡音樂，他寫出了我們法學院的畢業必唱曲子，現在在北大做音樂老師。

他們才是把音樂當夢想。

將來未必會成為歌星，但是他們用自己的努力證明了自己到底可以做到哪一步，以及自己是否適合。

即便那個答案是根本不適合，他們也是擁有答案的人，而不是擁有遺憾的人。

更何況，每條路上都有許多人，每一條路都很長，我們大眾看到的僅僅是最前面的幾個人，比如說到唱歌，你首先想到的是誰？然後伸出手指數一數，有超過十個人嗎？

以前我一直都覺得做音樂、當演員、做主持人這種道路不可靠，因為那些道路上的成功好像和運氣、資源的相關性很大。

但其實每一行都差不多，站在金字塔尖端的人就那些。

學法律的從大學畢業以後，成為普通律師的人也很多，所以學了唱歌的人沒有成為明星，只是成為一個普通的音樂從業者，也很正常。

沒人知道他們的名字，他們可能只是在婚禮和喪禮上唱歌，但他們可以養活自己，以唱歌為生，這也是音樂從業者。

我們下意識地把追求音樂夢想等同於追求當明星，所以我們認為成功率很低。

在《非你莫屬》這個求職真人秀節目上面，出現過一個想做歌手的農村年青人，他唱歌一般，也不會跳舞，更沒有創作才華，只是長相還算好看而已。

現場的所有老師都勸他：放棄自己的夢想吧，不會成功的，老了會很悲慘的。

這時候我給他算了一筆帳。

大多數農村小孩出去打工，一年下來可以賺到二、三十萬算不錯了。但是在酒吧唱歌，他可以月入四萬。也就是說，即便他人到中年就唱不動了，沒有人為他的歌買單了，他也可以賺到一個普通農民一輩子才賺到的錢。

他並沒有選錯。

所以，好多夢想本來就沒有你想的那麼凶險。

你大可以放下憂慮，放心追求。

不用辭職，也不用做那種悲壯的放棄。就像我說的，從嘗試開始，用自己的方式去接近和堅持，就可以。

但是，有太多人過於著急。

他們想的是現在的自己和最後成功那一刻的距離，因為覺得這中間的路途遙遠，所以懶到連上路都不肯。

等他們老了，大概還要嘲笑當年的自己幼稚，做了一個虛無縹緲的夢。

到底如何去實現一個年輕的夢？
如果你想修建一座城池，就從搬一塊磚開始；
如果你想挖掘一片大海，就從撿一粒沙開始；
如果你想搬動一座大山，就像愚公那樣，從劈開一塊石頭開始。

彎下你的腰，在走一條花路[7]之前，走你的水路、泥路、坎坷不平的土路。
別在四十多歲的時候，去吃二十歲的苦。

[7] 網路流行語，表示美麗、平順的道路。

○◒◒● 為什麼你制定的目標，從來無法完成

每個新年來臨的時候，在朋友圈裡都會有一堆新年目標被輪番發布著。要考研究生，要減肥，要學習英語，要每天讀一本書，要看一百部電影……這些目標最後一個都不會實現，於是明年又重複一遍。

為何你的目標經常實現不了？

首先被懷疑的就是自己的執行能力，是我太懶了，我不堅持，我不努力。

但實際上出問題的是制定目標的能力。

我也是最近兩年才發現，大多數人對於時間沒有概念。沒有人不會看錶，但是很少有人對時間有感知力。

之前遇到過這樣的一位求職者，說自己兩年內換了一百份工作，稍微計算一下就知道，幾乎三天就要換一份工作才能做到兩年一百份。

更讓人起疑的是，他的簡歷上明明白白地寫著，其中有一份工作超過了半年，這意味著他一天或半天就要換一份工作，才能達到他說的數字。

然而，這不可能。一天半天的時間，面個試還差不多。

到最後求職者也沒有解釋明白這個數字。

我還見過一個求職者，說自己一年讀三百本書。

說出這個數字的時候，他是真心覺得讀三百本是很正常的，否則不會這樣明目張膽地撒謊。面試官讓他談一談最近讀的一本書是什麼，他又說不出來，很明顯沒有讀過。

如果對時間有正確的感覺就會知道，真正用心讀書的話，一天讀一本書幾乎是不可能的，除非你只是隨便翻翻，除非你看的是一本很薄的小說，並且只看書，不做任何筆記。

之前就有一個著名作家鬧過這樣的笑話，吹牛說自己大學四年看了兩萬本書。

這就意味著他一年要讀五千本書，一週要看一百本，一天要看十四本。

真是說謊不打草稿的典範。

後來我想，可能是他做過讀兩萬本書的計畫吧。

之所以有那麼多離譜的計畫，是因為：

首先，對自己要執行的事情根本不瞭解。

那些做讀書計畫的人都不怎麼讀書，他們不知道讀一本書的時間大概是多長，就好像有些人立志一週減重二十公斤，因為他們不懂得減肥的原理，所以不知道掉一公斤肉到底需要多長時間。

其次，對時間也沒有概念。

一年的時間並不長，起碼沒有你想像的那麼長，一年真的幹不了那麼多事情。我每次想要定一個年度計畫的時候，都逼自己把年度任務分配到週，發現一週根本不可能做完那麼多事情，所以在做計畫的時候就會放棄不合理的任務。

再者，對自己的執行能力更不瞭解。

一般情況下，我們預設的時間都是極高效情況下所花費的時間，根本不會算上自己拖延以及不專注所浪費的時間。

以上這些因素便共同造成了目標無法完成的悲劇。

所以每年別人都在定目標的時候，我一直在收縮目標。

我在定目標上最大的經驗就是，少定點目標。

首先，你的目標真的不能太多，而且目標之間需要保持統一。

很多人定的目標之間是衝突的，又要減肥、又要讀書、又要學習英語、又要考研究生、又要保持一些生活樂趣等等。

這些都是互相衝突的目標。

人生已經有許多關於平衡的命題，可能花費一生也無法掌握其中的訣竅，比如，如何平衡家庭和事業。你卻還再增加許多矛盾的目標，造成的結果就是越多衝突，越多迷茫。要減肥就不要考研究生，要考研究生就不要減肥。否則你會變得一點行動力也沒有，做這個不行，做那個也發慌，勉強把所有事情都往前推進，但是通通做不好。還是那句話，畢竟你的時間、精力、意志力都是有限的。

很多成功人士真的不像大家想的那樣天生就自制力強，做什麼都成功。歐巴馬能夠成功當選美國總統，但他總是戒煙失敗。

成功的人懂得去選擇目標，集中精力。

一段時間內，我們只要集中完成一個目標即可，千萬不要把目標捆綁在一起。

其次，把你的目標分解為關鍵結果，就可以看出是否有可能實現。在定目標的時候，不要總盯著自己的目標看，要盯住實現目標的步驟。

比如有些人減肥，特別喜歡把理想中的模特兒照片列印出來貼在牆上，或者放在電腦的桌面上。激勵大師都喜歡跟人說，你要把你想買的車貼在你家的牆上，這樣有朝一日，你真的能實現夢想。

我本人就是這種勵志型高手。

考大學的時候，我的抽屜裡面塞滿了勵志書；打工的時候，我會天天上買房網站，選出一間喜歡的，我甚至連如何裝修都想好了。

這樣盯著目標看確實是有效的，它會讓人充滿熱情，充滿動力，行動起來更積極。

但是也會帶來一種惡果，就是減弱你的行動力。

你會把看到目標時候的激動，偷偷代替自己的行動。

你什麼都沒幹，但是看到目標就可以獲得一種滿足感。

這就是你常充滿動力，卻無行動的原因。

因為勵志本身就已經讓你滿足了。

更好的做法是這樣的：以前我經常看著房子，想著自己一定要努力，我要給我媽買這間房子。現在我不這麼做了。現在我會把買這間房子需要做的事情，總結成幾個步驟，然後我在看這間房子的時候，就會想起來自己列出的步驟：如果我要在兩年內買到這間房子，那麼我必須在各個階段達成的關鍵結果是什麼？

什麼是關鍵結果？就是這些結果實現了，目標就實現了。

比如要買間房子，就必須當上主管；要當上主管，我就需要把手頭這個專案做好，讓老闆對我滿意。所以看到房子的時候，被提醒的不只是目標，還有必須達成的關鍵結果，這樣就會增強行動力，而不是減弱。

因為你看到目標不只是激動，目標還會一遍一遍地提醒你，必須做到哪些事情。

把結果分解為關鍵結果，還可以看出目標到底是否可能實現。

我前兩年定目標，想在一年內把公司收入做到四千萬。當時還暗想，四千萬也不多，去年做了一千萬，今年起碼要翻倍吧。

只要還有時間，就有人類的想像空間。在想一件事的時候，常常覺得不難，所以特別敢想。但是真的分解一下，就會發現達到這個目標的關鍵結果，都不是你在預期的時間內可能完成的。如果想要一年內做到四千萬，一季起碼要做到一千萬，一個月要三百多萬。

而三個月過去了，我只做到了四、五百萬。

憑什麼覺得自己能在未來的九個月內做到三千多萬呢？

不經過分解就不知道自己的目標定得有多離譜。

再者，目標要艱巨，但是千萬不要太遙遠，越遙遠的目標越難完成。

與其把五年之後公司上市當做目標，不如把三個月賺一千萬作為目標來得好。你可以有長期的計畫，但是如果只有長期的計畫，這個計畫會很容易失敗。

因為計畫越遙遠，出現偏差的機率越大。

心理學有個實驗，大概是這樣的：心理學家設置了一個任務，讓一組實驗對象從下週就開始進行，這個組的人規劃以八十二小時來完成任務。而心理學家又告訴另外一組人，一年之後再做這個任務，然後這個組給他們的任務只規劃了六十小時。

眼下在做這個任務的時候，我們還能夠比較理性地去評估它的艱巨程度，給一個比較合理的時間。但越是未來的事情，我們規劃的時間越少。好像對於未來的時間有一種錯覺，總覺得事情在未來會更容易完成。

這就是離你的目標越遙遠，你的計畫就可能越離譜的原因。

但是，目標太近也不好。沒有任何想像空間，也會讓人沒有動力。反覆嘗試之後，我發現最好的時間長度是以季度進行。季度計畫，既不遙遠，也不短暫。一年四個季度清清楚楚，讓你覺得有希望馬上完成，但還是需要等待和期待。

對了，還有一個小技巧。

制定目標的時候，**儀式感越強，對目標的忠誠度越高。**

儀式感和忠誠度的關係很微妙。入黨宣誓、公司年會，都會提升你對組織的忠誠度。這個也是我自己開公司以後發現的，以前我不是很明白，公司耗費大量的金錢開年會，難道只是為了讓員工開心一下？

其實這些會提升員工對公司的依戀和忠誠度。意識到這點以後，我每次制定目標任務，都會認認真真開個季度會議，雖然我自己本身不是什麼有儀式感的人。有儀式感的目標，你會看得更重要，對這些目標，你也會更忠誠。

以上就是我制定目標的經驗。

掌握這三個技巧，就足夠制定出合理的目標。別讓你的目標從開始制定時就失敗。

想錯比做錯更可怕，因為事情一旦想錯，就不會實現了。

你擁有的那些，正在毀掉你

說個我看過的故事。

一位富有智慧的老師想向自己的學生解釋，為什麼有些人會過著平庸又普通的生活。

某天他們來到一個村莊，拜訪了這個村莊裡最窮的一家人。這戶人家有多窮呢？一共八口人，每個人都面黃肌瘦、頭髮蓬亂，他們住在全村最破的房子裡，屋子的牆角處堆滿垃圾，屋頂滲著水。全家賴以生存的唯一財產是一頭乳牛。

老師帶著學生在這戶人家借宿了一晚，第二天離開的時候，他帶著學生走到乳牛身邊，把牛殺了，沒有給任何解釋。

對於學生們的質問，他也不予回應，於是學生們就愧疚難安地回到了城裡。

剛開始，學生們都擔心這家人會餓死，但是時間一久慢慢地就淡忘了這件事，老師也不再提起。

直到一年後，老師帶著學生舊地重遊，又來到了這戶人家。

令人驚訝的是，這戶人家已經擺脫貧窮，過著富裕的日子。他們穿著整齊，笑容洋溢，昔日的破房子變成了新房子。

原來在那頭牛被殺死之後，他們先經歷了絕望。

那頭牛畢竟是他們生存的全部希望，也是他們贏得鄰居尊重的原因。牛被殺死以後，他們走到了絕路，他們意識到必須去做點別的事情，否則處境會越來越糟糕。於是他們在房子後方開闢新地種菜，甚至出去販售，慢慢地，日子就過得越來越好了。

有沒有被戳中的感覺？這正是許多人仍過著平庸生活的原因。

可能很多人會覺得，失去了乳牛，搞不好全家都會餓死。

但更現實的是：除非破釜沉舟、置之死地，否則我們的生活不會有任何改變。一直以來，我們被偏見、恐懼和藉口綁架，過著自欺欺人的生活。

許多人之所以選擇創業，都是因為無路可走。

香港水餃品牌「灣仔碼頭」的創始人，名叫臧健和。她原本是青島人，二十二歲時，在青島一家醫院認識了後來的丈夫。男人是泰國華僑，因家裡貧窮，打算長期留在青島發展，於是兩人歡歡喜喜地結了婚，並且生了兩個女兒。

沒料想幾年後，丈夫拋棄了臧健和回到泰國，並且在那邊也有了妻兒。臧健和尋親不成，又沒臉回到青島，便帶著女兒留在香港。

之後的故事就順理成章發展了。為了求生存，臧健和從一個推著手推車賣水餃的女人，成為灣仔碼頭的創始人，完成了從零到年賺六十億人民幣的過程。

現任中國格力電器董事長的董明珠，在接受採訪時也說到過類似的經歷。她自曝人生最大的轉捩點是丈夫去世。並且表示，如果丈夫還在世，絕不會同意自己到珠海打拚，自己也不會走上現在這條路。

一九八四年，丈夫去世後，骨子裡不願依賴別人的董明珠沒有選擇再婚，而是選擇獨自撫養孩子。六年後，她辭去以前的工作，孤身一人來到珠海，加入格力電器的前身——珠海海利空調器廠，成為一名業務銷售員，那時她三十六歲。

加入格力電器這一決定，徹底改變了董明珠的人生軌跡。

他們能夠打拚成功，都是因為生活中的「乳牛」被殺死了。

這些人並非天生會成功。

我有個朋友，想從公務員體系裡跳出來，卻遲遲不敢。

他已經三十六歲了，留在那沒有什麼發展，收入也不高，所以經常和我抱怨。就這樣足足抱怨了五年，仍然沒有做出決定。他害怕不穩定，害怕生活品質下降，也害怕失去公職人員這個身分，被人看不起。前段日子又跟我說，作為一個法學院的畢業生，很後悔當時沒有努力考到司法證書，如果當時去做律師，可能過得比現在好。

我鼓勵他去考一個。

他說：「算了吧，年齡大了，經不起風險。」

我說：「不辭職也可以考的。」

他答應了，但回頭就忘掉這件事。

有一次我們一起吃飯的時候，我讓他計算一下，到退休之前他到手的收入是多少。最終得出結論，再辛苦工作三十年，大概可以拿到一千二百萬。

我說：「這就是你的餘生，你在這個世界上剩下的時間，還可以變現出這些錢。」

他很驚訝地說：「從沒想過只有這麼少。」

總覺得自己還有機會掙很多錢，總覺得自己還能暴富，總覺得自己還能再買間房子，總覺得自己還買得起自己想買的東西。但是真的計算一下，原來自己的餘生，原來自己所謂的穩定，只值這麼點錢而已。

可就是這麼點東西，讓他不敢動，讓他不願意動，也讓他一動不動。

乳牛死了，人還活著，新的選擇帶來新的人生，新的人生中有新的希望。只要頭腦和雙手還在，你會過上比一動不動更好的人生。

這個換算，起碼在我的人生中是值得的。

回想自己創業的原因。

其實當時我沒畢業就開始經營社群媒體，後來接到廣告以後，可以保證每月四、五十萬的收入，家人跟我說已經足夠了，接下來找一份穩定的工作，工資不用太高，就很完美。

向上走是一條很艱難的路，你要克服地心引力往上攀爬，這過程中要付出諸多代價。原地不動卻很簡單，向下走則更迅速。

我要忘掉自己已經擁有的，不管是那一個月數十萬的錢，還是自己考到的司法證書，我跟自己說，你需要從頭開始，你需要去做一點更厲害的事。所以，我就去創業了。

我媽一直打電話跟我講：為什麼女孩子要這麼折騰呢？以前你說你什麼都沒有，你要這樣折騰，我能懂。現在你有的已經比人家都多了，你還要折騰。親戚也跟著一起勸說：你把你的司法考試證書找個律師事務所掛上，這樣你還有一條後路，將來還能當律師。

這個操作流程，我到現在都不明白。

所以我當時就拒絕了。

如果有了那頭「乳牛」，我不知道自己還有沒有勇氣往前走。而沒有那頭乳牛的人，只能無懼風雨地去拼命。

人哪，放不下的那些，無非就是虛假的安全感和虛榮心而已。

一份毫無生氣的工作養著你，讓你既無法實現理想，也不會買不起當季的流行品；一個體面的學歷包裝著你，允許你申辦信用卡和維持生計，甚至還能給你小小的愉悅感。

雖然你並不滿意現狀，卻漸漸開始學著接受，雖然沒有什麼成就感，但是不至於到痛苦的境地。所以你就忍耐著活過了這樣的一生。

這就是一個人逐步變平庸的過程。

你擁有的那些，正在毀掉你。

我們需要找到「乳牛」，然後殺掉。

○◒◒● 不懂的事情，一定不要做

前陣子有一回跟一個上市公司的老闆吃飯。

他本來是一個普普通通的農村小子，小時候家裡窮，初中輟學後在礦場找了一份工作，不知道是什麼原因，他突然和別人一起去新疆做了礦產生意。其他一起去的人後來因為各種原因回到了家鄉，只有他一個人堅持在新疆做了二十多年，直到公司上市，才攜家帶眷返回北京。

好多人向他請教生意經，他常說：我這輩子什麼都不會，就懂看礦。我對什麼都不感興趣，只喜歡看礦。所以，我就只看礦。

飯局結束後回家的路上，我一直在想，**太多人不懂得，自己到底懂什麼。**

李小龍在文章中寫過一句話：要改變我們現在的狀況，我們必須意識到我們是什麼樣的人。

所謂的有前途的事情，我們不一定要做。

我妹妹畢業於一流大學的中文系，從出校門就一直待在出版行業，做了五六年，很多朋友都勸她從出版行業跳出來，說這一行是夕陽產業，且利潤薄。

但是沒有誰能勸得動她，她說自己就懂做書。

現在她成為一個很厲害的編輯，在日落西山的出版行業，做得風生水起。

所以你看，在制定目標的時候，除了客觀因素之外，我們會受到主觀因素的影響。

我們會想：我喜歡嗎？我擅長嗎？我適合嗎？

球類術語中，有一個名詞叫作「**甜蜜點**（sweet point）」，意思是，每一個球桿的桿頭上，都有一個用於擊球的最佳落點。

如果你揮桿很正，擊球的時候正中這個甜蜜點，你的球就會飛得很直，而且球速很快；如果接觸的區域離這個點很遠，那麼越遠，能量損失就越大。

以同樣原理套用到人身上，每個人都有自己的甜蜜點，離這個點越近，球就能打得越遠，花費的力氣就越小，效果就會更好。而離這個點近的區域，就可以形成一個甜蜜圈。

巴菲特曾說過一個概念叫作「**能力圈**（Circle of Competence）」，和這個是一樣的意思，這是一個對他而言很重要的投資理念。巴菲特說：若干年後你會開發出一種篩選準則。明白自己的能力邊界，所以就待在那個圈子裡面，不擔心那個圈子以外的東西。明確知道你玩的是什麼、你在哪裡有優勢非常重要。

能力圈就是他的篩選準則，他不會管這個圈子之外的事情，自己定義自己的遊戲，自己定義自己的優勢。他和他的朋友查理・蒙格就以不頻繁交易作為自己的投資特色。

查理．蒙格甚至還說：我能有今天，靠的是不去追逐平庸的機會。

沒有必要對著成千上萬的公司去考慮要不要投資，只需要正確評估幾家公司就可以。總有一定比例的公司是自己瞭解的。

我後來看關於巴菲特的紀錄片時，對於他為什麼會秉持這樣的投資理念更有體會。紀錄片中有一個鏡頭，可以看到在巴菲特辦公室的牆上，貼著一位美國職棒球員的海報，這位棒球員是波士頓紅襪隊的打擊手泰德・威廉斯。

棒球之神泰德的擊球理念是這樣的：他只打進入高分區的球，其他的球不打。

每個人都有自己的高分區。這個社會上確實有一些區域，投資報酬率更高。如果你能找到自己能力圈裡那些投資報酬率高的機會，讓這兩個區域有所交集，你的人生就會爆發出巨大的成功。

舉個例子，一個人特別擅長寫作，但是傳統媒體顯然不是投資報酬率高的區域，相對來講，新媒體是一個很好的機會。新媒體和寫作二者結合，就是一個很好的選擇，可以給你帶來收入的N倍遞增。

不懂的事千萬不要做，這個已經成為我現在做事的守則。

其實我也走過許多彎路：做過影片節目，浪費過兩三百萬，這些錢是我人生當中的第一筆積蓄；也做過網站，因為完全不懂技術，無法管理團隊，浪費過好幾百萬，後來幸好及時止損。

從此以後每當想要做不懂的事情，我都要求自己，弄懂再開始。

如果你想著透過合作來解決，找懂的人替你做，那就等於把成功賭在別人身上，風險很大。如果找不到可靠的人，那就是逢賭必輸的命運。

千萬不要迷迷糊糊地去碰運氣，因為你這輩子揮起球桿的機會本身就不多。

能夠合理地避免錯誤，離成功才更近。錯誤本身不是問題，錯誤帶來的時間和資源的浪費，才最致命。

以前我們總是鼓勵別人，要多嘗試、多看看，其實這些話都忽略了一個重要的前提，那就是精力跟時間都有限。

「我還年輕」就是浪費時間的最佳理由。多少人以年輕之名，做一些漫無目的的糊塗事；以追求之名，犯一些自以為是的錯誤。不怕你任性，就怕你內心不夠明白。

我們每個人都要有這種意識，尋找和建設自己的能力圈，對於這個圈內的東西，你必須非常瞭解、擅長、精通，這個圈子越大，你的世界就越大。

這個圈子可以是基於能力方面的，假設你特別擅長經銷，你可以做產品，也可以去做遊戲。它也可以是一個行業，假設你特別懂遊戲，你就可以在這個行業裡做選擇。

當然，道理大家可能都懂，但最嚴重的一個問題是：大多數人根本就不知道自己的能力圈在哪兒。

不知道自己能幹什麼，不能幹什麼。

我們好像真的就是這樣長大的，學習了很多年，學英語、學數學、學物理……，然後別人問你擅長什麼——「對不起，我好像什麼都不會」。

這個問題的解決方式，有下面幾種：

第一，記錄自己的成就感瞬間。

我們很習慣反思錯誤，可從小到大也沒有人提醒過你，要去留意自己的成功，去記錄自己的成就。透過記錄，我們可能會發現自己的能力圈，我就是從多次記錄中察覺到我在溝通方面是有特長的。

每次老師派我去溝通一件事情，我總能講得比其他同學更清楚。雖然那時候，我覺得自己是個內向的人，不會說話，但是想像是主觀的，記錄是客觀的。你記錄的痕跡會清清楚楚地告訴你，你的優勢在哪裡。

第二，記錄周圍人的評價。

有時候，我們會以為自己某一個方面特別好，但可能並非事實；有時候，可能我們自己都沒有發現自己身上的一些優點，結果被別人發現了。

所以我都會很仔細地記錄下別人對我的評價。

聽到不好的，也不羞惱，只是記下來。聽到好的，會說謝謝，然後記下來。有時候覺得這個人夠誠懇，我還會追問一些細節，確定一下自己到底是哪一方面做得比較好。

我有個朋友做得更極致，他設計了一個匿名問卷發給我們，讓我們評價他。看到這個表格的時候，我在心裡倒抽了一口氣，一方面又佩服他內心強大。要知道，大多數人是很害怕被評價的，僅僅聽到別人馬上要評價他，都會心跳加速。「有人在背後說你壞話」，這句話是很多人的噩夢。敢於直接迎擊大多數人的評價，確實需要勇氣。另一方面，我朋友的問卷設計得非常認真，並不單純是評價社交方面，也讓大家說說他其他的長處和短處。這種評價的可參考性就很強。

除此之外，確認自己的能力圈還有一個方法，就是基於現在已有的背景知識和相對熟練的領域，繼續去深掘、去研究，刻意地發展出一個能力圈，並且努力地擴大它。

知道自己能做什麼很重要，但知道自己不能做什麼，有時候更重要。你必須知道自己能力圈的邊界在哪裡。這樣你就能知道你面臨的這個機會到底在不在你的圈子裡面，進而你才能決定要不要抓住這個機會，要不要揮桿。我們必須克制住隨意揮桿的衝動。

記得自己剛創業那陣子，好多人都來找我，告訴我應該做這個或那個。每一個建議都有理有據。

有時候你會被眼前的短期利益吸引，丟掉自己本來的優勢，去各種不同的區域努力，幹幹這個，忙忙那個。最後只是積累了一些蠅頭微利，沒有在任何一點上有長足的發展和成長。我們還給自己冠一個理所當然的理由，說「我這是多見識、多學習」。

其實是人為地把自己的成長線從上升調成了上下浮動的模式，把自己未來的道路變得既阻且長。

鑽進去，遇到困難，克服困難，才能學習。

最後，除了明確自己的能力圈以外，還要敏銳地觀察好機會的來臨，否則你也會錯失高分球。

看好了一個行業機會，就從自己的能力圈出發，去找到一個切入點開始努力。不要吝嗇自己的努力，全力投入最好。

這時候，猶豫是愚蠢的，不肯付出是愚蠢的，害怕失敗也是愚蠢的。

找到自己的能力圈，是一種什麼感受？

與周圍的人相比，我的學習能力、記憶能力和表達能力比較強。有些技能我不會，但是我的能力可以轉移，這些能力在許多領域都幫助過我，最終我把能力轉移到了線上教育事業，去幫助他人學習。大概我終生都會圍繞這一個甜蜜點，不斷地揮出自己的球桿。

正好，線上學習逐漸形成了一種潮流，於是我的事業獲得了爆發式的增長，確實也獲得了甜蜜的感受。在幫助更多人的時候，不僅得到了豐厚的物質回報，更讓我摸索出「使命感」這三個字的祕密。

記得那次飯局結束的時候，我跟那位上市公司的老闆說，我們不是一樣有錢，但是有一點我和你一樣成功——

我們都甜蜜地活在自己的能力圈內。

○◒◒●

為什麼我說，喜歡的事情不要選

年少時聽過的最大謊言之一，就是選擇做自己喜歡做的事情。

錯誤不是出在「選擇」兩個字上，而是出在「喜歡」上。我們經常說「要做什麼，取決於你想要什麼」，或者說「我不知道我想要什麼，所以我不知道怎麼做」。

其實是把順序弄反了。

大多數人根本不知道自己想做什麼，如果以這個作為行動的前提，到頭來就什麼都不用做了。

我又要囉唆一遍這件事情：東方教育裡普遍缺乏「發現興趣」這一環，所有課外活動都以不耽誤學習為準則，因此導致課外活動成了負擔。

然而，在學校裡所學的常規內容，大多數人都沒有興趣。誰會對被迫學習的東西感興趣呢？更何況還要不停地接受「正確答案很標準」的考試。於是就導致了高中畢業後沒有能力去選擇專業，選了不夠喜歡的專業就徹底迷茫，對於未來找工作完全沒方向，最後找了一份不怎麼喜歡的工作，渾渾噩噩過一生。

當然，也不是每一個人都不知道自己想做什麼。

每年我開設講座的時候，現場觀眾裡都會有一個小朋友，說自己的夢想是當作家。然而當我問他「你對作家的工作瞭解嗎？」的時候，他也說不出來具體的內容，只說會堅持自己的夢想。

一個不瞭解的事情，憑什麼談喜歡呢？但這就是存在於年輕人中的怪現象，實際上我們並不瞭解理想職業的日常工作，我們喜歡的只是這份工作帶來的財富和光環。

為什麼很多人說，當作家、出道做明星是自己喜歡的事情？因為這些職業的曝光率很高，尤其是明星，每天光鮮亮麗地出現在新聞裡，並且被人追捧。而我們會把自己稍微瞭解的職業，當作喜歡的職業。

我以前也以為自己喜歡當作家，原因很簡單，我喜歡看書，我接觸得最多的就是作家，其他的我並不瞭解。

後來我發現，其實我更喜歡教育事業。

學習是我的興趣所在，對於怎麼學習、如何快速成長，我一直有著濃烈的熱愛，表達分享和影響他人又是我的特長，最重要的是這份工作可以幫助更多的人，讓我擁有很強的價值感。

能把興趣、特長和成就感結合在一起的工作，對我來說就是老天選定的道路。

而發現這條路，是我用了將近五年的時間才做到的。高中畢業的時候我選擇了經濟專業，因為當時家境貧困，最想解決的是經濟問題，從這個專業出社會之後能夠確定的是薪水不錯。但整個大學期間我卻非常迷茫，像一隻無頭蒼蠅一樣亂撞，什麼都嘗試，什麼都敢做，一直到真的給我撞出一條路。

從高中開始我身上就閃現過類似的才能，我不僅喜歡自己努力，而且非常擅長激勵他人，周圍的朋友一旦失去鬥志，就會選擇和我聊天充電。

這個才能一直到我找到了適合自己的舞臺，才開始綻放出來。

到現在，我對我的工作不只是喜愛，可以說是有些敬畏，它並非「興趣」兩個字就可以概括。

而「喜歡」，在我看來反而是需要警惕的。

為什麼這麼說呢？

在我看來，談及喜歡的時候，一定要確認下面這幾件事情。

首先，喜歡絕對不是一時興起。

想學舞蹈，想學鋼琴，想學書法，或者是我看了一個節目，看別人比賽唱歌，覺得自己也想學唱歌。這種一時興起想做的事，在遇到挫折的時候很容易放棄，更何況我們隨時可能有別的一時興起。

所以在制定目標的時候，應該從更長遠的角度去審視自己的興趣。你應該學哪個專業，不是取決於你此時心裡所想，而是取決於你最後想要做的職業。

我們當下所做的每一個想或不想的選擇，其實都取決於最終想要過的生活。

舉個例子，比如我沒有興趣學英語，但是我非常希望成為一個外交官，可是英語又是外交官必備的語言，所以我要為我的夢想去克服和忍耐一些東西，這跟自己隨心所欲是完全不一樣的。

其次，不要把興趣當成即時滿足。

讀小說、看電視劇、吃美食，這些都能夠讓人即時滿足，能夠帶來即時快樂。所以當有人問起，你的興趣是什麼，很多人就會回答「我的興趣是吃」。吃確實能夠讓你馬上快樂，但能夠讓你馬上快樂的東西，也會讓你非常容易厭倦。

簡・麥戈尼格爾在《遊戲改變世界，讓現實更美好！》這本書裡說到，實際上人是喜歡艱難工作的，如果一件事情太過容易，會讓人很快就感覺無聊，無法長期投入其中。

遊戲就是這樣一個艱難的工作，你會自願去遊戲裡尋找任務、對抗敵人，也正是因為這樣，遊戲才有長久的吸引力。

不然一下子就破關，也沒什麼好玩的了。

最後，不要在開始的時候，就對興趣下定論。

開始做一件事的時候，不要隨便放棄，不要輕易說沒興趣，大多數真正有意思的事情都不能像吃一個冰淇淋那樣，馬上產生快樂感。

你一定要堅持到成就感發生的時刻，再去判斷自己是不是真的有興趣。

我們對於一件事情的熱情，可以源於成就感和自信。相較於物理、化學這樣的學科，大多數人都覺得自己對電視、文學、音樂感興趣，為什麼？因為這些東西是我們平時最容易接觸到、最先瞭解到的，人在聽歌這件事情上並沒有門檻。

實際上，你的興趣有可能根本就不在音樂上，而是在物理、化學或者程式設計上，但是由於後面這些學科門檻太高，所以一開始學習的時候你就覺得難，便放棄了，那麼你的興趣就被忽略了，你的天分被埋沒了，可是你從頭到尾都不知道。

「喜歡」和「不喜歡」這兩個詞說的是自我感覺，所以我們總覺得自己最有資格說出口，我們可以不用害怕否定。

每次有人想和我們爭論，我們就會說：喜歡是我的個人感受，我就是喜歡。

但是「喜歡」這個詞，真的很不可靠。每次我想要說「不喜歡」而放棄的時候，我都問自己，是真的不喜歡，還是只是暫時遇到了困難？

我允許自己放棄，但是不允許自己逃避。

創業初期，我時時刻刻都覺得自己可能真的沒有那麼感興趣。

我不喜歡社交，連和員工打交道都覺得費勁，ＨＲ跟我說：「媛姐，我覺得公司的人有點怕你」。

我說：「我也很怕你們」。

我每天最享受的事情就是工作。有一陣子我甚至想，可能我更喜歡成為一個作家、漫畫家……，這種獨立工作才是最適合我的，我可以一個人在房間裡一直工作到死。

但是其實我發現創業才更有意思，帶著一群人，去實現更大的可能，制定更大的目標，從無到有，從渺小到偉大，這樣的工作方式能讓我活著的時候完成更多更宏大的事。

即便是喜歡的事情裡，也藏著不喜歡的部分。

等我離開這個世界的時候，我應該不會用喜歡或者不喜歡這種詞來形容此生。

我會說，那就是我的命運。

這比有些人掛在嘴上的喜歡可靠多了。

真正的喜歡，並不容易被發現。

應試教育不會給你答案，大學也不會給你答案，只有你自己主動去尋找，慢慢地去瞭解這個世界，然後結合自己的特長，去摸索出一個自己願意奉獻終生的領域。

這種穩定的喜歡，才是終生奮鬥的力量源泉。

你所在的位置，決定你的價值

我在上中學的時候，看到過這樣一幅圖：

一個小孩扛著鏟子要挖井，挖了很多次，每次都是快要挖到水的時候就放棄了，於是他始終挖不到水。這幅圖告訴大家不要半途而廢，否則什麼都得不到。類似這樣的勵志小故事還有很多，都是在鼓勵人要堅持不懈。

小時候讀起來覺得很受鼓舞，長大之後發現不是那麼回事。原因在於這樣的故事都是從執行層面探討問題，沒有考慮到規劃層面的問題。

我們想要做成一件事情，首先要有一個目標。

制定目標本身就需要很強的策略性，這個世界上並

非所有目標都可以實現，更準確地說，目標與目標之間是有差別的，實現起來的難易程度並不相同，再加上我們每個人的優勢並不相同。

其次，你需要去思考通往目標的途徑。做事的方法有笨的，有巧的；你選擇的路徑有通的，有不通的，所以並非只要堅持就能成功。

最後才是執行層面的事情。當你確定好目標和路徑之後，一定要及時開始，並且徹底執行，這樣才能夠取得最終的勝利。

我們先來說一下目標層面的問題。**失敗的原因，除了不夠堅持之外，有可能堅持的方向本身就是錯的。**

還是拿這幅圖來說，你看，各處井水的深淺其實並不相同。如果真的去做金錢投資的話，大家肯定不會相信這樣的鬼話：往哪兒投資都一樣，投哪個專案都行，只要堅持投資就可以。

可是為什麼在投資自己的時間跟精力的時候，就會相信只要堅持無論在哪兒努力都一樣呢？

每一個人的時間和精力都是有限的，所以必須去思考怎麼分配這些時間跟精力，往哪個方向去投資這些時間跟精力。

我們看一下中國的礦產分布圖。

有些地方礦多，有些地方礦少，有些地方礦產藏得深，有些地方藏得淺，有些地方根本就沒有。

在不同的位置挖掘，收穫肯定是不一樣的。

當我們作為一個個體生存在這個社會上的時候，很容易受限於自己所在的位置，不去看周圍，也不去看趨勢，更不會拿這種地圖的思維方式來看待自己。

我們做事很容易只著眼於自己所在的那個點。但其實每個人所在的點並不相同。

你投入一個月，跟別人投入一個月的產出是不一樣的。一個月都不一樣了，那麼十年之後呢？

人和人之間的發展，會出現更大的差別，那個時候就只能感歎是命不一樣了。

我們再來看房價分布圖。

東南沿海的房子，跟西北地方的房價是不一樣的；北京的房價也跟東北的不一樣；市區的房價跟郊區的也不一樣；城市的跟農村的就更不一樣了。

是房子本身有什麼差別嗎？我覺得未必有。

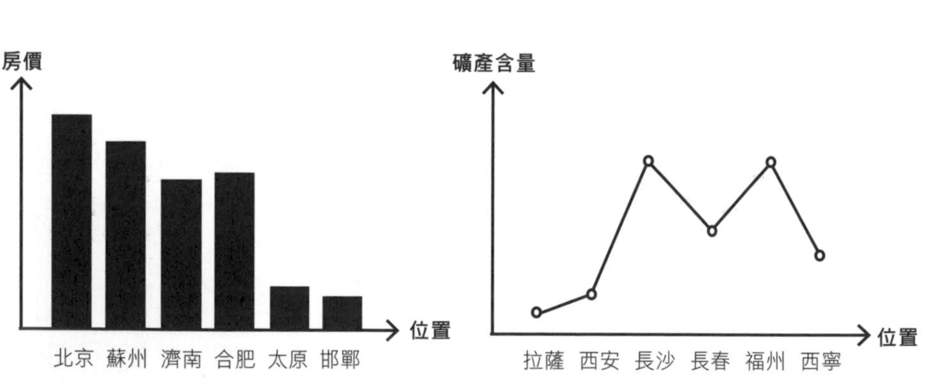

比如我在農村建一棟二層小樓，可能比城市三十坪的房子還舒服、高檔、豪華，但是我蓋房子花的錢，在城市只能買三坪。

為什麼城市的房子貴？因為城市的房子享受了地利之便與更多福利。中國是一個發展很不平衡的國家，城市交通方便，集中了更好的教育資源、醫療資源，所以大家往城市跑，以離開農村為終生奮鬥目標，所以城市的房子就貴。

對一套房子來說，決定它價值的除了蓋房子的物料之外，最重要的因素反而是它的位置。換成人也是一樣的道理，同樣能力、學歷的人，他們最後的發展不同，也跟位置有很大的關係。

我之前查過阿里巴巴集團裡著名的「十八羅漢」的來歷，隨便找出一位來舉例吧。

有一位叫蔣芳，這個人是在二〇〇〇年加入阿里巴巴，那時候的她是一個普通的大學生，因為上過馬雲的英語課，所以相識了。她的能力未必比那些留學回來的大學生要強，但是如今的蔣芳已經成為新聞標題裡那個馬雲手下著名的億萬女富豪。

這樣的人，職業發展其實是疊加在企業以及行業的發展上。上面有幅圖展示給大家，很清晰、很直觀。

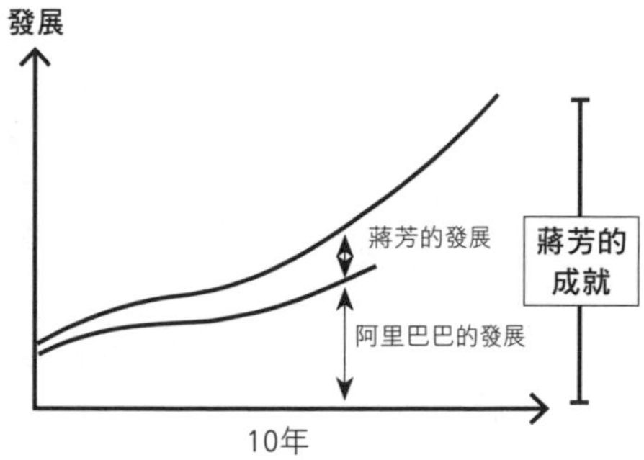

我們在努力的時候，除了修煉好自身的能力和技能之外，還要選好自己所在的位置。讓你的努力，跟你所在位置的發展趨勢疊加在一起，就可以加速你的成長。

所以我們絕對不可以只想眼前，或者單純考慮一個因素——比如到手的薪資。

很多人喜歡說那種所謂的「爽話」，比如：

別跟我談理想，你就告訴我給多少錢；除了錢，其他都是虛的。

所以他們就會把錢當成唯一的標準，實際上這是一種懶惰且愚蠢的做法。

從心理學來講，人會有「決策疲勞（Decision Fatigue）」，意思是當一個人做了太多次選擇或者經歷了過於複雜的決策之後，就會懶於權衡，他們就會拿一個簡單粗暴的標準作為最後選擇的依據。比如兩件衣服的品質和款式各有千秋，比較來比較去都沒有頭緒，最後就拍板：買那件價格低的。以此來降低選擇的難度。

那些不喜歡想太多、只看錢的人，大概是同類心理。

薪水高低，是最簡單的、不費腦的標準。可是，目前能夠拿到的薪水，相比於長達十年、二十年的發展來說，有時候真的沒那麼重要。

在制定目標和選擇道路的時候，只看眼前和只看眼下就是典型的點狀思維。

點狀思維將來是不是能夠成功，只能看運氣，或者他的努力已經誇張到不管他在哪兒都可以成功。

怎麼克服這種點狀思維呢？

第一，學會縱向思考。分析一下自己所在的區域、行業、企業跟職位，在歷史上是什麼樣子，現在是什麼樣子，未來有可能發展成什麼樣子，有沒有發展更好的標竿對象。

由此我們可以得出一個結論：自己現在所處的這個位置，是不是符合趨勢，是不是處在一個投資報酬率比較高的位置上。

我之前讀書的時候就看到過這樣一個分析，說是在一九〇〇年左右，企業的領導者一般都有製造或者生產的背景，因為那時候企業面臨的最重要問題是解決生產和工程的問題。到了一九二〇到三〇年代之間，CEO大多來自行銷和銷售部門，那時候對企業來說，最大的問題就是如何賣出更多的產品。從六〇年代起，CEO開始具有財務背景，原因是資本市場的力量在不斷地增長，股東利益很重要，公司需要跟金融界建立一個牢固的關係。公司需要融資、借貸、上市、併購等等。

由此可見，某個部門的重要程度，在不同歷史時期是有變化的。如果你想當CEO，除了要具備相應的能力之外，還要選對部門，這樣成功的機率就會更高。

第二，可以橫向思考。我能選擇的其他行業公司的職位，跟我現在所處的行業公司職位相比，有沒有收入差距？為什麼會有這個差距？

第三，就是立體思考。先定一個時間點，比如過去十年，我所在這個位置的發展，跟我能夠選擇的其他位置的發展有什麼區別。既考慮了自己所在點上的時間變化，也考慮了同一個時間點上不同位置的區別。

從橫向、縱向、立體方向思考，就可以破除那種點狀思考的侷限，讓你在選擇方向的時候不再侷限於某個點，而是看到薪水後面的職位，職位後面的企業，企業後面的行業，行業後面的城市，城市後面的國家。當然可能想破腦袋，以我們目前的見識和智慧，都沒有辦法在二〇〇〇年的時候，想到阿里巴巴未來會發展得這麼好。

可是擁有這種思考的意識，有兩個好處：

第一，對於變化和新機會更敏感。因為你不會孤立地只看自己現在的這個點，你會抬頭看還會左右看。

第二，可以抵擋短期快速收益帶來的誘惑，選擇會更加理性。當我們懂得長線跟立體的思考之後，就不會對當前的短暫變化恐慌，或者因為急功近利，做出一些盲目的選擇。

工作原本幹得好好的，發現微商[8]很掙錢，立馬辭職轉做微商。過了一段時間，又覺得微商好像不行了，馬上去追更熱的區塊鏈。最後一無所獲。

我很喜歡在筆記本裡寫未來十年我的工作會變成什麼樣子，平時遇到相關的資訊，我還會補充到相關的筆記中。並且建議我的朋友們這樣做。

有個朋友做了以後跟我說：「媛媛，如果你不提醒我，我都沒有發現，我原來一直都在自己都不看好的行業裡發展」。

行業在衰落，水越來越深了，而我還在勤奮地揮舞著自己的鏟子。

有時候怎麼努力都沒有結果，或許稍微挪動一下位置，事情就對了。
你所在的位置，也能決定你的價值。

8 因行動裝置普及而發展出的一種新商業型態，以通訊軟體為工具來銷售物品。

Chapter Two

策略篇

這個世界上，沒有成功的人或者失敗的人，

衡量一個人成功或失敗的標準並不相同。

但是對每個人來說，都有成功的事和失敗的事。

○◒◒●

從今天開始，想想賺錢這回事

二〇一二年大學畢業到現在，整整七個年頭過去了。

剛畢業時每個人都帶著希望和憂愁離開了校園，覺得前途既模糊又光明，大家都因為選擇或者被選擇走向了一份工作。離開學校三年以內，還看不出來什麼，無非就是誰在公司表現好，多領了一份獎金，或誰馬上將從研究所畢業，正在寫論文。

但是再過幾年，人與人的差距就拉大了。

我周圍的朋友分為三類：

第一類是在企業裡做到中小階層，薪資大概是剛畢業時的三到五倍，生活比較有餘裕，今天看電影吃西餐，明天出國旅行，偶爾也會買名牌包當成是對自己的獎勵。但是這樣的生活不買房還好，一買房就崩潰。買房以後再發生點意外，無異於雪上加霜。

我有個同學在銀行工作，和老公的收入相加，每個月共有十幾萬。養小孩，再還貸款，日子雖然不富裕，但是還算過得不錯。直到有一天，她憂心忡忡地打電話給我，說婆婆疑似罹癌，接下來可能要到北京檢查和治療，手頭有點緊，所以找我借錢救急。

那時候我才發現，她的經濟基礎是很脆弱的。

婆婆是農村人，沒有社會保險，也沒有商業保險，一旦患大病，全家就要一起吃土。

第二類同學比第一類還要差，雖然在社會上混了幾年，但覺得不喜歡自己的工作，或者是沒耐心，三十歲之前換了好幾份工作，現在仍然在公司金字塔結構的最底層。

為了多賺錢，有些乾脆放棄了原本看似體面的職位，一直嘗試往新行業裡鑽，有些甚至換到了銷售類崗位等。

第三類則是實現了財務自由。我有個同行，也是我同學，創業三年多，目前公司估算價值有幾十億，每月營收上億元，實現了年少暴富的理想。

創業不是唯一的出路，也有朋友透過合理的職業規劃，從行業小白做到了副總裁，畢業五年，年入百萬。

在和他們聊天的時候，我直觀的感受是前兩種人根本就不懂錢，他們一生為錢所困，不僅打工，有時候還打兩份工，從沒想過自己賺錢的方式有什麼不對。

越發愁賺錢的人，越賺不到錢，不是他們不努力，而是不懂。

可氣的是，人越有錢，就越懂，就越容易有錢。

《富爸爸窮爸爸》的作者羅勃特・T・清崎說過這樣一段話：

「學校體系實際上是在教導人們做個窮人，學校永遠不會教你關於錢的問題，學校是教你如何做一個打工的人，或者是醫師、律師、專家，但是從來不談錢。」

所有關於錢的問題，都要留到畢業後自己去主動思考和摸索。

這段話不是批評學校，只是說明了一個事實：學校並不以教會學生賺錢為目的，所以讀了十多年書，對於錢仍然沒有概念。

當然，賺錢不是我們的目的，但是賺錢確實是必備的本領。所以可以不為了它努力，但是不能不懂。

網路上、朋友圈裡每天都有人在喊著「何以解憂？唯有暴富」。暴富當然是個玩笑，但是創造和積累財富是我們必須習得的事情。談錢並不膚淺，我在創業的第一天就明白。對於一個企業，盈利就是它的目的，如果不盈利，證明你公司做的產品不好，證明你無法給你的員工好的生活。

三十歲以前，一定要規劃你的財富路線。

我之前帶領讀書會的同學讀過一本關於財富的書，叫作《百萬富翁快車道》，書名非常俗氣，作品開頭講述的是作者自己的財富故事，聽起來也很土。

作者MJ·德馬科曾和很多剛畢業的年輕人一樣，沒背景沒工作，住父母家的地下室。想發財，不想給別人打工，於是嘗試各種項目，做過直銷、代理產品、加盟品牌，卻沒一樣賺到錢。後來女朋友離開了他，連母親都嫌棄他。

德馬科的人生轉機源於他擔任租車司機的經歷，在做司機的過程中他洞悉了租車平臺的空缺與需求，及時抓住了這個機會，從完全零基礎到自學創建租車網站，獲得第一桶金，從此開啟財富快車道之旅。住到山間別墅，開著少年時期夢寐以求的藍寶堅尼，即便不工作，公司也像一棵搖錢樹一樣為他賺錢。

這個人後來有沒有破產，我倒是沒有追蹤，但是他確實給了我們一個提醒。

德馬科在總結財富心得時，把人的財富之路分為三種：人行道、慢車道、快車道。人行道通往貧窮；慢車道通往平庸；只有快車道才通往財富。

大多數人都走在慢車道上，但是自己卻不知道。德馬科稱之為「偉大的欺騙」。所謂的緩慢致富，聽起來像是這樣的過程：上學，畢業，取得好成績，找個好工作，在股票市場投資，按時繳納保險，少刷信用卡，儘量使用優惠券。然後終究有一天，或許在六十五歲的時候，你就會很有錢。

實際上這條路意味著犧牲你的今天、你的夢想、你的人生。而當你的生命接近尾聲時，你會得到支付的股息。

慢車道的財富公式是這樣的：財富＝工作薪水＋理財收益。

而工作薪水和理財收益的特點是：受限於時間，且無法控制。

一旦你賺錢的速度嚴格地受到時間的限制，由於每個人的時間都是一天二十四小時，這就是你賺錢的上限了。而無法控制這個特點，更讓人頭疼，你的薪資是老闆決定的，你的公司要做哪些業務以及你做什麼業務，也由不得你做主，如此一來，你的財富道路就等於碰運氣。這樣的人生是不是你想要的？

按照你現在選擇的道路和行為，十年以後你是什麼樣子？

如果你能想像出的最好情況，都不是你理想的樣子，可能此刻你要做的不是埋頭努力，而是停下來，抬頭看路。

創業這兩年，我把自己經歷過的賺錢階段也分為三個：

一、一分時間一分錢。

比較直接的例子就是我的清潔阿姨。清潔阿姨每週來我家打掃一次，一次四小時，一小時一百五十元。她每天能做多少小時呢？就算不吃飯少睡覺，撐死了也就十六小時，這就是她的時間上限。

二、一分時間N倍錢。

好比線上直播。一個直播主可能被無數人觀看，他就可以向無數人收費。一個直播可以有無數人打賞，這種模式下就容易出現暴富奇跡，我們經常聽說某個網紅三個月賺上千萬的事情，就是財富積累出現了指數型增長的結果。

還有我以前用的上課軟體也是類似的情況。軟體公司開發了一套在APP上授課的軟體，只要開發一個，就可以賣給無數個像我這樣需要在APP裡上課的老師用。

在這個領域你只要做到足夠好，你的財富上限就會打開。這條路徑的精髓就是可複製，你創造了一個價值，必須讓它在邊際成本很低的情況下變成N倍財富。

三、不花時間N倍錢。

這種模式的精髓在於設計一個賺錢的系統，實現自動化賺錢。

我哥非常羨慕一個洗腳店的創始人，他最羨慕的不是對方有錢，而是對方有閒又有錢。今天去沙漠跑越野，明天去海邊搭帳篷，每年還收入上億。

打工族最致命的問題不是錢賺得少，而是只能在時間和錢之間選一個，選了錢，就忽略了生活，忽略了親人；選了時間，就只能放棄許多發展機會。

而這個洗腳店的老闆究竟是如何過上人人羨慕的自由生活？

首先，他設計了一個商業系統。之前他自己開洗腳店，開出心得以後，把所有服務標準化，然後一個一個去複製。接著，他設計了一個人力系統。他培訓員工來執行這些標準，並外聘ＣＥＯ來管理這些員工，每年定好任務來讓這些人為他完成，他只需要監督和玩耍就可以。

當然，以上只是粗略和簡單的描述，不過那些會賺錢的人都有這樣的思維習慣，**他們經常思考如何跳脫時間的束縛，去讓一切自動化運轉。**

這個自動化，就是我一直在追求的事情。倒不是為了躺著賺錢，而是我必須透過這個系統，去解放最寶貴的資源，也就是我的頭腦和時間。

我不想活成一頭追著胡蘿蔔跑的驢。

大多數人以賺錢為目的，以工作為手段，從未考慮過工作和賺錢之間的關係，所以一生被賺錢所累。從今天開始，好好想想賺錢這回事吧。

培養積極競爭力，拿到一手壞牌也能成功逆襲

我偶爾會覺得，自己沒有拿到好牌。

在我出生的那個村子裡，幾乎沒有人讀書和上大學。

小學六年級的時候班上差不多有一百二十人，其中考上大學的不超過三個人。剩餘的人的命運相仿，基本上就是初中輟學、打工、結婚、生孩子。上學期間，我也沒有接受過什麼像樣的教育。

小學的大部分老師都是初高中畢業，直接從一年級帶到六年級。五年級的時候，校長在週會上宣布國家要讓農村小孩也能夠學習英語，於是聘請了鄰居家的姐姐來教，而她那時候不過是個十多歲的初中生，輟學在家，居然還執起教鞭來教我們ABC。

終於到了初中，我到都市裡讀書。

誤打誤撞居然進了一所藝術中學，周圍的同學基本上都不怎麼學習，在一起除了比較還是比較。我剛開始還因為說話口音被嘲笑過，以致後來變得自卑。去超市想買香皂，還

被服務員取笑：「我們這邊洗澡都是用沐浴乳」。

我跟我媽提起這件事，我媽反問：「沐浴乳是什麼？」

是的，我如此窘迫地度過了自己的青春期，那敏感、自尊心強的青春期。

後來好歹在初中畢業之際，我爭了一口氣，考入了當地的明星高中，結果進了高中以後成績直接墊底，那時候每天都憋著一口悶氣，滿心都是不平。

但是現實就是現實，沒有超級英雄，也沒有奇跡發生。

我長相普通，是那種拍照的時候需要從頭髮絲修圖修到腳後跟的人。也沒有任何其他才能，吹拉彈唱一竅不通。自古華山只有一條路，除了透過讀書出人頭地，人生基本上沒有其他可能。

家境連普通都算不上，父母傾盡全力拼命賺錢，不過是讓我們兄妹三個不至於輟學和滿足基本溫飽。如此拼了三年，熬到了考上大學。

考試前的某天晚上，室友忽然離校去了天津。原來父母透過異地買房為她辦了天津戶口，所以她可以輕鬆考入南開大學。

要知道，我拼命學習，最後的分數也不過是上南開大學或南京大學。

再後來大學畢業，一切從零開始。機會寥寥，缺乏資源，沒有人脈，沒有資金，就這樣出發。有多少窮人家的小孩奮鬥十年，連擁有房貸的資格都沒有。更可怕的是，你回頭看自己的行囊，沒有米就算了，居然也沒有箭。

從小到大除了應試教育之外，沒受過什麼像樣的教育，從思維眼界、為人處世，到策略習慣，都落後於人。

未來怎麼做，沒人可以教你。

有多少人跟我一樣，拿了一手不好的牌，卻要用它打出一把同花順，打出無怨無悔，打出驚天動地？

我改變不了拿到的牌面，但是我擅長改變自己。

十幾歲時認識的初中同學，不敢相信我在高中的成績可以蟬聯年級第一名。

大學時期一起玩的朋友，在得知我報考北大後，覺得驚訝，畢竟我們曾手挽手一起墮落，不像是有宏圖大志的人。

我的北大同學也不相信我能拿下《超級演說家》的冠軍，他們都覺得，我們畢業後最多只能找到一份好工作。

然而這就是我成長的特點。**我會挑戰超出能力範圍的事情，抓住別人看不到的機會，然後強逼自己去兇猛成長，最後完成脫胎換骨式的轉變，實現所謂的逆襲過程。**

一次一次完成以後，我發現自己身上亦有天賦。

我管這個天賦叫作積極競爭力。

不是美貌，不是聰明，就是積極。

積極競爭力的第一個體現，就是擅長抓住機會。

但凡一個值得被稱為機會的事情，就一定存在風險。

人在同一件事情中看到的內容並不相同，即便這兩個人實力相同，甚至際遇相同。

因此，可以把人分為積極型和防禦型。

積極型的人，看到一個機會，會覺得跟自己有關係；看到厲害的人，會認為自己也會成為那樣的人；看到一項偉大的事業，會覺得自己將來有一天也能參與其中。

但是防禦型的人看到一個屬於自己的機會，未必覺得跟自己有關，因為他在追求成功之前，最敏感的是風險問題。

人的視角可以不一樣到什麼地步？

前兩天，我的兩個妹妹一起看了《中國成語大會》節目。

其中一個妹妹說：「姐，我也想去這個節目。」

另外一個妹妹說：「真好看。」

其實這就是視角的不同。一個是參與者視角，一個是旁觀者視角。

我曾經是參與者視角。

二十三歲那年我滑手機時看到《超級演說家》在招募選手，想都沒想就決定報名。我並不覺得自己是個旁觀者和觀眾，而是野心勃勃地打算參與這個世界上所有好玩的事情。

但現在我的視角又變了。

我已經很習慣用創造者的視角去看問題，所以每次看到一個好看的節目，我都會想：是怎麼做出來的？我能不能做出來？

這就是為什麼積極思維的人更容易抓到機會。

因為他們經常會問自己：為什麼沒有我？為什麼不是我？

此外，積極型的人看到目標時，會把目光集中在命中的機率上，能一眼看到成功的可能性。防禦型的人就比較謹慎，他們厭惡出錯，希望可以保持在一個完美的狀態。

過年全家打撲克牌的時候，我抓到了一手爛牌，看到後我的第一個想法是：如果我能唬著對手把Joker先打出來，那麼我還是有可能贏的。於是我的大腦中閃過好幾個可以唬著他們打出Joker的方法。

恰好，我爸在後面說了一句：「你這個牌面太爛，怎麼打怎麼輸。」

如果這件事情的成功機率是30％，我看到的是這30％的成功率，而我爸看到的則是70％的失敗率。我會覺得還有機會成功，所以想辦法把30％變成現實，我爸則會因為失敗率太高直接放棄。

所以，積極型的人做出的嘗試更多。

你看到的是失敗的重點，我看到的是成功的畫面；你看到的是無能為力的自己，我看到的是可能被解決的問題。所以你決定放棄，而我決定闖下去。

這是積極思維的人更容易抓住機會的第二個原因。

經常問自己：問題有沒有解決的可能？有，就不要放棄。

我的人生也類似一場不具備優勢的撲克牌遊戲。一個普通的寒門小孩，向上的路又窄又陡，翻越命運的可能性小之又小，但是你說，爬還是不爬？我看到的是剩餘的可能性，所以牌要搶，高山也要爬。

問題並非不能解決。

我確實曾因金錢而窘迫過，但是我從來沒有覺得賺錢是個難題。即便最窮的時候，我也沒有為錢發過愁。

大學時期，我和同學在暑期兼職賣保險，去到北京一個豪華高檔的社區，同學驚呼：「天哪，我一輩子都買不起這裡的房」。

而我的腦海中卻盤算：我怎麼樣才能買得起？

在所有方法都嘗試完之前，我絕對不會跟自己說「做不到」三個字。

我把這個做事的方法命名為：窮盡方案法則。懂得這個法則，你就能在壞事發生的時候保持鎮定。

有一次要坐飛機飛往國外，前一晚，助理竟把我的護照弄丟了。

她慌慌張張地嚇得快要哭出來，因為我們出國是有很重要的事情要辦。我說：「你不要慌，我們現在還沒有把所有的方法都試過，還沒有把所有的地方都找過」。

我讓她把護照可能出現的地方通通列舉出來，從公司到家，沿途的路上，我們把需要尋找的地方分為幾個區域，然後一寸一寸地翻找。我叮囑她不要放過任何一個角落，即便你認為不可能在那裡。最後我們在她家裡的一個不常用的背包側袋裡找到了，而這個包她也翻過，但是覺得不可能放在裡面就草草略過了。

我用窮盡方案法則找過許多東西，大部分還真的都找到了，朋友都說我是找東西高手，心態穩定，尋找仔細。

心態當然會穩定了。因為我明明知道，還有許多方法沒有嘗試，你讓我坐在那裡大哭或者抱怨，那不純粹是浪費時間嗎？

不管發生了多壞的事情，不管面對的困難是什麼，當我進入到窮盡方案法則這個思路時，整個人的狀態都是積極的。我很習慣把遇到的問題寫下來，然後在後面寫上這個問題的所有解決方法，一個不行，就去換另外一個，試著試著，這些問題就都被解決了。

這也是我們能抓住更多機會的原因，因為我們常常問自己：

怎樣才能做到，是不是所有的方法都試過了？為什麼沒有我？為什麼不是我？問題是不是可以解決的？是不是每一個方法都試過？

常自問，就會很積極，就更擅長抓住機會，擁有積極競爭力。

積極競爭力的第二個體現，就是擅長吸收失敗。

太積極的人，更容易失敗。

俗話說「沒有期待，就沒有失望」。

消極的人必然是更安全的，因為他不會把自己暴露在可能失敗的風險當中，他每次都選擇不嘗試，所以很少有機會失敗。

相反地，積極的人總是認為問題是可以解決的，機會都是屬於自己的，但有的時候問題確實沒有解決好，機會沒有抓住，所以就失敗了。可這時候，如果你一蹶不振，就不會有下一步的行動，也不可能有什麼成功可言。

有些積極是虛偽的積極，被打擊的次數多了，負能量會加倍地反彈，怨天尤人，萎靡不振。

能不能消化失敗，就是積極競爭力的第二個關鍵步驟。

關於失敗這件事情，我早就看開了。

十個嘗試，有七八件事都被我搞砸了，抱著滿腔熱情撲上去，然後傷痕累累退下來。但是人們看不到十之七八，他們只是看到了一二，就覺得你很厲害。

有人留言問我：為什麼你的人生好像開了外掛？

他只能看到我身上開的掛，看不到我身上掛的彩。

實際上我的人生只是偶遇了那麼幾次所謂的成功，我最熟悉的朋友，反而都是失敗。

每次遭遇挫折，我都會問自己，最壞的結果，你能不能承受？

失敗帶來的後果，一般有四個方面：首先是物質，可能會賠錢；然後是精神，失敗之後自信受損，周圍的人也可能對自己產生負面看法，所以精神壓力很大；然後是人際，可能會失去一些朋友；最後是機會，失敗之後，可能會失去一些後續的機會。

一般人面臨挑戰的時候，他只要想到「若失敗了別人會怎麼看我」，僅僅這一點，就足夠他恐懼到退卻。

這種恐懼其實是誇大的，遠遠超過失敗真實發生後給我們帶來的痛苦。

舉個例子，打針的時候，看著針頭會很恐懼。每次去抽血，護士拿起針頭的那一刻，我會怕到極點。但實際上針頭真的扎進去之後，那種疼並非不可忍受，打針帶來的後果，實際上配不上我們之前的恐懼。

失敗亦如是。

如果要打破恐懼的話，可以先把失敗帶來的後果一一列明，物質的、精神的、人際的、機會的，最好為每一個後果標注上對應的辦法。

我當時選擇考北大的時候，就是列了一下後果，覺得是可以承擔的，然後就報了名。其實考試失敗沒有那麼嚴重，最嚴重的反而是心理遭受的打擊。

人生很長，現在八十歲都不算長壽，比別人晚一年開始工作，也不是什麼特別嚴重的事情。這是列明後果帶來的第一個好處，就是降低恐懼程度。這樣做的第二個好處，就是當我可能又要面臨失敗的時候，翻開以前做的記錄，發現自己原來可以承受許多本以為無法承受的東西。

我會好好的，我會更勇敢。

當然，也有一種情況是列完了之後，發現自己接受不了。

我養過一隻小狗，病重的時候需要決定是否接受治療。那時候是真的無法接受牠的死亡，也無法接受牠受苦，這對年幼的我來說是一件根本不能想像的事情：一個生命，就此消失。

後來經歷了痛苦的治療之後，小狗還是死了。

我抱著斷氣的牠從醫院回來，那一刻覺得全世界都空了，不只是牠的離開讓我傷心，不只是因為我對牠的感情，還因為我被死亡狠狠地教育了一頓。沒有來生，沒有天堂，沒了就是沒了，牠受過的所有痛苦，我們之間的所有遺憾，無法被彌補。

沒有經歷過的人可能無法理解。

但我沒有想到的是，時過境遷，對死亡的思考竟然成了消化現實的力量。

每次覺得自己無法接受某種失敗的時候，我就會想，人都是會死的。

一切都會結束，現在正在倒數計時，所以沒有那麼多值得計較的事，你的灰頭土臉，除了自己，不會有人記得。

無論是否能夠承受，分析一下，總有結論。

提高失敗承受力的第二個方法，是從根源上改變自己的認知。

我稱之為「允許失敗法則」。

敗而不倒確實是一種能力。

在我們成長的過程當中，由於缺乏失敗教育，導致我們根本就沒有失敗的能力。本質上，許多父母給的教育本身就不允許失敗。

小時候考試沒有考好，媽媽會說：「沒有關係，下次一定會考好的。」她看似寬容開明，但實際上這句話背後的意思是：我可以暫時接受你的失敗，卻不能接受你永遠失敗。這次考不好可以被原諒的前提是你以後一定能考好。媽媽從未告訴我們，她可以接受一個一直失敗的孩子。

結果下一次你還是沒有考好。

在你的挫敗感慢慢增加的時候，媽媽又溫柔地走了過來，她說：「我相信你，這次只是失誤。」這些話仍然是不允許失敗的思維模式，它背後的意思是：如果沒有失誤的話，你本應該成功的。

有些人，到老，到死，都沒有學會和失敗相處。

人有兩個思維，荒謬到可笑。

要求自己一開始就成功。

要求自己永遠都成功，一次失敗都不行。

很多人不承認自己有這樣的思維。

反思一下：為什麼第一次創業失敗，就覺得痛苦難耐，就開始否定自己？為什麼第一次追求異性不成功，就想自殺？

再反思一下：為什麼優等生小測驗沒有考好，排名落後，就接受不了？

被這兩種荒謬的思維控制，就會把正常的事情當成值得恐懼的事情。

孩子剛學走路的時候，你不能要求他不摔跤。在人生中做任何一件以前沒有做過的事情，你也不能要求自己不可以跌倒。

即便跌倒，也不要產生恐懼，沒有哪個孩子摔跤了以後不敢站起來繼續走的。

對待失敗的正確思維應該是這樣：

我們的人生當中，面臨失敗的次數，遠遠比成功的次數要多。

所以當你經歷失敗的時候，必須以一種長線思維，來看待自己所處的失敗點，你得允許自己的人生有起伏。

世界球星喬丹曾在一個廣告當中這樣說過：我有超過九千次投籃不中，輸了將近三百場比賽，我還錯失了二十六次絕殺的機會。當你每次投籃不中的時候，你要想這是九千次當中的一次就可以了，這樣的話就更容易接受失敗。

所以我就跟自己約定：在同一件事情上，一般允許自己失敗三次。

就連戀愛和結婚，也要允許自己失敗。如果將來錯判了戀愛對象，導致婚後不幸，也要寬容自己，畢竟我們之前又沒有結過婚。婚姻失敗，其實也挺正常的。

我不僅允許自己失敗，還允許自己比別人失敗得多。

原因很簡單，因為我是超強積極型的人，所以我挑戰的次數比別人多，我遭遇的超出自己能力範圍的情境也比別人多。

我們可以給防禦型和積極型的人畫一個能力圈。防禦型的人只在圈內做事，當然面臨失敗的可能性較小。但是積極型的人總往外闖，自然會面臨更多挫折。

所有的失敗，對我來說都是練習。

考試失敗了你會難過，但平時做練習失敗了就沒什麼。

因為練習是學習的過程。

這就是我總結的另外一種對抗失敗的思維，叫作「**練習法則**」。

我把自己做的每一件事情，都當作人生中的一次練習。

事實上整個人生都是一個漫長的練習過程，我們在這個過程當中優化自己的各項技能，這個過程就猶如日常測驗，考得不好，才知道自己哪裡做得不好，才有優化的可能。

有了這種思維之後，你會發現自己的反彈力會變得非常好。

觸底不見得會有反彈，因為反彈力不是來自你跌得多慘、落得多低，而是源於分析和消化失敗的能力。

接受失敗是第一步，怎麼分析這個失敗比接受失敗更重要。

就像喬丹，失敗了之後他必須要回到球場尋找原因，不是說對著失敗坦然一笑而過就可以。分析不到位，他就會一直重複錯誤的練習。

我見過許多演講差勁的人，他們一直帶著亢奮甚至瘋狂的情緒在堅持，告訴自己應該去地鐵上演講，去廣場上演講，去人群中演講，但是始終在用同一種方法。

這樣堅持下去，除了臉皮越來越厚，進步其實很少。

原因診斷是一個很厲害的技能，找到失敗的原因，然後消滅它，這個失敗才算是有效失敗。

怎麼去分析錯誤和失敗呢？

我在面試的時候，特別喜歡問求職者這樣的問題：你對考大學時的成績滿意嗎？你當時為什麼沒有考得更好？你有沒有想過怎麼做，才能考得更好？

諸如此類的問題可以讓我知道這個人的思路清不清楚，反思的能力強不強，成長性高不高。

我很驚訝地發現，大多數人沒有思考過這些問題。那些曾經大學考試失利要考研究所翻身的人、學歷低受歧視的人，並沒有分析過自己失敗的原因，居然就這麼往前走了。

所以在被我問到這些問題的時候，大多數人首先一愣。

然後他們告訴我「因為我當時不夠努力」，或者說「因為我沒有好好複習」。還有一次，有一個男生給我的答案是「因為我高三的時候談戀愛了」……

我想，如果再多給這些人一次機會，他們仍然會失敗。到底什麼叫好好複習，到底什麼是足夠努力，估計他們自己也不知道。

在我分析失敗的時候，我不會一開始就問為什麼，我會分析根本原因是什麼。

沒有考好是因為沒有好好複習。不好好複習當然是沒有考好的原因，複習時間不夠、不專心、方向不對，這些都可以叫作不好好複習。

可是把這個原因分析出來也沒有用。

什麼是好好複習，接下來應該怎麼做，你還是沒有答案。

換句話說，**我們找到的失敗原因，必須給我們清楚的行動指示。**

到底做到什麼程度就不會再失敗了，這樣的分析才是有效的。

所以有效的失敗分析用一句話就可以形容——如果我這麼做了，一定能避免失敗嗎？

問自己「為什麼」並不能避免失敗，問「是什麼」卻能夠避免。

這次失敗，是因為最後一道大題做錯了，這道題的解法我沒有見過，只要學會這個解法，我下次遇到這道題，一定可以避免再次失敗，這就是「是什麼」的魔力。

然後可以在「是什麼」之後，再問「為什麼」。

為什麼最後一道大題做錯了？

是因為我沒有見過這道題。

為什麼沒有見過？

因為我選擇的練習冊不對。那就需要換一本練習冊。換一本練習冊就能避免更多的錯誤發生。

以上就是我分析失敗的方法，從「是什麼」到「為什麼」。

有效的失敗原因分析，必須給出一個行動的腳本，按照這個行動腳本去做，一定可以避免失敗。如果你分析完了之後，給自己的指示是模糊的，或者按照行動腳本去做並不能避免失敗的話，那麼你這個分析就是無效的。

再換一個案例，比如我的學員群裡，有人問：「怎麼辦？我最近對應的一個客戶不理睬我了。」也就是說這次銷售失敗了，然後我們就問他：「為什麼失敗？」

他給的原因是：因為我這個人不太會說話，下一次要好好說話才行。

分析出來的這種原因，壓根兒就沒有指導意義，所以他下一次還是會犯錯。

你要找出這個失敗「是什麼」，先不要問「為什麼」。你到底跟客戶說了一句什麼話，導致客戶不再買你的東西了？把這句話找出來之後，告訴自己不應該這麼說，應該換成什麼話。下一次你碰到同樣情況的時候，你就知道如果用一句對的話去回應，就可以避免諸如此類的失敗。

這就是分析失敗的第一個要求：具體歸因。

還有兩個要求就是：短暫歸因和內歸因。

有一段時間，我跟室友的相處出了問題。

我們倆人確實太不一樣了，我是典型的內向型，在外面與人打交道，看上去雖自信大方，但是必須要靠獨處來恢復自己的能量。回到家以後，我並不想進行任何社交活動。而她過於活躍，一會兒要跟你推薦她追的劇，一會兒要跟你一起打遊戲。最極端的一次，是半夜兩點她回來後，看我沒有睡，跑來要和我談談心。

我無力應付這種熱情，自然就顯得冷淡，慢慢地她開始故意排斥我，主動對我冷漠。

這類似一種自衛手段，一旦發現你不喜歡我，我就先不喜歡你。

這讓我遭受了很強的挫敗感。

不是因為她不喜歡我——我並不把他人的喜歡作為成功的標準，而是我們的關係這麼僵硬，會帶來許多生活上的不便，並且會把家裡的氛圍弄得很尷尬，非常不利於休息。

挫敗感來自我對於這個問題的解決能力不足。

我朋友說，這就是你的性格，你沒辦法改變自己的性格，所以只能這樣。

而我做事失敗時，不喜歡把原因歸結到這種長期因素上，比如性格、環境，因為這些因素很難做出調整，所以一旦歸因於此，你就會放棄努力。

我把這個問題最終歸因到溝通方法上。

溝通方法是很快就可以調整的，自那之後我讀了二十多本關於人際關係的書，手機裡存了數十種溝通方法，只要多試幾次，總能改善我們之間的狀態。

果然，我找機會跟她重新溝通了幾次，最終我們終於接受，對方跟自己是不一樣的人，但是遇到問題的時候，其實都非常善良熱心。

還有，我很少做外歸因，除非外因是我可以控制的。

上大學的時候有個朋友想出國讀書，但是一直考不過雅思，跟我抱怨家人不支持，沒有給她報補習班。她父母只不過是普通的公務員，月收入加起來三、四萬，不支持出國讀書，不是很正常嗎？

從此我就有些看輕她。

我也想出國讀書，但是就連報名托福的錢，我父母也出不起，都要我自己打工去賺。

可是父母是你無法選擇的，甚至有時候父母的態度也不是你能影響的。

與其在他們身上找原因，不如多看看自己，每天的有效學習時間夠不夠長？學習的方法對還是不對？自己到底是不是適合做這件事？

就連長得醜，都不能怪父母的基因。你控制不了臉型，但能控制體重，對嗎？

用正確的方法去分析失敗，這樣失敗才是禮物，才是所謂的成功之母，它們是生活裡的練習題，正是它們檢查出了我們的薄弱之處，讓我們成長為更強勁的人。

而在這個過程中，我始終冷靜地旁觀自己：

我在做什麼？我是怎麼做的？到底是哪裡出了錯？怎麼做才行？

所做的事情就好比一項實驗，甚至我自己都是一項實驗，另一個我在清楚地做著自我分析。如此一來，你就擁有了對失敗的「吸星大法」，失敗就是你吸收能量的對象。

這是擁有積極競爭力的第二個步驟。

第三個體現，擁有積極競爭力的人，認為自己是可以學習和改變的。

以前我一直覺得自己是一個特別不會說話的人，一開口就說錯，尤其在人多的時候。

這種情形著實讓我苦惱了一陣子，每次跟朋友聚會，回到家後都要自責。

後來我想，無非有兩個選擇。

第一種選擇，少說少錯。乾脆閉嘴當一個「壁花」，這樣就不會出錯。

第二種選擇，越錯越要多說。這樣才能知道哪裡說錯了，才有改進的可能。

當時我選擇了第二種做法，因為我認為自己的可塑性是很強的。所以我要勇敢地說，勇敢地面對自己的缺點，然後勇敢地去做自我矯正。不過這樣還不算積極，更積極的做法是，在開口之前，研究好說話的方法，然後把每次的說話當作一項實驗和練習。

當遭遇到否定的時候，例如別人跟你講：「你怎麼這麼不會說話？」這時候一點都不要感到難過，你只是暫時不行，只是目前這個方法不行。你腦海當中只有一個念頭：回去之後再調整，下次我試試另外一種方式。

積極者相信自己可以努力變得更好。

他們的自我監測能力和自控力很強。

自我監測能力，是指知道自己在做什麼，能監測自我並且教育和指導自我。

所謂自控力，是可以控制自己的行為。

我可以控制我自己，絕不懶惰而是立即行動；

我可以控制我自己，絕不喪氣而是積極學習；

我可以控制我自己，絕不害怕而是去適應各種環境。

怎麼能擁有這種積極的心態？

首先，需要積累一點習得的經驗。

很多人在學習上其實是很無力的，因為從來沒有真正學會過什麼東西，也沒有拿學會的這些東西去解決過什麼問題，更沒有因為學習而成功過。所以體會不到這種習得的過程，體會不到這種變化和自我改造的過程。

而有些人就比較幸運。

我上高中的時候花了一個多月的時間，從一個後段生衝刺到了年級前十幾名。

這個經歷對我影響特別大，就好比普通人忽然有了超能力，我忽然感受到了自己對自己的控制力。我能感受到自己做出積極改變的時候，能力增強的過程。

在往後的人生當中，哪怕落後，哪怕失敗，也不要緊，因為我可以學習，可以變化。

除了習得的經驗之外，掌握學習的技術和方法，也會讓人對自己的改變更有信心。

當一個人知道怎麼學習，就不必懼怕問題。

我從學校一畢業就創業了，沒有融資，也沒有合夥人，剛開始公司只有三個人，可是就連三個人我也管理不好。我沒有被人帶過，也沒有帶人的經驗，管理問題對我來說比做事本身要難得多。但是我知道怎麼學習，應該向誰學習，所以也從未害怕。

就連馬雲，從英語教師轉行創業，從十幾個人的小公司到中國最賺錢的互聯網公司之一，難道一開始就具備了所有技能？

每個人都是一步一步學過來的。會學習，則無敵。

這就是積極競爭力的第三個體現。

為什麼我說積極競爭力能提高一個人的成功機率？

你看它的三個作用：

首先，能讓你發現和抓住更多的機會；
其次，能讓你承受和消化失敗；
最後，你始終具備學習和改變自我的信心。
這三點，形成了一個成功的循環。

能發現並抓住更多的機會，其中有些嘗試後成功了，由此信心加強，便能做更多嘗試。

我去《超級演說家》，就是幸運的成功，從此我在演講這個領域更敢於嘗試，於是更多說話的機會紛至沓來。即便不成，你也能承受失敗，並且在失敗中再學習，積極地自我改變。

高中時我一戰無緣北大，差十二分，這口氣一直憋了四年。四年後重來的時候，考試這件事情已經被我參透了，再戰的我，已經不是當日的我。

改變後再嘗試，成功的機率會提升，一直這樣循環往復直到做成為止。你再次確認了，自己是可以改變的，便大可自信面對人生。

這就是我稱之為「成功循環」的原因：從抓住

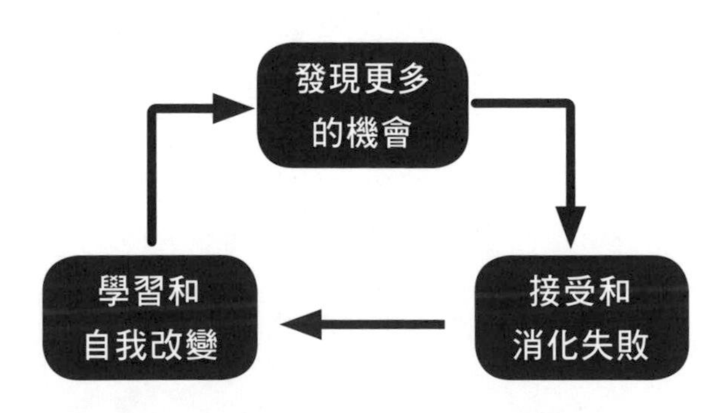

機會，到消化失敗再行動，再到學習和積累經驗，本身就是一個正向循環。

無論如何，總能走向屬於自己的成功。
每個人都應該去追求成功。
在這個過程中，無論是靠天分、靠勤奮，還是靠機遇，都靠不住。
最可靠的是屬於自己的方法論。
方法論帶來的成功是必然的，只不過來得早或晚而已。
我對成功的態度，猶如我對待失敗，坦然到不能再坦然。
它們都提升了我對人生的掌控能力。
這個世界上，沒有成功的人或者失敗的人，衡量一個人成功或失敗的標準並不相同。
但是對每個人來說，都有成功的事和失敗的事。
擁有積極競爭力的人，更容易做成事，這是不可否認的事實。

加入槓桿，讓你的努力帶來翻倍的收穫

還記得我在前面提到的礦產分布圖嗎？

如果你找到了一個礦產豐富的區域，你會選擇用什麼方式來開採？

大概想一下的話，會有三個選擇：

第一，用手挖；第二，用鏟子挖；第三，去買一台挖掘機。

聰明人肯定要用挖掘機，挖掘機使用了槓桿原理，讓你付出更少的辛苦勞動，挖到更多的寶藏。還有一些人，根本不會思考這個問題。他們會徒手挖掘，埋頭苦幹並且被自己的辛苦感動。

我經常會思考這樣一個問題：**人生當中有沒有這樣的槓桿，讓我除了用自己的能力和努力之外，能去撬動更多的機會和資源？**

我並不是鼓勵大家投機取巧，而是要習慣用這樣的思維去想事情，如何「搞定一個，撬動更多？」以前我們總是說「一分耕耘，一分收穫」，這句話是鼓勵每個人都要勤奮，本身意圖沒有錯，但是按照這個方式去努力的話，存在兩個問題。

第一個問題，如果我們單純靠一分一分地出賣自己的腦力、體力去獲得價值，那麼，如果想要收穫更多，就只能付出更多的勞動時間。

我可以做到「一個人頂兩個」，或者「我二十四小時不睡覺，能頂別人三個」。然而時間是有上限的。時間的上限，決定了我們收穫的上限，這是「一分耕耘，一分收穫」這種模式的缺點。在這種模式下努力的話，你每天都很累，但是收穫的東西很少，最重要的是，你看不到出現變化的可能。

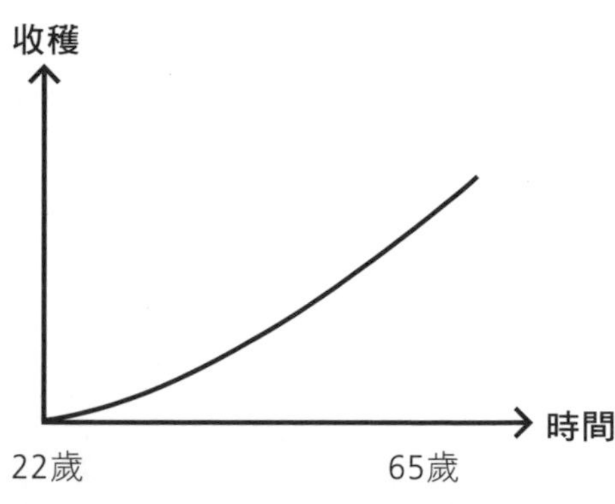

這個模式存在的第二個問題，就是增長的速度很慢。

我們正常人的增長曲線一般是這樣的：橫軸是時間，從二十二歲開始工作到六十五歲退休，縱軸是收穫，我們的增長曲線是一條斜向上方的曲線。一開始的時候，月薪二萬，年薪二十四萬，這條線的角度就會平緩一點，增長緩慢一點，到了後來，年薪上百萬，這個角度就大一點。

對一個低起點的普通人來說，這樣的增長方式是不夠的。我們需要的是爆發式增長，才能完成低起點的逆襲。

怎麼實現爆發式增長？

就是加入槓桿，把我們「投入一，得到一」的模式，變成「投入一，得到無窮」的模式。還是那句話：搞定一個，撬動更多。

阿基米德的槓桿原理告訴我們，只要給我們一個支點，給我們一根夠長的槓桿，連地球都是可以撬動的。如果把槓桿運用在人生當中的話，就可以讓我們付出同樣的努力，但是得到數倍的收益跟影響力。

怎麼給自己的人生加槓桿？

先拿我自己來舉例，我在自己的人生當中，加了很多次槓桿。

讀高中的時候，我的理想是成為投資銀行的經理，出入氣派高級的金融商務機構。我那時候還沒見過世面，所以那樣的情境是我能想到的最好工作。

但是以我當時的成績跟當時的身分，不可能接觸到這種機會，尤其是一些著名的投資銀行，在學歷方面要求非常嚴格。所以我就給自己加上一個槓桿——「北京大學」。

只要搞定北大，就能在我身上附加北大的名氣和資源。

對我這樣一個普通人來說，這個世界上認可北大的人比認可我的人要多得多。實際上，上不上北大，我的能力變化沒有那麼大，我還是我。即便在北大，能跟老師學習到的東西也有限，更大程度的開悟要靠自己去學習。

但是加不加「北大槓桿」，差別就大很多了。北大可以幫我撬動更多的工作機會，這些機會可能是那些不讀北大的人得不到的，或者很難獲得的。

如此一來我當時要做的事情就很明確：集中全部的力量，去挑戰考北大。

最後我通過考試搞定北大，完成了第一次爆發式成長。

後來我發現，加上這個槓桿還不夠，小時候真的很天真，認為一路拼命，逆襲一個名校，就能前途無量。等我大學畢業之後才發現，從一個教育落後的農村地區考到北大，確實是完成了一個跨越式增長，但是這時候你的終點，可能只是到達城市小孩的起點而已，這也是那麼多寒門學子後來會面臨悲劇的原因。

許多年輕人都會經歷這樣的成長陣痛，發現自己不是蓋世英雄，只是普通人。因此到社會上面臨的第一個問題不是實現夢想，而是賺錢養家。

我看過許多努力的農村孩子終生奮鬥，終於在城市裡安家立命，卻把自己的全部青春都奉獻給了房貸和車貸。

這太讓人難過了，要知道，這些東西對某些人來說，只是人生的標準配備而已。

我不想這樣，我不想在我最好的二十幾歲被錢綁死。

畢業後我就明白了。其實我們繞了一個很大的圈子，把所謂的好工作作為最終的奮鬥目標，然而許多問題也不是好工作就能解決的。

當我意識到這一點之後，開始拼命尋找其他出路，讀研究所期間，就遇到了《超級演說家》這個節目。

如果我不參加《超級演說家》，我的演講能力就不會有太大的變化，《超級演說家》給了我一個上臺訓練的機會，給了我一個集中思考的機會。但實際上這些能力在以後的人生當中，我也會慢慢獲得。

《超級演說家》厲害的地方並非「演說」二字，而是它電視節目的形式，同時還有網路傳播，能讓更多人看到這檔節目。加上《超級演說家》的槓桿，人生也會事半功倍。在這之後得到的合作機會，可能幾倍、幾十倍於之前我沒有參加這個比賽的時候。

如果沒有《超級演說家》這個舞臺，我的演講能力可能最多用在給上司做彙報工作的時候，雖然這個能力肯定有利於我的升職加薪，但是跟《超級演說家》所帶來的能量卻沒得比。

參加完節目後，我打算開始課程事業。

這個是我在校期間就一直在做的事情，我的第一門課並非是在所謂的知識付費元年[9]做出來的，而是在校期間做的。

那時候我就對學習這件事情無比感興趣，在北大期間我很喜歡採訪我的同學，問他們的學習方法、學習習慣，甚至會為此請他們吃飯。收集了許多學習方面的經驗，並結合自己的學習心得，最終，我做出了一門關於學習方法的課程。

那個時候，我模糊地意識到，這門課程必須加上「互聯網槓桿」。

如果做線下課程，一套課需要講三天到五天，假設一年內不休息，最多可以講個幾十次，就達到上限了。打開上限的方法在於，必須要給這套課程很高的定價。可是在互聯網時代，獲取知識或者獲取經驗越來越方便和便宜，知識和經驗沒有那麼值錢。

小時候我去聽「瘋狂英語」創始人李陽的講座，現場他會用高亢的聲音營造熱烈的氣氛，也會使用一些心理戰術，讓大家花幾千甚至上萬塊去買一套英語書。但是英語書本身的定價只有幾百塊而已。與其說人們為了知識付費，不如說是衝動消費。

而且李陽真的很辛苦，他每年在全國各地來回跑，全靠自己這樣一場一場去賣課。互聯網技術則可以讓你一對多授課，多到幾萬、十幾萬人都可以。

然後再透過合作加入「管道槓桿」，放到別人的平臺上，用別人的流量來擴散。如此一來，我們的一套課程就可以誘發更多的人來聽，這個課程只要放在那兒，只要還有人願意來聽，它就可以自動地為更多人提供價值。

在上課形式上，其實線上跟線下內容方面不會有太大的區別，而加入槓桿就可以讓一份付出被無限放大，回報也會大大地增加。聽眾只要付出千元以內的價格就可以買到課程，而我只要講一次就可以完成授課，不用一年三百六十五天在全國各地奔波演講，只要集中精力去研究更好的課程就可以。

如果內容做得夠好，在線上就會出現贏家通吃的局面，反正作為聽眾，接觸到任何一個課程都很容易，不管老師人在國內還是國外，都不會影響到他們的選擇，所以到了最

9 隨著互聯網的蓬勃發展，知識付費市場興起，二〇一六年被中國定為知識付費元年，象徵產業的起飛。

後，所有人都會去選擇那個最好的。

如果你能集中精力成為這個贏家，那麼你的人生就會出現驚人的倍速變化。

以上就是我在不同的人生階段，曾讓我做出巨大改變的三個槓桿。

我自己能搞定的其實很少，但是北大可以搞定很多；我自己認識的人很少，但是知道《超級演說家》這個節目的人很多；我能上的課有限，但是互聯網可以讓我上一次課，就傳授給無數人。

槓桿的精髓就在於：搞定一個，撬動更多。

一個普通人怎樣給自己加槓桿，加哪些槓桿？

在這之前，我們得先知道一個普通人都有哪些資源。說到資源，永遠離不開的話題就是人脈，人脈資源上怎麼加槓桿？

第一次看到人脈上的槓桿智慧，是從我一個高中女同學身上。

這個女同學非常聰明，但說實話，長得一般，學習表現也不好，沒有人會想跟她一起玩，但是她很想加入學校裡最活躍的那個小團體。

怎麼辦？

她就集中精力搞定了班上裡一個很漂亮的女生，那個女生是校花，親近那個女生之後，這個學校裡面就沒有她交不了的朋友，她再也不用一個一個去討好，一個一個去打交道。再後來，她也不搭理校花了，因為她已經有一堆朋友，這些人都覺得認識她，可以認識很多人。

這個人際交往的妙招被我發現之後，我就在自己本子上寫下了這樣一句話：搞定一個人，就等於搞定很多人，不要一個一個去搞定。

第一次使出這個妙招，是我在大學做銷售的時候，那時候我就很喜歡重點搞定一些圈子裡面的意見領袖。比如廣場舞的帶領者，這些人的朋友很多、威望很高，你好好地為她服務，搞定這個人，就等於搞定她背後的一大幫阿姨。

當然，人脈的槓桿未必是一個人。

可以確定的是，結交人脈的方法並非一個一個去認識，永遠有以少撬多的方法。

除了人脈之外，還有一個重要的槓桿就是資本槓桿，加不加資本槓桿，最後會給人的命運帶來完全不同的影響。

二十年前，我們老家特別窮。那時候人人都很窮，沒有什麼貧富差距。後來過了二十年，其中一批人變富有了，而且是巨富，家裡有很多輛豪華名車，賓士、ＢＭＷ換著開。

他們是怎麼變有錢的？

我一個同村的叔叔，他抓住了這樣一個機會：城市化飛速發展的階段，需要蓋很多大樓，這位叔叔就想辦法去銀行借到一筆貸款。那個年代貸款條件不嚴格，他拿了貸款後去政府拿地，再雇用民工來蓋樓，最後樓賣出去，他就發財了。

他從一個很普通的工地工人，變成了我們那邊最早的一批地產開發商。

都是蓋房子，加不加資金的槓桿，卻是完全不一樣的命運。

肯定有人也看到了這個機會，但是沒有啟動資金，所以到現在還在替別人蓋房子。

那麼什麼時候適合加這個槓桿？

當你發現利用資金賺到的錢，比使用這筆資金的成本高就可以了。

最後，我們每個人擁有的最寶貴的資源就是時間。

時間上如何加入槓桿？

時間，作為一個人最重要的資源，偏偏是極其有限的。我們用腦力賺錢、用體力賺錢，最終體現的方式都是用時間來賺錢。

如果你的財富增長方式，對時間的依賴很重的話，是不可能出現倍增的結果。

什麼叫作「對時間的依賴重」？

我純粹地把腦力跟體力賣給一個人，比如，程式工程師為公司寫程式，工人在工地上為工頭幹活，就等於把自己的工作時間賣給了老闆，這樣的賺錢方式就很慢。

如果想要快起來，可以這樣做：

其中一個方法就是成為梵谷。梵谷在一定的時間內，創造一個作品，然後只賣給一個人，但這個作品是天價。

還有一個方法，就是在一定的工作時間內，創造出一個產品，但這個產品可以賣給很多人。比如我寫了一個軟體，給無數人使用；我開發了一個遊戲，給無數人玩。這時候就需要加入管道槓桿，想辦法擴展經銷，研究一個經銷模式就可以達到快速賺錢的目的。

另一種加槓桿的方式，就是去購買別人的時間，用別人的時間來創造價值。雇用別人來為你幹活，這樣的話，你一天工作時間本來是八小時，可以創造八個價值，那麼當你雇用了八十個人的時候，等於可以創造八十個價值。

俞敏洪跟李陽都是做英語教學的，早些年，在我們那邊一樣知名，但是這麼多年過去了，他們的差距逐步拉大，到現在已經無法相比了。

李陽的團隊並不大。去年還有學生跟我說，李陽去他們學校辦講座，居然還在賣書賣課。我想，如果到現在他的營收方式還是靠出賣自己的這一份時間，那麼必然有上限。

但是俞敏洪就不一樣了，加了資本的槓桿，又擴展了很多經銷商，而且他的團隊巨大無比，有成千上萬的人為他做事。三重槓桿疊加在一起，所以到現在，他這樣一個百億公司的掌舵者，每天居然還能有大把的時間看書。

人生贏家不過如此，用別人的時間、別人的智慧、別人的體力去掙錢。

類似俞敏洪這樣的企業家，作為跟我們一樣會呼吸的人類，擁有一樣的八小時，卻可以在這八小時之內，創造幾倍、幾十倍，甚至幾千倍、幾萬倍高於我們的價值。

這就是槓桿的魔力。

創造一個槓桿系統，只需要用我們的創意、知識跟智慧，去按一下這個槓桿，然後一連串的槓桿起作用，會幫你撬動可能別人幾輩子都不能擁有的巨大資源或者財富。

找到了以後，就要集中精力，全力以赴。

或許，你還是不懂得如何去運作。

沒關係，只需要牢牢記住「**槓桿思維**」這四個字就可以了。

常常問自己一個問題：除了我自己的努力之外，我還能夠加持的其他槓桿是什麼？

如何撬動一個，就能搞定更多？

雖然，擁有這個思維也不一定能找到，但沒有這個思維的話，永遠都找不到。

因為人永遠都找不到自己從來就沒有在找的東西。

掌握六步迴圈，讓你再也沒有做不成的事

問你一個問題：

一名二本院校[10]畢業的學生，有沒有可能在三個月內考上北京大學？可能你會想「我不想考北大」、「這件事跟我沒有關係」，或者覺得「太難了，我連二本院校的學生都不是」。

先把這些想法通通放下，我們就把這個當作一個問題去思考。

如果讓你去考的話，你會先做什麼、後做什麼？怎麼做？你的策略是什麼？你認為做這件事情的步驟分為哪幾步？

我經常說，要把考試當成專案來做。創業前我做過的最大項目是考大學和考研究所。

[10] 在中國，一本、二本、三本幾乎被視為評斷學校或學生優異度的標準，此劃分來自於高考的招生批次，大致來說，一本相當於重點大學，二本是公立普通大學，三本則是民辦大學或獨立學院。

就是從考試這件事情上，我完整地經歷了做事的各個環節：

自我定位—瞄準目標—制定策略—執行回饋—調整行動—最終完成

拿考研究所來舉例：

我是在大學畢業之後才開始準備考試的。這意味著什麼？

本來你就因為落後同齡人一步而覺得難受，周圍還有許多聲音告訴你，如果考不上的話你就會失去應屆生的身分，不好找工作等等。

若是在校生，通常是從大三開始準備，如果沒有考上的話，畢業後去找工作一點也不受影響。一邊工作一邊備考的人也不怕，本身就有工作，考不上就假裝沒有發生過，繼續上班就好。

唯獨專職考生，就像一場沒有退路的戰鬥，你不屬於任何學校，也不屬於任何公司，你就像一粒飄零的種子，不會有人管你往哪裡去。

決心要考北大以後，我就搬到了北大東南門對面一個狹窄簡陋的房子裡面。那個社區叫科源社區，我住在十六號樓。描述一個細節，大家就知道那個樓有多破了。冬天的時候老式窗戶根本就關不上，所以我就買膠帶把所有的窗戶縫都封死。夏天的時候，走廊裡面飄的都是廁所散發出來的臭味。

這也導致了我的勤奮，白天我就去北京大學第三教學樓五一〇自習室自習，晚上十一點才回到那棟樓。

我相信你肯定聽過很多類似的故事：

風雨無阻地去自習念書，書都被翻爛了好幾本；

晚上在路燈下看書，早上去樹下朗讀。

相信每一個故事都是真的，但是我們不能光聽，更不要認為，是因為自己不如故事裡的人勤奮，所以才沒有成功。最後能讓目標達成的，不是這些細節，如果你拿故事裡的標準來要求自己，你會發現，你做不到。

你沒有辦法像故事裡的人那樣勤奮和專注。

最後你會覺得自己很無能，你會開始厭惡自己，覺得自己沒救了。

這就是勵志故事有毒的地方。

我也是被勵志故事激勵過來的。從小我就很喜歡看名人傳記，不同的人、各種故事充斥在我的腦海中，鼓勵我超越平凡走向更多可能。但如果不夠理性，只是片面地看到故事，而沒有想到更為深刻的做事邏輯，就會成為勵志下的犧牲品。

勤奮是一部分人的天賦，卻是另一部分人的策略。

我從不鼓勵人瞎勤奮，每一分努力都要有目的。早起有早起的意義，讀書有讀書的效果，絕對不要無目的、毫無策略地學習和工作。

做事的正確順序應該是：制定策略，勤奮地執行策略，然後成功。

如果沒有策略的話，你堅持不下去，就算堅持了也沒有用。

每個人都有自己的策略，但是成功人士一般不會說出來，因為成功人士很喜歡把自己包裝成勤奮的人。當然，也有些人誤打誤撞做對了，但是根本總結不出來什麼策略。

我來分享一下我的考試策略，起碼在這件事情上，我是成功的。

回顧整個過程，並沒有想像中那麼苦。

我一天的有效學習時間只有三到四個小時，一年全程的有效學習時間加起來也不會超過三個月。但我知道自己一定能考上。因為在複習之前，我就去找了可以保證99.99%考上的策略。

首先，我研究了歷年真題跟北京大學的錄取分數線。

北大法碩真的很好考，它歷年的錄取分數線一直都在360分左右浮動，沒有超過370分。也就是說要保證自己可以考上，你至少得考到370分。

這370分應該由什麼組成？不考數學，只考英語、政治和兩門專業課。

我英語很一般，就考個及格60分；政治按道理說是強項，九月份以後跟著大家去複習，考個70分。如果這樣算的話，我的兩門專業課加起來要考240分，每一門平均要考120分，才能穩上北大。

聽起來好像挺難，接下來研究第二步，就是怎麼讓兩門專業課達到240分。滿分是300分，要考到240分的話，就是要考到80%的分數，也就是說那張試卷上，你必須會做80%的題目。

我報考的是二〇一三年的研究生考試，所以要研究之前的真題。

研究完以後，我發現一件很有意思的事情：

當我把每道題目測驗的知識點標注出處後，發現99.99%的知識點都在教材上。

後來我去網路上查詢過往的成功經驗，有許多高分選手也提到了確實如此，所以我就更加放心了。只要把五百多頁的教材搞定80%，就可以穩穩地考上北大。

問題思考到這裡，已經有了非做不可的決心。

如果你隨便問一個人：「考上北大難不難？」

我覺得大多數人的答案都是難。

如果問他：「你只要搞定這本書的80%，就可以上北大。難不難？」

會有一部分人覺得，不再難了。

因為即便再笨的人，給他足夠多的時間，就算把書吃了，也能搞定。

所以你看，如果路徑清晰，就會降低對難度的想像。

接下來第三個步驟，我知道要搞定這本書，但是具體怎麼做呢？

文科考試有三個特點：

第一，考記憶。純記憶，比如簡答題。

第二，考辨析。比如一些選擇題，A、B、C、D四個選項很相近，或者它們之間有容易混淆的地方，錯誤選項就會夾雜在正確選項中迷惑你。

第三，考分析。給你一個案例，用你學過的知識去分析，你需要準確地判斷會用到哪一個知識點，還得知道怎麼用。

所以總結來看，一共是考三個東西：記憶、辨析、分析。純記憶的題目很簡單，就是要背下來，複述下來整本書，就可以搞定；辨析題要做對，不僅要把知識點背下來，而且還不能背混，背混了不會得分；分析類的題目，要求把知識點結合到具體的題目上，你得知道這個案例對應的知識點，從案例反射到書上，給出判斷和具體方案。

根據整個考試的要求，我就知道怎麼搞定這本書了。

接下來，我就一步一步執行自己設計的方案。

首先，開始複述這本書。我應該從頭到尾認認真真背了三遍，一共五百多頁吧，每天複述幾頁，一邊複述新內容，一邊複習舊內容。背得差不多了，就開始做測驗題。做題的時候，肯定會出現答錯和不會做的題目，我就把這些題目相關的知識點標注出來，作為重點複習的地方，因為這些題目可能就會導致我達不到那80%的分數目標，所以我必須把它們解決掉。

平時自己在背的時候，也會發現一些很容易混淆的和不好記的知識點，會特別留意，做出標記。除此之外，選擇題本身也會測驗到這些容易混淆的知識點，題目裡永遠有錯誤選項試圖迷惑你，於是我就對著題目的選項，把它們背後的知識點逐個逐個地找出來，對比記憶，這樣就不會出錯了。

按照上面的辦法，複述，做題，一遍一遍地篩選哪裡是沒記住的，哪裡是搞錯了的。直到考前，做題的準確率基本上已經達到100%了。

剩下的只有分析題了。分析題解決的是在具體案例裡應用知識點的問題，所以當你把所有的知識點都記熟了，就好像你已經掌握了開車的方法，接下來只需要多開幾次就好。幾套應用題做下來，把題目中的一些暗示詞圈出來，對它們形成一定的敏感度，順著線索找到書中對應的知識點，給出結論，這個過程會變得越來越簡單。

以上就是我複習考試內容的整個過程。

你可能覺得「我已經不考試了，我現在是一個家庭主婦，或者職場新人，我看這麼多考試的方法有什麼用」。

當然有用，我們可以從上面的過程當中，提煉出一個逆襲的辦法。人生，就是一場考試接著一場考試。

表面上看每一件事情都不一樣，但是做事的方法和邏輯共通。

整個複習過程提煉出來有六個步驟。

第一個步驟，定位。

定位你的目標。

什麼是目標？「我想考北大」這不是目標，說得好聽點，叫想法、願望。

你立下新年的目標「我想減肥」、「我想變美」、「我想賺錢」，後來通通沒有完成，為什麼？

根本原因就在於這些頂多只能算是想法，目標要有可執行性和衡量標準，比如「我要考到240分」，這才算是一個目標。

在目標這部分，我已經談過一些經驗了。

這裡再強調兩點：**第一，要學會解釋你的目標；第二，只有這個才是你的目標。**

什麼叫作學會解釋目標？

比如要考北大，意味著兩門專業課都必須要考120分；意味著這張試卷當中80%的考題我都要知道；意味著考試範圍內的80%我必須得知道。如果我只知道10%的話，還要搞定70%，那麼整個複習的過程就會變成這樣：找到不會的地方，變成會的，直到這個百分比達到80%。

這就是目標被解釋的過程，從「我想考北大」到「我要考到240分」，到「我要搞定那些不會做的題目直到百分比達到80%」，再到「我今天已經做了50%，還有30%」。

再比如「我要減肥」，我剛剛說了，這只是個想法，意味著我將來的體重要比現在輕，意味著我每天的熱量攝取必須低於我的消耗。如果有一台儀器可以測量我的熱量攝取跟消耗的話，我需要保證每天的攝取減去消耗後是負數，我還得知道每天的負數是多少，才能保證能夠達到我想要的體重目標。

模糊的目標，要不斷地去解釋它們，把它們轉化成一個更具體的內容，這樣我們才能夠找到途徑。

這個能力是大多數人都沒有的，他們沒有辦法把自己的目標解釋出可行性，所以只能跟自己的目標大眼瞪小眼。

關於第二點「只有這個才是你的目標」，又是什麼意思？

很多時候，目標之所以沒有達成，就是因為目標太多了。

這一點我一直在反覆說，還請見諒。

現代人一事無成的原因之一，就是太貪心。

你覺得讀書重要，你覺得人脈重要，你覺得學英語也很重要，健身也很重要，各方面都很重要。但是你不可能每件事情都做到。

於是就有人提出，一定要達到平衡。

平衡本身就是個夢，平衡本身就是在消耗你，你看那些站在蹺蹺板中間保持平衡的人，是不是屏住呼吸累得要命。

所以最理想的狀況是，**一個階段之內只考慮一個目標**。

在你定好自己的目標之後，要告訴自己「我只有這一個目標，其他的都不是，所有的事情都要為這個目標服務」。

接下來就是第二個步驟，為這個目標想一個策略。

有兩句話，大家一定要記得。這兩句話可以說是我過去奮鬥過程中血淋淋的教訓了。

第一句話：**千萬不要把目標當策略。**

第二句話：**千萬不要把計畫當行動。**

一般我們想好目標就立馬行動了。

我們很容易把目標本身當成一種策略，比如我想語文考100分，其實這是你的目標，但大多數人完全不去想怎麼達到這個目標，就直接開始做題，開始寫作文。

我們習慣於把策略部分給忽略掉，直接從目標跳到行動，導致很多行動對目標是無效的。在想好目標以後、行動以前，一定要有意識地去想，自己定的策略是什麼樣子。

把計畫當行動就更好理解了，很多人只做了一個計畫，就當自己已經做到了。

具體怎麼定策略呢？

定策略有幾個步驟：

第一，找出通往目標的障礙和問題；

第二，找出解決這些障礙和問題的方法；

第三，方法之間成為系統；

第四，集中衝刺直到成功。

很多同學喜歡問我怎麼提高成績。我會讓他把教材打開，然後問：「是不是每個章節的知識點你都熟悉？」他答：「不是」。

我說：「你再把你的練習冊打開，是不是每一道題目你都會做？」他說：「不是」。

我說：「你再把上一次的考試卷拿出來，是不是考了滿分？」並沒有。

那很簡單，你把那些不會的、做錯的題目找出來解決掉，你離想去的大學就近了0.0001%。通往理想大學最大的障礙和問題，就是那些你不會做的題目，所以你要想辦法把這些題目給搞定。可以去問老師，可以找家教，甚至可以看答案等等。總之，你要想辦法搞定它，一點一點地搞定，你就會離想去的大學越來越近。

當你搞定的題目足夠多的時候，比如達到90%，很有可能就可以上清華、北大了。

如果你不知道通往你目標的問題和障礙是什麼，會造成什麼結果？——瞎搞、窮忙。

比如這次考試沒考好，特別痛苦。好多人就把「沒考好」當成一個障礙，勸自己別把這次考試當回事，以此平復心態。但你真正的障礙是那張考試卷上面答錯的題目。

如果沒有認清障礙，我們還會把自己大部分精力放在一些會的東西上反覆學，反覆驗證自己很厲害。

沒有用，這些都是無用的付出。

只有把真正的障礙和問題準確地找出來，並且想出克服方案的人，才能夠快速逆襲。這就是別人複習四個月，卻比你複習十個月更有效的原因。所以制定策略的第一個步驟，就是找出真正的障礙和問題。

不說考試，我換一個案例，告訴大家什麼是真正的障礙。

我有個朋友在做童星節目，他的目標是做中國最好的童星選秀節目。你已經知道怎麼定目標了，所以應該很敏銳地發現，「最好的」這種東西，根本就不是目標，是願望，因此很難達到。

所以你要的到底是什麼？

你要的是收視率第一，還是捧出幾個大紅大紫的小朋友發展ＩＰ[11]？

然後他說，我的目標是捧出幾個小童星，紅遍全國就可以。

他之前做兒少培訓方面的工作，所以跟全國三十多家兒少培訓機構都很熟，他讓這些培訓機構推薦一些小朋友來參加選秀，然後跟每個小朋友收成千上萬的費用。就這樣，他收到了一些錢，然後把學員放到一些景區，並雇用了一個攝影團隊拍攝他們，最後放到一個幾乎沒人看的電視臺播出。

他覺得這麼做很聰明，一方面又可以賺到錢，因為小朋友們畢竟是交了學費，另一方面他又可以完成自己包裝童星ＩＰ的願望，一舉兩得。

但是最後，這個計畫失敗賠錢了，他也沒有完成他捧童星的既定目標。

為什麼？有很多原因，其中一個是我在聽他講述計畫的時候就發現的。

首先，他沒有根據目標找出真正的障礙和問題，想培養童星ＩＰ，需要找到那些多才多藝的或者很有個性的小朋友，需要給他們進行包裝，需要給他們一些流量曝光等等。

好多人做事都憑感覺，認定了自己就應該這麼做，也不考慮行為是否背離目標，以及到底有沒有在解決真正的問題。而當你從目標出發，去想真正的障礙和問題的時候，就會推翻許多無理的既定做法。

要做幾個爆紅的童星ＩＰ，是不是一定得做綜藝節目？

不一定。

我經常和我的員工展開這樣的對話。

有次，負責策畫與宣傳線上活動的同事來找我，跟我說：「媛姐，我想招一個編輯，每天在社群媒體上發文章。」我問她：「你的目的是什麼？」她說：「這樣可以給付費的用戶更好的體驗，他們每天在打卡學習的同時，還能看到一些不錯的文章。」我說：「如果你的目的是為了讓付費學員的體驗更好，難道一定要每天推送免費文章嗎？」

在花費同樣費用的前提下，有沒有其他更好的做法，比如在群組裡多做一些服務，比如提供一些課程之外的擴展知識？

我給出的只是建議，未必是標準答案，但是每次幫助員工從目標出發、釐清問題時，就會發現好多人只是覺得應該這麼做，並沒有思考這是不是真正的問題和障礙。

打開思路，才能找到最佳做法。

話題回到我那位朋友身上，他的第二個錯誤就是，既然沒有找出問題，就談不上什麼解決問題的方案。

他本來可以在網路上辦個投票活動引發關注，比如給每個小童星都申請一個社群媒體

11　IP為Intellectual Property的縮寫，即智慧財產權。亦用來指一個角色或故事的著作權。

的帳號，比如可以花點錢把錄製節目當中的一些經典片段向外推廣，在網路、朋友圈裡讓他們紅起來等等。

可能這些方法不是最有效的，但最起碼和目標是在同一個方向上。努力的方向和目標不一樣，肯定是不能成功的。我把我的想法解釋給他聽，他很同意，但是到了下次，他還是犯了同樣的錯誤。

我仔細分析了原因，還是因為太貪心了。放不下學員的學費，想賺眼前的小錢，同時又想賺以後的大錢，所以最後白忙了一場又一場。

為什麼人一定要有目標，其實本身就是為了催促人去取捨。沒有捨，就沒有得。

在目標上做了取捨以後，還要在路徑上做選擇。你有一百個方法通向目標，你希望自己每個環節都做好，但最終因為資源和時間有限，你只能選擇其中的幾個甚至一個。

「我想變好，怎麼辦呢？我要美，我要有錢，我要感情很順。」各個方面都提一遍，這不叫策略，這只能說是一個完美的想法吧。具體要從哪個方向去突破，必須做出選擇。這個過程也非常考驗人。因為有風險，所以不敢選。

我在準備考試的時候經常感受到這種煎熬，希望自己每一科都能充分學習的同時，精力卻有限，最終還是要做出取捨，於是我把重點放在專業課上。

第三，他的做法不夠系統和連續。

什麼是系統？

一輛自行車就是系統。各個零件之間相互配合，組成一個整體，讓自行車動起來，這叫系統。你收學生的錢，就勢必沒有辦法選出最好的選手，這兩個做法根本是衝突的。

所以我說的系統，意味著什麼？

意味著——

第一，**每一個行動的目標是統一的。**

第二，**每個環節之間是相互促進和連續的。**

比如我想透過節目特別捧紅幾個素人小朋友，那我是不是可以先去請一個大明星導師，利用他來獲得更好的資源，包括一些出名的電視臺還有網站等等。

明星還可以幫忙拿到融資，有錢了之後，就不用向那些小朋友收費了。因為不收費，就可以不受影響，能把那些最好、最棒、最厲害的小朋友給選出來。選出來以後，再說賺錢的事情。

這是一個系統的想法，每個環節都是相互促進而不衝突的。未必完全正確，但是比不成系統的胡思亂想有用多了。

以上就是關於策略，我分享給大家的一些經驗。

策略意味著：

第一，找到通往目標的真正問題和障礙。
第二，為這些問題和障礙去設計方案。
第三，方案應該是一個互相促進和統一的系統。
第四，集中精力去執行自己的方案，放棄其他的事情。

在為問題尋找解決方案的時候，需要注意的一點是：做記錄。要非常清楚自己的思考過程是什麼，你可以把它寫下來，也可以說給別人聽。有些問題可能是你沒想到的，你的思路可能會有漏洞，你的策略可能是不成系統的。寫下來，說出來，才能發現。

而且我們的大腦在想問題的時候，一般都是瞬間工作模式，類似天空中的星星閃啊閃，所以最好還是寫下來，不然一會兒就閃沒了。寫下來還不夠，你要把你的策略完整地講給朋友聽，當你說出來的時候，你會嚇一跳，你會發現很多事情很荒謬，但是你真的就這麼幹了。你只要嘗試做幾次，就一定能懂我的意思。

這是我觀察到的一個現象，但箇中原因，即便我看了許多書，也還沒有找到。

剛開始創業的時候，我悶著頭做了很久。有一次出席一個活動，主持人問我，我的公司是做什麼的，我發現我說不出口。因為我知道其中是有問題的，我的目標和策略都不清晰。回去之後，我就逼著自己重新去想，直到想清楚。

接下來要往下一個步驟邁進，確定目標、找到策略之後，就是執行。

執行這方面要注意的是一定得徹底執行，堅決去執行自己找到的途徑和方法。不徹底執行，你根本就不知道自己的策略是對的，還是錯的，是好的，還是壞的。

在執行的過程當中，有三個要求：

第一，及時開始，克服拖延症。其實找到方法，會幫助你正確對付拖延症。比如你知道怎麼考北大後，就比你不知道的時候更願意開始學習。但是拖延仍然是大家行動力上的一個重要問題，有些人一輩子可能到死也什麼都沒達成，就是因為做事拖延。拖延是夢想的殺手。

第二個，必須要保持專注。

第三個，這個專注度必須是持久的。做任何事情都要堅持，這一點不用懷疑。「堅持」這件事情本身是有方法的，是需要學習的。我們經常犯的一個錯誤就是認為堅持、毅力這些東西都是天賦。

基本上，我們做一件事情最後的成果如何，取決於以下幾個要素。

效果＝時間×精力×目標×策略×專注度×熟練度

首先，要投入一定的時間。其次，在這些時間裡你應該是精力充沛的。如果你每天都無精打采，什麼都幹不了，再長的時間也沒有用。再者，必須是專注的。不專注的時間，也是沒有品質的。接著，你的目標要對，策略要對。最後，在目標和策略都對的情況下，每個人執行的方案不一樣，就會導致有些人更快，有些人更慢。

在執行這個部分，我還要強調一件事情：**做記錄**。

我讓公司的人每天都寫工作日報，記錄自己當天到底做了什麼。

我在讀書的時候會做複習記錄，記錄自己每天學了什麼。

而我在筆記裡也會詳細地記錄從公司到個人的季度目標是什麼。

為什麼要這麼費勁地記錄？

一家公司的失敗，許多都來自目標和行為的偏差。好比一家公司本身打算做女裝，但是一看到男裝市場正興盛就忍不住加入競爭行列，最終，所作所為和本身的目標相悖，就越做越亂。

人也會這樣。很滑稽，但確實如此。

大多數人的失敗，都是因為目標和行為背離，而且關鍵在於自己還不知道自己的行為早就背離了目標。所以對於自己每日的工作，一定要做記錄，就能方便以後查看到底是哪裡出了問題。

另外，記錄還有一個好處，就是觀察自己的執行程度。

當面對問題的時候，比如有一段時間，我的社群媒體點閱率下滑，於是我讓同事去想調整的策略，我發現，我們能想出很多點子，但是東做一下、西做一下，每個點子的執行都不夠徹底，最終導致這個問題一直沒有解決。

因為有執行記錄，你才知道失敗是因為執行的力度不夠而導致。如果沒有記錄的話，最後開會檢討的時候，人會想出各種奇葩的理由去搪塞這件事情。

執行之後的下一個步驟，就是回饋。

開始執行之後，一定會得到回饋。

到底事情有沒有按照我想像的發展？是否達到了我的預期？如果沒有達到的話，是因為出現了哪些問題？是有些事情我沒有想到，還是我想到了但解決的方法不對？

你需要把自己當時記錄下來的思考過程和執行過程拿出來對照一下，看看導致出現偏差的環節是什麼。回饋這一步實在是太重要了，你千萬不要等不及回饋就放棄，也不要在得到第一次回饋之後就放棄。

得到回饋只是開始，不是結束。通常第一次命中的機率是比較低的，而回饋就是我們最終成功最關鍵的一個步驟。

回饋這個步驟，在求學的時候老師就帶我們做過了，高三的週考或月考，就是在做回饋。但是高中畢業以後，基本上就要靠自己主動回饋。主動地去設置回饋環節，可以讓你的成功更有保障。

工作以後我也經常去核對季度目標的完成情況，看看哪些資料不理想。

回饋之後的第五個步驟，就是調整。

當你得到回饋之後，需要重新制定方案，調整自己的行動。

為什麼說失敗的人那麼多呢？

多數人在看到回饋之後就放棄了，考試成績不理想，銷售業績不好，這些只是回饋，我們才走到第四個步驟而已。看到回饋之後，有沒有能力分析出問題所在，並且保持自己的積極性，反覆地調整與執行，一直堅持到真正實現目標為止，這就是出色的人和平庸的人的區別。

我們平時說不要放棄、堅持到底，但是很少思考為什麼不要放棄？憑什麼堅持到底？馬雲剛開始創業的時候，創立了海博翻譯和海博網路，結果以失敗告終。但是他堅持努力，所以在其他領域成功了。

偉大的發明家愛迪生也經歷了多次失敗，最終發明出電燈泡。

但實際上他們不只是堅持，他們還做了調整。關於怎麼分析錯誤和失敗，以及調整行動的方法，在這本書的其他部分也會講到，我就不囉唆了。

調整之後再執行，如此反覆，就能真正實現自己的目標。

最後一個步驟，就是實現。

當你的目標實現之後，需要把更正確的辦法記錄下來，然後對照一下生活當中的其他場景，讓這個辦法得到更廣泛的應用。

成功的經驗也是需要記錄的。

其實我做事的這一套方法，就是從就學時期準備考試的複習過程中提取出來的。現在它不但適用於考試，還適用於創業，適用於一切事情。每次我們在做一件事情的時候，可以一步步地按照這六個步驟去做。這會讓你的人生永遠都不迷茫，可以幫助你在面臨任何挫折時都能保持鎮定。

因為你知道怎麼做，所以你不用慌。只要重複以上六個步驟，這個世界上就沒有你做不成的事情了。這也是為什麼我說，每個人其實都有機會成功。

因為只要確定好目標以後不斷地制定策略、執行，然後做調整就可以了。

其實我寫這本書，也是在做調整。

在這之前，我其實已經出版過一本書了，那本書的銷量在圖書市場有很好的成績，但是我對內容和銷量還是不滿意。於是就來做第二次嘗試。

這次，我的策略是用心地分享更多實用知識，把那些在我的人生當中確實起到作用的、已經被實踐過的方法，毫無保留地分享給大家。如果這次還是不夠好的話，你就會看到我的第三本書了。

定位、策略、執行、回饋、調整，只要堅持幾次這樣的循環，我就不信走不到第六步——成功。

你有人生錯題本嗎？堪稱最好用的進步神器

在念書的時候，關於學習方法，我聽到最多的就是一定要擁有一個「錯題本」。那些優秀的學長學姐畢業後回校分享時，一定會提到他們有這樣一個錯題本，在考試中或者做練習題時做錯的題目，都會抄到這個本子上，然後定期複習一下，記住這些錯誤，這樣就可以避免再出錯。

如果你想學習、想進步，沒有錯題本是不可能的。試想一下，學習的時候如果不關注自己做錯的地方，不記錄也不反思，只是悶著頭學習，那麼錯的題目就會忘了，下次遇到還是會錯，如此一來，想要提高成績更是難上加難。

進步的本質就是糾正每一個錯誤。

錯題本，是我們最重要的糾錯工具，也是進步最重要的輔助工具。

比較可惜的是，這個工具在我們上了大學之後就消失了。

終身學習這個觀念現在已經被大多數人所接受，人們終於意識到學習這件事情並不是隨著大學畢業就結束了，大學畢業只是一個新的開始。

一輩子不吃飯，人會餓死；一輩子不學習，人會變蠢。

在終身學習的過程中，做人做事，都有學不完的方法和道理。況且我們總是不停地犯錯，不是說錯話，就是做錯事。

那為什麼沒有一個「錯話本」和「錯事本」呢？

這個點子是我在上大學的時候想到的。

剛上大學時，發現自己像白紙一樣，說好聽點是單純，在有些人眼裡就是愚蠢。高中三年級時，我是別人眼中所謂的學霸，不太愛說話也不太會說話，開口就會說錯話，並且不善交際，朋友無幾，習慣了獨來獨往。

為了糾正自己這方面的問題，我花了半年的時間來記錄自己說錯的話、做錯的事。早期我的本子裡記錄的都是一些在別人看來非常白癡的問題。

記得有一次，班上有個女孩買了一支口紅，拆開包裝的時候周圍朋友都湊過去看，大家七嘴八舌地誇口紅好看。

「這支口紅顏色好正！」

「對，顏色很適合你！」

「是找誰代購的？也介紹給我！」

這時候我在幹嘛？

我立馬掏出自己的本子來，開始記錄哪些讚美的話讓人覺得舒服，並且進行分類。以後只要是需要讚美的場合，我都會想到自己本子裡記下的內容，然後從裡面挑選出一句最適合的說出來。這樣就可以表現得像個正常人，而不是那個總是無法融入的怪人。高速訓練了一段時間後，很快地就有人開始說：「你這個人情商挺高的」。第一次聽到這個評價的時候，我還記到了我的錯事本上。

這也是我為什麼經常說：情商低的人不是笨就是懶，起碼「表現出高情商」這件事，完全可以透過學習達到。

一個人到了四、五十歲，若還經常跟別人說：我這個人說話很直，很容易得罪別人，你們都別介意。這證明了他根本就沒有把別人的感受放在心上，壓根就沒有認真對待過這件事情。又不是十幾歲的小孩子，已在地球上生活了這麼多年，可以學習一切其他的事情，怎麼就不學學如何改掉出口傷人的毛病呢？可見這對他來說沒有那麼重要。有些人一直拿直爽的性格做掩護，掩護自己的自私，也有人明明知道自己在工作上有很多問題，但就是不糾正。

我剛開始工作時遇到過這樣一個同事，她負責每天登記員工的報銷單，在一個表格裡詳細記錄報銷人的名字、報銷額度，以及提交的票證等等。當票證交到負責財務的同事手裡，財務就會付款給報銷人。

這份工作聽上去簡單，但是每天登記幾十個人的報銷單，是很容易出錯的，所以每逢週五去財務那裡交報銷表格和票證時，總會發現登記的內容和實際的對不上。

沒有票證，就沒法報銷。所以她每次都擔憂受怕，擔心自己是不是需要墊付這些錢，那時候她一個月的薪資也就二萬塊左右而已，老闆倒也寬容，沒有讓她墊錢，但少不了一頓罵。整個週末，她都在家裡難受，哭著打電話給我。

可是這樣的事情發生次數多了，我也不再有耐心。作為一個旁觀者，不懂她為什麼沒有想辦法改正，只是反覆地跟自己以及周圍的人保證，她以後一定會認真。

這就是有些人看上去一直在努力，卻沒有進步的原因。

一輩子都在一個坑裡摔跟斗，摔了無數次，直到有一次頭破血流，於是開始相信，是自己的「性格」或者「能力」有問題。

所以，錯話本和錯事本真的太重要了。我總是能在一個領域進步很快，就是這兩個本子起作用。

為什麼一定得有這兩個本子呢？

首先，在生活中說錯話、做錯事的機率太高，一點都不比上學時做錯題的次數少。沒有錯事本和錯話本的人，就等於在裸奔，你的錯誤會暴露在人生的各個階段，暴露在各種人面前。如果可以避免錯誤，人生可以少走好多彎路。

錯誤率低是一個巨大的競爭優勢。美團點評一直被貼著不戰而勝的標籤，說它之所以能夠從團購之戰中脫穎而出，是因為競爭對手犯錯太多。

想想看，如果你身邊有個人從來不說錯話、不做錯事，即便他的能力、學歷沒有那麼好，我們仍然會喜歡他、相信他，因為他太可靠了。

信賴度高就是最稀罕的品質，可靠性會成為你巨大的競爭優勢。

我有個朋友，考大學時數學最後一道大題幾乎沒有做，卻穩穩地考上了北大電腦系。他的複習策略是這樣的：由於時間不充裕，所以他在複習時果斷地拋棄了最後一道難題，轉而要求自己，前面會做的不能出一丁點錯誤。他不是班上學習成績最好的，但他是全班錯誤率最低的，最後以數學140分的成績考上了北大，這就是零錯誤的優勢。

必須使用錯話本和錯事本的第二個原因，是錯誤本身特別頑固。

我公司裡有個員工，負責在新媒體上發文，在發布文章的時候經常出錯，今天標題掉個字，明天忘了添加語音等等。他每次跟我說下次會注意時，我都很想打他。道歉會掩蓋真正的原因。我覺得這是一種推卸責任、搪塞老闆的說法。很多錯誤不是臨時發生的，它起源於我們的思維和做事習慣。也就是說，錯誤根本就不可能透過口頭提醒自己「你要認真，你不要犯錯」來改正。

必須要去想一個更可靠的方法。

我讓他把所有可能犯的錯誤都寫下來，並且每次有新的錯誤出現時就補充上去，以後在文章發布前，對著這個錯事清單去檢查，確認每一項都沒有問題以後再發布。

必須使用錯話本和錯事本的第三個原因，是相較於錯誤的頑固性，我們太容易漸忘。

由於近因效應[12]，我們都是對最近發生的事情印象深刻，較早的事情卻很容易遺忘。比如，最近中國的股市大漲，很多人就不記得幾年前跌得不行的狀態，也忘了中國股市本身是牛短熊長[13]，我們就會把這件事情眼前的狀態，當成對這件事的全部記憶。

再舉個例子，明明覺得這個人人品不好、自私自利，但是他忽然做了一件對你好的事，或者最近一段時間對你還不錯，你就很容易原諒他，會把以前他做過的壞事都忘掉。不是因為你傻，這就是近因效應，這也是我們必須把說錯的話跟做錯的事記下來的原因。因為對於眼前發生的錯誤，你會記得，但是之前發生的錯誤，你就會忘記。

有人可能會覺得，這樣一輩子記錄不是很麻煩嗎？真的有效嗎？

其實按照一個人的性格和習慣，說錯的話、做錯的事就那麼幾個類型，透過慢慢記錄，你就可以把這些類型全部找出來。記錄到最後，你慢慢會覺得這個遊戲不好玩了，因為你後來只是偶爾重複其中的某一些錯誤，直到你開始學習一個新的領域，你又會有新的錯事本出現。

如果一個普通人錯十次才能改掉一個錯誤，那麼你透過記錄，錯個三、五次就改掉了，這就是效率。

---

12 源自心理學家亞伯拉罕・盧欽斯的實驗，第一印象會強烈影響你對一個人的認知，稱之為「首因效應」，而經過相處，中間發生的事情容易被忘記，而最後一次事件給你的感受會最為鮮明，這就稱為「近因效應」。

13 股市熱絡時稱為「牛市」，低迷時則為「熊市」。

人生錯題本應該怎麼做？

求學時期，我們的錯誤基本上可以分為兩類：一類錯誤是因為你不知道這個知識，或者不知道某一道題目的解法，所以你不會；還有一類錯誤是因為你馬虎而習慣性出錯。

而解決一個試卷上的錯誤，整個分析過程可以分為下述幾個步驟：

第一，核對答案。

第二，核對答案之後發現跟自己的答案不一樣，就需要去回顧整個做題的過程。

第三，在回顧過程中找到錯誤的原因。

比方說，如果是因為忘記了某個知識而導致出錯，就需要把這一項知識找到，然後記住、背下來。如果因為馬虎出錯了，那你必須把馬虎的原因找到，是抄錯答案，還是看錯題？如果看錯題，你就需要在看題的時候，邊看邊畫線，這樣就可以防止看錯。

針對每一個馬虎的原因，都需要找到一個消滅的方法，然後你需要把這個方法記錄下來，在以後重複使用，如此一來，這個錯誤就被解決了。

等到下一次你再整理新的錯題時，如果發現是同一個錯誤原因，比如還是因為看錯題而抄錯答案，或者還是因為某個知識不會而導致錯誤，就沒有必要重新記錄。你只要去複習一下以前記錄的知識和馬虎的原因就好了，反覆幾次，就不可能再錯了。

以上就是解決一道錯題的思路，實際上這個思路完全可以類比到人生錯題本上。

我們平時需要記錄的錯誤分為兩種：一種可以叫作馬虎，是由於壞習慣或者不認真導致的疏忽和錯誤。

這種錯誤一定要記錄下來，不僅要記錄自己說錯的、做錯的，還要記錄別人對你做的錯事，或者對你說的錯話。不小心說出去一句話，你覺得自己傷害了別人，但其實可能並沒有，是你敏感了。或者有時候你覺得沒事，但實際上別人已經受到了傷害。別人的感覺，你未必能猜得準。可是一句話有沒有傷害到你，你自己最清楚。

我看過王小波的一段採訪影片，他說：中國人、外國人都是人，是人就有共通之處。既然能傷害到你，那麼也可能會傷害別人。

推己及人是個能力，也是個可以透過反覆訓練掌握的技術。

我小時候發生過這麼一件事，有一次阿姨把我們家裡七、八個小朋友集合在一起做腦筋急轉彎，做對了，阿姨就送一個旅行帶回來的紀念品作為獎勵。其實那些題目都很簡單，但是不知道為什麼，其他人都沒錯，我卻做錯了一道。

所有的小朋友都拿到了獎勵品，只有我尷尬地站在那兒，一會兒阿姨走過來逗我，說：「怎麼回事啊，小才女，難題做多了，簡單的倒不會了是嗎？」

那一刻，我的尷尬衝破天際，變成了羞愧。

我知道，她只是想跟我開個玩笑，然後順便把禮物送給我而已，但我其實並不想在那一刻引起別人的注意。從此我就記下了這種感受，如果團隊中有人出錯，不要用玩笑話去緩解他的尷尬，與他單獨對話，或者為他一個人破壞規則，只會讓他更尷尬。

還有很多像這樣的時刻。

有一次有人請求我幫忙，順便發了八百塊的紅包給我，我覺得很不舒服，因為這種行為讓我感覺自己幫的忙只值八百塊，所以我記下來，告訴自己，以後遇到這種情況不要著急回報對方，發紅包倒不如說大恩不言謝。

有人不跟我打招呼就把我拉到聊天群內，也讓我感覺很不好，所以我以後若要拉人進群組，一定提前告知對方每一個具體情況，經他同意再拉入群內。

……

這樣的時刻都記錄下來，並且謹記，不要對別人做同樣的事，情商就會高很多。

我的口號是：把每一次的難受，都當成題目去透徹領悟。

除了記錄自己做錯的和別人對你做錯的之外，還需要記錄你不知道的。不知道的也分兩種。

一種是你以前不知道自己錯了。比如我最近才剛學會一件事，那就是說服別人的時候，不要去否定別人的心理認知。

舉個例子，你喜歡的那個人，他不喜歡你，他跟你說：「不好意思，我不喜歡你這種潑辣的，我比較喜歡溫柔的人」。

若你拼命地跟人家說：「我們這種潑辣的也挺好，這樣好，那樣好……」有用嗎？

沒有用的，因為你等於在否定他的看法。如果你想讓他接受你，這時候不應該馬上否定他主觀上的一些認知，這些認知一般情況下可以討論的餘地很少，辯來辯去沒有意義，倒不如嘗試去展現自己溫柔的一面，或者幽默回應。

除了記錄「自己不知道的錯誤」之外，還要記錄的是「自己不知道的正確」。

什麼意思呢？是不是所有做對的事情都要記錄？

並不是。

只要記錄之前不知道的或者忽略的就可以。

有一次我跟朋友一起旅行，從機場接送車下來的時候，她站在我前面先下車，順手就把我的箱子一併提下去。我當時就覺得這個人真好，這個動作太讓人覺得溫暖了。但是換成是我，我會做嗎？我肯定不會，我這個人不機靈不體貼，根本想不到這麼多。

於是回到家以後，我把這件事情寫到我的本子上。從此以後，只要我先下車，就會幫別人提箱子。

總而言之，我們在人生錯題本上需要記錄四種類型的問題：

第一種是記錄自己因為馬虎和習慣出的錯。

第二種是記錄別人說錯的話和做錯的事。

第三種是記錄自己因為不知道而做錯的事。

第四種是記錄別人做對的事情，但是自己之前不知道的。

具體來說，每一個錯誤怎麼分析，才能夠保證自己下次不犯錯？

在這裡我必須提到「**復盤**」這個詞。

這個詞已經被用爛了，但是沒辦法，學習必須要復盤，這不是新詞，但是很重要。

復盤是棋類的術語，每一盤棋下完以後，高手都會把棋子擺回去復原棋局，然後重新去思考。

上大學的時候我不善交際，每次和同學聚餐都不知道怎麼說話，所以成為「壁花小姐」，無聊且不自在，大多數人會在這種情況下給自己貼標籤。

「哦，我是一個內向的人。」於是心安理得。

但是我不會這樣做，我會克服自己拒絕邀約的衝動，甚至會主動邀約同學聚會，然後當聚會結束以後，我會復盤整個晚上大家說的話和做的事情，自己都說了哪些話，別人都給了什麼回饋。然後回到寢室以後，就抓緊記憶拿出本子記下來。

到下一次聚餐時，再去實踐自己總結的東西。

很無聊是不是？

這樣一件小事情都要花費這麼多心思，但這就是學習的過程和自我改造的過程。現在的我其實極度厭惡聚會，確切地說是某些聚會，但是我知道不是因為我不擅長才覺得討厭，這對我信心的塑造很重要。

告訴你一件更變態的事情。

有一段時間由於過於嫌棄自己不會說話這個弱點，我跟別人出去吃飯的時候都會錄音。回家之後就開始播放，一邊刷牙洗臉一邊聽，我要找出自己說了哪些不好的話。

在聊天的現場，對於別人說的話，一般都是需要及時回應的，你不可能想太久才回答，那麼不經思考的脫口而出很可能就會出錯。而那些情商高會說話的人，你可以這麼想：由於經常與人打交道，他們的大腦裡存儲了數千條說話的模式。

「當被人嘲笑的時候，應該怎麼回應」、「和人開玩笑的十種方式」等等，這些模式被他們練習了無數次，到最後他們就可以做到在對應的場合選擇最適合的那個說話模式。

但是對我們這些內向、不喜歡和人打交道的人來說，我們的大腦在這個部分空空如也，靠著及時回應的能力去說話，就會很容易說錯。說錯了之後，有些人就會退縮，然後與人的接觸變得越來越少，如此下去，可能一輩子也無法把與人對話的資料庫建立起來。

要想快速地打破這個惡性循環，有一個關鍵點很重要，就是手動建立自己的說話資料庫。所以當我重新聽錄音的時候，我會要求自己重新回答別人說的話，當我脫離了緊張的社交環境，更加鎮定，也有了思考的時間，我完全可以用另外一種更好的說法來應答。

然後，把這個更好的說法記下來。

同時，也要記錄下別人說得好的地方，下次我就學他這麼說話。

這樣訓練之下，很快你就會達到所謂的「高情商」狀態。

所以你知道快速學習的祕訣了嗎？

一般人說錯話或者做錯事，回到家之後會悔恨得睡不著覺——唉，如果我當時這樣回答就好了。然而第二天他就忘記了。

但是我不會，我做錯的事情都寫在本子上，並且只讓自己最多錯三次，我會一輩子都警惕這個錯誤，再也不會走到它的陷阱裡去。在工作中也是如此，如果你是一個有工作目標的人，但目標沒完成，你也要回想一下自己的工作流程，哪裡做得好，哪裡做得不好。

基本上，復盤包括以下幾個步驟，跟我們總結考試的錯題差不多。

第一個步驟，核對你的目標跟結果。

我們做每一件事情的時候，都有一個最初的目標。

看一下最後的結果是不是你當初的目標。如果出現偏差，這個偏差是好的，還是壞的？為什麼會出現這個偏差？

第二個步驟，回顧一下做事和說話的過程。

注意，在回顧的時候，以下三個錯誤是絕對不能犯的。

第一，你不能只回憶一部分。有些人復盤時只願意回憶其中的一些片段，集中在某個點上反覆盤旋，這樣沒有辦法看到這個事情的全貌。

我們的大腦裡彷彿有一個放大鏡，比如我們跟別人吵了一架之後，因為什麼事情而吵、過程當中說了什麼……全忘了，就記得他罵了我一句特別難聽的話。然後全部的情緒都集中在這句話上，於是每次想到這件事的時候，都覺得很憤怒。這不叫復盤，這只是在回顧自己的情緒。

第二點要注意的是，不要主觀，要客觀。

比如他打了我一巴掌，這是客觀事實。我說你這個人太壞了，這叫作判斷。

回憶時，如果你一直在做主觀判斷，就會忽略一些事實，最終影響復盤的結果。

我在錄節目的時候遇到過一個很討厭的嘉賓，由於過於嫌棄對方的人品，導致我難以掩飾自己的厭惡之情。下節目以後，助理問我：「為什麼總是針對他？」

這時候我才恍然大悟，大家都不知道關於他的事情，只有我知道，所以我顯得咄咄逼人、針鋒相對。但我的工作是要讓節目好看，是在節目裡提供有價值的觀點，並非只讓自己舒坦。回來以後復盤這件事情，我大腦當中閃現的全是判斷：他這個人太噁心了。我真是太魯莽、太衝動了。

這是不對的，我反覆提醒自己，去復盤事實。

反思過程中都發生了什麼、說了什麼，才導致出現了我不想要的結果。

第三個不能犯的錯誤，就是不按照順序去回憶。

如果你不提醒自己按照順序去回想，有的時候你就會顛倒黑白。人的大腦非常不可信，比如它會過於樂意回憶別人做過的對你不利的事情，過於喜歡記憶自己的奉獻和付出。在做家庭調查的時候，丈夫和妻子都會覺得自己承擔了大部分家務，丈夫覺得自己承擔了60％，妻子覺得自己承擔了90％。但這兩個數值加起來，大大超過了100％。

所以每個人做的可能都不如想像中那麼多。

原因就在於，人會很容易想起來自己擦桌子的畫面，或給孩子餵奶的動作，但是卻不容易想起來對方的付出。所以在回憶的時候務必按照順序，不要從中間開始，也不要從自己想記住的部分開始。或許在你施恩之前，其實別人也照顧過你。

第三個步驟，就是把一件事從頭到尾回憶完畢以後，圈出來錯的環節。

按照我們前面回顧的辦法，基本上會避免一個以果為因、黑白顛倒的情況發生。所以回憶完了，你就認真想想，哪個環節其實不太好，導致最後的結果出現偏差。

第四個步驟，分析一下錯誤的原因是什麼。

一定要找到真正的原因，否則的話，你的整個分析就失敗了。

什麼叫「真正的原因」？如果我用其他方法來替代那個錯誤的做法，結果發生了改變，只有這個時候才算找到了真正的原因。

第五個步驟，找到消滅錯誤的辦法。

列舉出所有可替代的做法，找出最可行的那個。

第六個步驟，記錄下來這個消滅錯誤的辦法。

這個過程是每天都要做的，尤其在睡前做更好，我一般是當天的事情當天解決。

在很多年前，我在自己的日記本上用筆寫（剛開始沒有這種記錄錯誤的系統方法，只是下意識地在日記上做這件事），一直到二〇〇八年，沒時間寫日記了，就把日記本變成一個錯事本和錯話本。到現在為止，不算電子筆記，光日記本我就用了一箱。

我現在的記錄方法是這樣的：事情發生的時候順手記錄在手機的備忘錄上，或者給自己發一段語音，回家以後整理到電腦上。

做這個整理其實也就用十分鐘，最多二十分鐘，但這二十分鐘是非常珍貴的。

反思是人類成長最重要的步驟，你的一天有沒有進步，可能就取決於這二十分鐘。

在整個復盤的過程當中，還要強調四個原則。

第一個原則：後悔無用，成長最重。

很多人在日記裡，其實也會反思自己。

我相信一定有人是這麼寫日記的：我今天真的太差勁了！我怎麼這樣那樣……好難過、好傷心。

整個日記記錄的全是情緒。

我們在復盤的時候，很容易進入一種後悔的狀態，一想到做錯了那件事，後悔的情緒就忍不住湧上來，接下來就不動作了。所以我們不能把自省當成對自己的否定。這其實是成長，因為自省之後，把經驗記下來，用更好的做法替代錯誤的做法，其本質就是進步。

我在自己的人生錯題本上寫過這樣一句話：每一次錯誤，都是進步的機會。

第二個原則：查原因的時候一定要追到細節再停止，凡是不具體的做法都是沒用的。

兩個人吵架，你罵了他一句，當你追溯錯誤原因時，覺得是因為自己性格暴躁。

但是性格暴躁這個事情是不具體的。什麼是具體？

好比你罵了他一句「你滾」，覺得自己做錯了，那你就這樣寫：當對方說出令我厭惡的話時，我不能說「你滾」，我應該說「你有情緒了，我們停止談話」。

這種就是用具體做法替代原來的做法，才有可操作性，才有可能糾正原來的錯誤。

第三個原則：堅持成習慣，所有錯誤無一例外都要記錄。

再痛的記憶，你都要記錄；再小的錯誤，你都要記錄。

因為越小的錯誤，越容易改正，如果你不記錄，這個錯就白犯了。

最後一個原則：當你把某個錯誤分析完畢，你可以總結一句話來概括錯誤的原因。

這個原因逐漸地就會成為錯誤的類別，你就可以讓自己的人生錯題本更有秩序。

其實懂得去記錄自己的錯誤，已經挺好了，能做到這一步的人，已經很厲害了。

但有時候你會發現，記錄的東西太多，反而難以致用。更高階的做法是進一步追問自己，「怎麼樣才能做到錯一次就不再錯？」、「下一次碰到一件事，怎麼確保能想起來我曾經錯過，我曾經記錄過，而且我還記錄了正確的做法？」

有一個方法，可以解決難以致用的問題，那就是在記錄的時候分類。

我自己的錯事本是按照公司、家人、朋友這樣的對象來區分的，公司又可以分為合作夥伴、員工、專案等等。對象分完了，再按情形分。

比如跟員工之間，在員工辭退的問題上，我曾犯過的錯誤如下：拖拖拉拉，其實我早該辭掉他，卻一直拖到不能再拖，導致工作本身受到影響；忽然提出，讓員工覺得意外，不能接受，跟我要求更多賠償；辭退後收尾工作做得不好，沒有做到相應的安撫，讓離職員工影響到其他員工。

除了辭退上的問題，批評員工的時候，我也犯過很多錯誤，同樣被歸類在一起。剛開始記錄錯事的時候，沒有這個意識，那時候錯事的條目非常少。當條目很多的時候，就需要仔細分類。

我的錯話本做得比較好。首先我按照三個標準來分類：

第一，對象。跟戀人怎麼說話，跟長輩怎麼說話，跟上司怎麼說話。

第二，情境。比如初次見面應該怎麼跟人家說話，同學聚會應該怎麼說話。

第三，目的。我想讚美他的時候應該怎麼說，安慰他的時候怎麼說，批評他的時候曾經犯過什麼錯。

這樣就可以在下一次發生同樣情境時想到對應的做法。比如初次見面，就能立刻想起來自己記錄過這個情景，就可以使用正確的做法，進而避免錯誤。

跟大家分享兩個我最近用到的方法。

我在跟別人談判的時候，特別希望對方答應我一個很苛刻的要求，我會迅速對應到本子上有個叫作談判的類別。在裡面曾經記錄過我的一件錯事：有一次，我想讓對方答應我的要求，所以一直強調自己很難做。這樣說確實有好處，但是不能只這麼說，因為說到底，我的難處和對方沒有關係，對方聽到可能會同情，但是在商業利益面前，同情又能占多少分量？

正確的做法是：我可以提一個比我想要的條件更苛刻一點的條件，當對方把我這個更苛刻的要求拒絕之後，就有可能答應我本來的要求。這樣成功的機率就會提高。

反過來，當別人要求我做一件事情的時候，問我：「你做，還是不做？」這很讓人為難。做，自己會覺得吃虧，不做，擔心傷了情面。

這個場景同樣是談判的場景，在談判這個類別裡，我記錄過處理這種情形的技巧。其中有一個技巧是：當別人讓我做二選一的決定的時候，其實不一定非要在他的兩個選擇當中選一個，我可以想想，是否還有第三個選擇。比如員工做這份工作不給力，不見得只有「離職」和「不離職」這兩個選擇，其實還有第三個選擇——幫他調動單位，或者降薪。

當你去分門別類記清楚的時候，就很容易把當下的情況對應到曾經記錄的類別裡，從具體的類別中找到對應的條目，就能解決當下的問題。

最後想跟大家說，**我們糾正錯誤的方法，可以一直不斷優化。**

也許我曾經說錯了一句話，記錄了一個對的辦法，但這個對的辦法不見得是最好的，後來我又學習了更厲害的辦法，就可以將原來的辦法優化。慢慢地，你所有的做法、說法，都被反覆升級到最好的狀態。這樣的你去對付生活中那些還在用初級武器的人，輕而易舉就能贏。

用了電子筆記以後，我就把錯事本和錯話本合併，變成了人生錯題本。

這個可以說是我最寶貴的成長祕笈之一了。

《窮查理寶典》這本書裡提過一種思維，叫作「逆向思維」。

如果要明白人生如何得到幸福，首先得研究人生如何才能變得痛苦；要研究企業如何做強做大，首先要研究企業是如何衰敗的。

大部分人更關心如何在股市投資上成功，但作為一個成功的投資人，查理・蒙格最關心的是為什麼在股市投資上，大部分人都失敗了。

他這種思考方法源自下面這句諺語：我只想知道將來我會死在什麼地方，這樣我就不去那裡了。

避免可預知的全部失敗，是否就能走向成功，我不確定。但是成功地繞過那些錯誤的坑，絕對可以更少地浪費精力和時間，用更小的代價去成長。

而那些沒有人生錯題本的人，等於帶著自己的弱點在裸奔。

真的很危險。

他們終生會被自己的弱點所困。

Chapter Three

執行篇

不專注的人，三分天分，做出一分。

專注的人，三分天分，做出十分。

專注使人成功。

用筆記消除內心聲音，提高專注度

精力有限，限制了普通人的發展。

據聞星巴克的CEO每天早上六點鐘到辦公室，在這之前他還會跟他的夫人一起騎車健身。

郭台銘起床的時間據說也是凌晨四、五點，起來後游泳或者跑步，七點到辦公室，創業三十五年來，每天平均工作十五小時。

新聞報導說，川普的成功歸功於他每天只睡三、四個小時，這樣就可以領先競爭對手一步。

成功人士好像都有精力充沛的特點，他們每天睡眠時間少、工作時間長，但是仍可保持高效。然而，我們沒有那樣的天分。

有限的精力得不到有效的利用。尤其把精力消耗在不重要的事情上是最典型的一種。

上班路上跟早餐店的老闆娘拌嘴一番，到公司基本上已經精疲力竭了；邊工作邊聊天，一天當中一半的時間和精力都耗費在閒聊上，於是只能加班處理；消極地抱怨，抱怨完了覺得已經沒有心情做任何事情。

除此之外，**還有一件事情在不知不覺中消耗著你的精力，那就是你的思緒。**

這種消耗是隱形的，很難被重視。但它確實是精力最大的殺手之一。

在工作或學習的時候，你是不是經常感覺到內心獨白彷彿無法停止，一直有想法不斷地冒出來：

昨天忘記了媽媽的生日，她有點難過，我好自責！

馬上到「雙十一」了，我應該買點什麼好呢？

哎呀，糟糕，我這個月的信用卡費還沒有繳。

這些想法就像一場永不結束的打地鼠遊戲，你剛壓制住一個，另外一個又冒出來。這讓你永遠都無法心如止水地做好一件事情，無法全心全意地投入工作和學習，你的許多寶貴精力都浪費在類似背景噪音的思緒上，你無法控制它們，也無法擺脫。

把那些干擾你的小念頭，通通提筆寫下來，寫到小紙條上集中處理。這是我親自實踐過確認有效的消滅內心對話的方法。

如果是比較難處理的煩惱，可以用一張圖畫一下前因後果，每次糾結的時候就拿出來看一看，以防繼續胡思亂想。

這樣做為什麼有效呢？

通常難以消滅的內心對話可以分為兩種。一種是待辦事項。

當你好不容易專心下來做某一件事的時候，你的大腦卻一直在提醒你，還有許多事情要做，它擔心你忘記了。你可以把它想像成一個隨時會響個不停的警報器。

朋友的生日快到了，該準備個禮物吧。

不是一直想換房子嗎？那先在網站上看看，約一下時間吧。

有時候這些念頭未必是清晰的，未必是指向某一件事情，你只是隱約覺得自己還有沒做完的事情，感覺一團糟，也說不清楚是哪一件，但就是覺得自己有很多事情要做。**這些提醒都是分心的原因，同時也是焦慮和壓力的來源。**

試想一下，每次做一件事情時，都感覺自己好像有一堆事還沒做，常年在這種焦慮和壓力下生活，會是一個什麼樣的狀態？

另外一種難以消滅的內心對話就是消極情緒。

有時候發生了不好的事情，除了消化它，也沒什麼別的辦法。

能夠轉化為待辦事項的，那就立馬行動。比如跟朋友吵架了很難受，去道個歉就好。不能轉化的，就只能自己承受或自我疏導。

思緒之所以會無法控制，跟我們大腦本身的構造有關係。

大腦中有無數的神經元和突觸負責傳遞消息，所以想法確實是你自己的，但是並不那麼好控制。另外，我們對於未完成的事情，記憶也會特別深。

這個結論是一九二〇年代德國心理學家蔡格尼克在一項記憶實驗中發現的。

他讓受試者做二十二件簡單的工作，例如寫下一首喜歡的詩、從55倒數到17、把一些顏色和形狀不同的珠子用線串起來等等。而在這些工作當中，只有一半被允許做完，另一半在沒有做完時就受到阻止。做完實驗後，蔡格尼克讓受試者回憶做了哪些工作內容。結果，受試者對未完成的工作的回憶率可達68％，而已完成的工作回憶率只有43％。

對未完成工作的回憶比已完成的工作保持得更好，這種現象就叫「蔡格尼克效應（Zeigarnik effect）」。後來又有心理學家不斷地證實蔡格尼克效應：任務未完成、目標未實現，腦子裡就會有個聲音不斷提醒你去完成任務、實現目標。

然而，一旦任務完成了、目標實現了，腦子裡的那個聲音就會消失。但是我們不可能把所有事情都做完。好在後來又有研究發現，**不必把事情做完，你只需要把那些待辦事項做出計畫，就可以清空大腦**。

一旦你把做這件事情的時間、地點等細節計畫出來，大腦就不會再催促你了。

這就是我說，把你的念頭寫下來會有用的原因。

寫下來、集中處理，對大腦來說就是實施計畫。只是這個方法不夠徹底。有時候即便寫下來了，由於沒有確定具體的處理時間，你還是會想它。或者是沒有給出具體的處理方法，你也會繼續想。對有些人來說，生活當中的待辦事項真的太多了，思緒多到寫個不停。除此之外，即便你把生活當中的待辦事項減少到哪怕只有兩三項，你仍然無法專心。

對於全職考生來說，生活很簡單，除了念書以外，其他的事情都不重要，但是即便假設所有的其他事情都已經被消除，他們仍然會因為現在到底要學習哪個科目而糾結。

解決這個問題的方法到底是什麼呢？

第一步，斷捨離。

第二步，GTD[14]。

斷捨離這個詞，大家已經聽過太多次了。

我們可以分人、事、物三個維度去整理自己的人生。

物品方面保持一個原則，那就是用什麼留什麼，不要因為覺得可能會用到就不肯丟。之前看過一個果斷的整理方法，是把自己所有的東西都先收納到箱子裡，然後分門別類地擺放整齊。需要用到哪個物品就去找出來，用完以後歸類到房間裡。至於在一個月內都沒有使用過的東西，就可以丟掉了。這樣一來，家居生活會簡單清爽很多。那些堆在桌子上的雜物、衣櫥裡的過季服裝、從網路買的待退物品……，通通是你的待辦事項。

人際關係的整理，我會在後面章節更仔細地講。總之，對你重要的人，沒有那麼多。好多佔據你大腦記憶體的人，根本不值得。

不重要的事情比不重要的人還多。定期斷捨離，生活會更清晰。

二〇一七年以後，我對自己的要求就是生活一定要簡單，簡單到不能再簡單。即便是新房裝修買傢俱，我只買那些功能必要的，但凡不必要的就不買。

以前一間房子都堆不下的衣服，現在用一個衣櫃就能搞定。

桌面上都是今日待辦的文件，沒有亂七八糟的事情來干擾我的視線。

就連手機提醒也都是關閉的。

斷捨離之後我們就可以用簡單版本的ＧＴＤ來管理待辦事項。

為何說是簡單版本的ＧＴＤ？

實施ＧＴＤ是一個不小的工程，它要求人們把全部待辦事項收集到一起，然後一一處理。不僅僅是待辦事項，還包括待處理的資訊、待整理的物品等等。它是一個自下而上的工程，不管是近期的還是遠期的，不管是放心的還是不放心的，你都要把它們先列到待辦清單上，收集完了以後再去判斷。

如果是垃圾、沒用的東西和資訊，就可以丟掉。

如果是兩分鐘內可以做完的事情，就馬上去做。

如果是可以交代別人去做的事情，就放到等待清單裡。

如果是將來可能會去做的事情，就放到願望清單裡。

如果是有用的資料，就放到資料庫裡。

如果是需要多步驟執行的事情，就放到專案清單裡。

每個即將進行下一步行動的項目，就放到執行清單裡。

除此之外，有一些定時定點要做的事情，就放到日程表裡，定好鬧鐘提醒。

---

14 GTD，即Getting Things Done，把事情做完，是一種時間管理方法。

這個方法的根本宗旨就是解放大腦、節省腦力，這些清單可以視作你的第二個大腦，它們毫無遺漏地保存了你所有的待辦事項，每一件事情都是井井有條地待在自己的位置上，所以你再也不用為那些沒有做的事情而焦慮。

你只需要盯著你的執行清單就可以了。可謂一表在手，天下我有。

這個方法裡的重點有兩個：

一、保證毫無遺漏，只要你的大腦認為還有事情遺漏在外，它就無法安寧。

二、分門別類，一定要把事情放到正確的清單裡。

我沒有嚴格執行GTD，只是執行了簡單版本。比如我會先做斷捨離，扔掉一部分東西來減輕自己收集任務的壓力，這一點就不符合GTD的要求。

我的操作過程是這樣的：先在自己的印象筆記[15]裡建幾個表單。其中包括：專案清單、願望清單、執行清單、等待清單、日程清單、資料清單。

然後我把自己電腦裡已有的所有檔案和我腦海中現存的待辦事項先整理一遍，歸類到清單裡，之後每次來一個新的事項時，就往清單裡添加。

平時在網路上看到好的文章，再也不用到處收藏了，點擊發送到印象筆記的資料夾裡就可以。要做新專案時，先在專案清單裡添加新筆記，給這個專案做好計畫，然後把下一步行動放到執行清單裡。想出國旅行，但是不確定什麼時候去，既然這只是一個想法，就把這個想法寫到願望清單裡。

管理好這幾張清單，就可以完全掌控自己的生活，消除大腦的雜念，消滅內心的對話，做到真正地專注。

我們本身就是精力尋常的普通人，所以與其去學習那些成功者晚睡早起、延長工作時間，倒不如把自己的生活整理清楚，減少精力的損耗，同時有效地把自己的精力分配到重要的事情上。如果你能堅持做下去，就已經贏過大多數人了。

這就是GTD整理的妙處。

不過這樣做還會有一個問題，就是執行清單裡的事情太多。GTD消除了你內心的聲音，收納了你全部要做的事情，但是如果要做的事情很多，也會讓人焦慮。

在這裡，我分享一下做一日計畫的經驗。

以前我們都是怎麼做一日計畫的呢？

一天當中，大到要做完老闆交代的簡報，小到可能今天晚上回家要喝蜂蜜水，全部都列成待辦事項。但這樣做之後，你會發現待辦事項彷彿永遠做不成。由於計畫實在太多了，當天你的計畫表裡面的某一些專案就要被移到明天去做，這種感覺讓人很有壓力。

後來我就想，為什麼會這樣？是做計畫的方法有問題，還是自己的行動力有問題？

如果把所有需要做的事情都列舉出來，你會發現，一天之內你根本做不完這些事情。

原因有兩個：第一個，這些事情本身就很繁雜，因此需要耗費的時間很長；第二個，

---

15 一種知識管理工具，用來收集、整理、分享資訊，可於電腦、手機、平板等使用。

自己的行動能力、專注程度，沒有想像中那麼好。譬如，你給自己設定兩個小時之內要完成一份數學作業，但其實按照你平時的學習效率來看，你必定得花四個小時才夠。

很多時候，我們特別容易高估自己的行動能力、專注程度，導致我們的計畫永遠都做不完。在使用GTD以後，當我把執行清單裡所有要做的事情都釐清後，我會把執行清單裡的事項複製到桌面便利貼上，對著列表，刪除待辦事項，只留下當天計畫做的事情。

這就是做一日計畫的第一個步驟。

這樣做的話，日程表就變得非常清爽，看著這份日程表，告訴自己只要把這些事情做完，今天一天的任務就完成了，就勝利了，心裡面會輕鬆很多。

而在做事期間，我的大腦就只需要專注在今天要做的事情上，我的內心聲音也只有一個，那就是所有剩下的待辦事項都被好好地收納在GTD表單裡，我並不需要想太多。

第二個步驟，**學會估算你完成要事的時間。**

我們經常說成功人士都有時間感，時間感包括兩個方面：第一個方面，這些成功人士一般對於時間的流逝非常敏感，不喜歡浪費時間；第二個方面，我覺得比第一個方面更重要，如果一個人想在時間管理上有突破的話，必備的技巧就是必須學會預估做一件事情需要花費多少時間。

準確預估時間的能力不是每個人都有的。

《奇特的一生》裡說到，前蘇聯昆蟲學家柳比歇夫堅持記錄自己的時間支出，從一九一六年一直到一九七五年他去世的那一天為止，五十九年如一日，一天也沒有遺漏。長期記錄的結果就是柳比歇夫肯定形成了一種特殊的時間感，他不用看錶，就知道時間過去了多久，他也很清楚，自己做一件事情要多久。

這種能力太令人羨慕了。

很多時候我們計畫沒有做完，真的就是因為預估時間方面出了問題，原因我剛剛已經講過了。當我們把自己的要事列好之後，一定要學會預估自己在這件事情上要花費多長時間，然後定出一個明確的截止時間，要求自己在這個時間點之前把這件事情做完。

因為可能出現一些意外狀況，所以我們也應該預留一點自由時間，不要把時間安排得過於緊密，這樣也可以保證自己的計畫能夠順利完成。

第三個步驟，**預估可能遇到的障礙和問題**。

比如我明天給自己的任務是寫物理作業，我要預估一下在寫物理作業的過程當中，有可能被哪些因素打斷和干擾。如果有朋友來找我出去玩，該怎麼拒絕他？這些都要在做計畫的時候想好。想好可能出現的意外情況，並且想好應對的方法，這樣就可以保證任務的完成。

不做這些準備的話，你就會發現第二天做決策的時候，第一，你很有可能做錯決策，你跟朋友出去玩了；第二，會花費你很長時間。

第四個步驟，**把這些要事做完之後，需要回顧一下完成情況**。

超時了嗎？遇到什麼意外情況是我沒想到的？

如果超時了，要想想自己為什麼會超時；如果有意外情況，可以把它列出來，下一次做計畫的時候要考慮到。

以上就是做一日計畫的方法。

先斷捨離，把該扔的扔掉，該刪的刪掉。

再用GTD，把所有的事情都毫無遺漏地分類收納好。

最後用一日計畫，把當下要做的事情計畫好。

這樣，就可以把自己的人生整理得清清楚楚、明明白白。

增加快樂小路上的障礙，根治你的拖延症

有一本很著名的書叫作《拖延心理學》，被視作戰勝拖延症的「聖經」。這本書在準備出版的時候，因為作者的拖延症，面世的時間比預定的時間整整晚了兩年。

就在這本書終於完稿之後，作者珍・博克與萊諾拉・袁如釋重負，決定開車出去玩。然後發現，她們的車被拖走了，因為一直拖著沒有繳停車費。

這說明什麼？

就連拖延心理學的專家也戰勝不了拖延症啊！它好像一種新型癌症，難以治療，容易反覆，患病之後，耽誤終身。

在學生時代，你一定經歷過這樣的事情：

放假第一天，你下定決心要先把作業寫完，可是當你真正動筆的時候，你並不想寫，考慮到假期還有很長，你就去玩了，去打遊戲、去看電視，隨著假期一天一天地度過，你

越玩越焦慮。

不過，就算焦慮也比寫作業開心，所以你就一直玩到了假期的最後一天，當你發現截止時間馬上來臨，拖到無法再拖的時候，就會瘋狂地趕作業。你徹夜不睡，終於在最後一刻連矇帶抄地把作業趕完。

那時候你的感覺是什麼？

第一個感覺是很爽。因為在那麼短的時間內，你就把讓你整個假期都在焦慮的作業做完了。第二個感覺是不夠滿意。這種節奏下趕出來的作業，品質是可以想像的，尤其是當你的作業發還回來，上面有一個不滿意的分數時，或者老師給了一句不佳的評語時，你的上進心就會作祟，下定決心以後不再拖延。你堅信只要早點開始，一定可以做得更好。

但是到了下一次，你還是會陷入在這個圈圈裡循環：覺得來得及所以不著急——一直恐慌地拖延著——拖到不能再拖就倉促開始——以一個低品質的方式完成。

拖延症有多可怕呢？

它帶來的惡果，不只是某一次作業沒有寫好，被老師批評；不是某一次工作沒有按時完成，被老闆扣錢；也不是一時屈辱和幾句自責。

拖延一次又一次地在你的人生當中發生，最終會帶你走向永遠都很平庸的人生。

因為倉促之間完成的那個作品——不管是老師規定的作業，還是老闆指派的簡報，根本彰顯不了你的真實水準。這個社會競爭非常激烈、天才太多，縱使你把全部的才華、全部的努力都拿出來拼，都未必足夠。

然而因為拖延症，每次你發揮出來的實力，根本連真正實力的一半都不到，可是你就把這樣一個勉強的結果交給了老師或老闆，最終你甚至會很可笑地覺得自己好像挺努力的，因為你通宵工作。

但現實就是這樣，在拖延之下你會慢慢地越過越平庸，因為你給出的東西永遠都不是最好的。**令人難過的其實不是我們的人生多麼平庸，而是我們本來可以做得更好，只要能夠克服拖延，只要能夠早點開始，只要能夠充分準備。**

我忘了我是什麼時候患上拖延症的。上小學的時候，我是班上暑假作業寫得最快的那個人，在放假的頭幾天，我會搬個很大的凳子到院子裡當我的書桌，再搬個小椅子坐在書桌前，就這樣，一路寫到天黑，連續寫三五天，就能寫完全部的暑假作業。縱使有時候母親放假帶我去親戚家拜訪，我也會帶著我的暑假作業一起去。寫完作業以後，我就可以盡情地享受整個暑假。

拖延症的開端是從初中開始的。那時候我成績一般，不喜歡學習，解題對我來說變成一件難熬的事情，在學習中我無法獲得成就感，所以每次打算開始學習時都要磨蹭拖延。那時候我迷戀許多作家，他們寫的小說就是我獲得即時滿足的來源，我用它們來把學習的痛苦延後。

工作以後也常有拖延。當我一步一步分析拖延的過程，發現其實拖延就是在某一刻發生的。在哪一刻呢？就是你準備去學習和工作的那一刻。

那一刻的你彷彿站在一個分岔口上。你面臨兩個選擇：一個選擇是滑手機、追劇、玩遊戲，這個選擇被我稱為「快樂的小路」。這條小路會通向短暫的快樂、即時的滿足。

另外一條小路是去工作和學習，這條小路被我稱為「痛苦的小路」。選擇這條路的你，剛開始的幾分鐘會非常痛苦，忍不住想要放下手頭的工作，去看一眼你的手機。

兩條小路在入口處的區別就是這樣：一條小路讓你立刻感受到痛苦，一條小路讓你立刻感受到快樂。可是如果你順著小路繼續走下去，事情就會發生變化。

在快樂的小路上，你的快樂會越來越少。隨著截止日期的逼近，你看電視劇和玩手機的同時，會感到越來越焦慮，會越來越不開心，一直到焦慮的程度完全超過眼下的快樂，你就會放下手機和遊戲，不再玩樂。

而痛苦的小路則不同，它的入口之處讓人很難受，剛開始學習、工作的時候，需要極大的毅力去克服快樂的小路的誘惑。但是隨著學習的時間越來越長，你會獲得一種成就感，這種成就感在你把整個工作和作業都完成的時候會達到頂點，那一刻的快樂是無可比擬的。如果你的工作還得到了他人的肯定和讚美，那就是附加的分數，你會得到快樂之上的快樂，這是你把痛苦的小路走完後會遇到的事情。

所以經過分析以後就會發現，其實拖延就發生在兩條小路入口處，也就是我們準備開始工作的那一刻，真正開始學習和工作以後，痛苦就會減輕。如果在入口處可以克服快樂的小路的誘惑，就能在痛苦的小路上走下去，最終獲得成就感和真正的快樂。

怎麼做才能在選擇的那一刻控制住自己呢？

那就需要分析一下，每次站在路口選擇時，會被快樂的小路吸引的原因是什麼。其實我們內心本身是有責任感的，它會驅使我們去做那件痛苦但是有意義的事情。但是每次放縱的念頭都贏過了堅持的理由，這到底是為什麼？

第一個原因，就是你給自己設置的任務太艱巨，或者你沒有辦法勝任任務本身。也就是說，痛苦的小路太痛苦了，獲得那個成就感的機率很低。

我大學寫論文的時候，總是忍不住拖延。

因為大學四年並沒有系統地訓練寫論文的能力，我對本科專業的興趣也不高，就連題目都是跟著教授糊里糊塗選的，所以寫論文的時候真的無從下手。這件事對我來說太難了。我沒有自信，覺得自己挑戰成功的機率很低，覺得自己一定寫不出什麼好東西，所以下意識地不想面對。同理，上初中的時候在學習上開始出現拖延，也是因為對一個後段生來說，做題真的太難了。

第二個原因，主要是因為完美主義。

完美主義的人拖延，不是由於對任務本身的恐懼，主要是不想面對不完美的自己。

我在寫作本書的時候，無數次因為完美主義而不想下筆。

許多作家都有這樣的毛病，一下筆就會發現自己寫的東西不夠好，起碼不如自己想像的好，所以他會不想面對自己的不完美，不想面對一個差勁的作品，於是就開始拖延。

再往下，**拖延的第三個原因，就是對未來的自己過於自信。**

人會低估未來任務的難度。

之前我們說過的那個心理實驗，就是讓受試者為自己接受的任務去設置完成的時間。研究人員發現，如果讓這個受試者今天就行動，他會給這個任務設置五天的時間完成。但你讓他一年之後再做這個事情，他就會高估自己未來的能力，低估未來任務的難度，同樣的任務，他會設置更短的完成時間，可能是三天或者兩天。

所以很多時候，我們之所以拖延，是因為真心覺得自己完全有足夠的時間來拖延，不必著急。一個本來需要五天甚至更長時間完成的任務，我們會認為自己未來花三天就可以完成，所以一直拖到只剩下三天的時間，然後勉勉強強地做出一個差勁的東西。

我在讀書會裡每週都要講一本書，這本書分為五天來講，每天講十五分鐘左右。如果我當天做這件事，我會認為十五分鐘的講述至少需要兩個小時的看書和錄製時間。但是如果你問我下週錄製一本書需要多少時間，我會認為我只要花三、四個小時就可以錄完整本書。顯然，這個估算是錯誤的，所以當我從容地拖到最後，發現三、四個小時完全不夠，只能深夜加班完成。

這個問題，一直到我明白了發生的機制才克服掉。

拖延的第四個原因，就是我們的大腦會小看未來的收益，只看重現在的收益。

如果有兩個選擇：這週給你一百塊錢，或者一年後給你一千塊錢，你會選哪個？

你可能說：我會選擇一千塊，我又不傻。但是生活當中，未來的收益不會這麼明確。努力學習和工作會獲得好的生活，但好的生活並不像一千塊那樣明明白白地標價，這種好處和馬上去打遊戲、看電視的好處相較起來，就沒有一百塊對比一千塊那麼明確。

所以長遠的不明確的好處，哪怕重要，也會被低估。我們的大腦會無限地放大眼前的收益——打遊戲獲得的那點快樂，這也是我們會拖延的原因。

拖延的最後一個原因，就是自我欺騙。

很早以前我就發現了「家務陷阱」的存在，所以後來我不允許自己做家務。

家務陷阱是什麼意思呢？

當我一天當中有三件事情要做：寫一篇文章；出門送狗去洗澡；把臥室收拾乾淨。這三件事情的難度對我來說是這樣的：把臥室收拾乾淨最簡單，出門送狗去洗澡一般，寫一篇文章最難。

你說我會先做哪一個？我很有可能會抑制不住先做家務。家務也是一件應該做的、正確的事情，而且難度又不大，所以我們心安理得地用這種簡單的任務，去替代真實的、重要的、困難的任務。

這也是拖延的一種。當你終於把家裡收拾乾淨，時間也差不多用完了。

當我們每次想要用簡單任務作為困難任務的拖延理由時，家務陷阱就出現了。

以上就是我根據自己的情況分析出來的拖延的原因。

找到自己拖延的原因以後，解決拖延症彷彿變得簡單了起來，我可以從原因給出的方向來想辦法。

第一個方向，就是讓未來的利益足夠巨大，或者就在眼前可見。

大多數人都是上學的時候比工作以後要努力。為什麼呢？

我讀高中的時候，幾乎每週一測驗，每次測驗的結果都會被老師做成榜單，貼在整個教學樓入口處，有時候只用大紅紙貼出排名前五十名的成績。我每次學習累了，大腦當中就會浮現出自己去查看榜單的畫面，想像自己的名字排在前三，那種激動和自豪的感覺會讓你的學習停不下來。

那時候我的努力很快就能看到回饋。但是工作以後就不一樣了，大多數人不知道自己每天努力工作到底能夠帶來什麼好處。只是有隱約的念頭，那就是賺錢、賺錢。更要命的是，這種模糊的好處還不確定能夠得到。因為不知道自己做得怎麼樣，也不知道必須做成什麼樣，更不確定即便做到了那個樣子是不是一定能得到對等的回報。所以就會拖延。

成年以後，我一直努力讓自己走痛苦的小路帶來的結果變得清晰可見。

克服拖延，就必須讓未來的利益展現在眼前。

首先，我在做事情的時候要給自己謀劃正確的路徑。不管有沒有意外發生，在我心裡堅信只要徹底執行，一定能夠成功。

其次，我會縮短回饋的時間。針對每個進度，我都會核算自己的收入。

最後，我還會把目標列印出來，或者具象化為一張圖片，貼在日常可見的地方。

這些都會讓我走痛苦的小路帶來的未來利益變得更加清晰。

如果快樂的小路會帶來壞結果，而不是得到快樂，你就不會每次都選擇快樂的小路了。你需要對這個壞結果十分恐懼和厭惡，或者讓壞的結果馬上就發生。

我一直在想，為什麼小時候我們寫作業特別快？

不只是我，班上一些學習一般的小朋友，也沒人敢把作業拖到最後一刻。但是隨著年齡增長，我們在寫作業這件事情上逐漸開始拖延起來。

後來我知道原因了，童年時期之所以那麼快寫完作業，是因為幼小的我們認為寫作業是一件天大的事，我們害怕老師、恐懼被罰。而成年以後，感覺老師沒有那麼可怕，或者說即便被罰也不是什麼不能忍受的事情，就不再擔心寫不完的後果，乾脆就拖延起來。

如果快樂的小路通往的惡劣結果讓我們足夠恐懼，類似小時候不寫作業時害怕被老師批評或懲罰，那麼我們就不會拖延。

我有個朋友總是戒不掉菸，其實也沒有多大的菸癮，但是工作時總是忍不住抽。

後來我去國外旅行，發現有些國家的菸盒上會有那種十分噁心的圖片，黃牙齒和一條畸形的舌頭組成的恐怖口腔照，或者是家人在遺像面前痛哭的照片。我帶了兩條這樣的菸送給朋友，並且叮囑他，觀察一下自己的吸菸動作是否會被這樣的圖片阻攔。他給我的回饋是：真的會。

因為每次拿起菸的時候，恐怖的結果就在眼前，因此抽菸這件事情帶來的快感大幅度降低，加上本身就有努力工作的責任感在心裡，所以就會放下菸，埋頭繼續工作。

我在讀書時曾做過類似的事情來克服拖延。

暑假期間我總是忍不住看電視，每次告訴自己只看半小時，結果總會不知不覺地看上一下午。後來我就把北大的照片貼到電視機上，這個行為把我看電視的快樂大幅度地減少了。盯著電視看的時候我總是忍不住分心，覺得自己要失去北大，這種焦慮感讓我慢慢地不再渴望看電視。

快樂的小路的入口沒那麼快樂，所以會降低選擇放縱的可能性。

其實我到現在只害怕一件事情，就是死亡。

東方小孩特別缺乏死亡教育，平時我們也非常避諱提到死亡這件事情。但是我在好小好小的時候，就對死亡這件事情有了認知。夏日的傍晚睡在媽媽的身旁，我靜靜地聽著她的呼吸聲，難過地想，如果今晚過去了，我們活在這個世界上的時間就少了一晚。有時候我靜靜待上五分鐘，忽然回神，就會意識到我離自己的死期又近了五分鐘。

我無法控制死亡，只是不希望自己在死亡之前該完成的未完成，留有遺憾。

生活中的拖延還可以挽救，即便最後一天你沒有交上作業，你不過是受罰一次，然後重新開始。可是你不能把人生中最重要的夢想，放在去世的前一天去完成，如果完成不了，你就再也沒有機會了。

時間根本沒有我們想像的那麼多。

理智上我們都知道人是會死的，但是無法確切地感知死亡，潛意識覺得自己好像是不會死的，無非因為死亡的時間不確定罷了。可能是二〇二五年，也可能是二〇七五年，可能是今天，也可能是明天，由於這個時間不確定，它就會被我們假設成永遠不會來。

但是如果你假定一個日期、一個時間點作為離開世界的時間。比如就是五十年後的今天。每過一天，你就失去一天。你可以在牆上把餘生畫成一個表格，每失去一天就劃去一格，你會發現，時間真的太少了，我們真的拖延不起。

拖延的後果，比你想像中的要來得惡劣。一旦你能夠從終點反思自己現在應該做什麼，不把死亡想像成一件很遙遠的事情的時候，一旦你能感受到終點在哪兒，你就不會光只是等待著、消磨著。

每每想到死亡這件事情，我都會忍不住要做餘生規劃。

前兩天和我哥說到這件事情。我說：我這輩子其實就兩件事情要做，第一是賺錢，我希望賺足夠多的錢給家人安全感，去提升他們的生活品質。第二就是去贏得成就感，我是個以成就感為樂的人，所以希望自己在死前能夠完成幾件足以讓人議論的事情。

說完的那一瞬間有點難過，我的餘生這麼短，我能做的事情也就這麼多。這種意識會一直驅動你不要停下來，不要讓想做的事情往後延，你會希望更快一點。

快樂的小路會把我帶向庸庸碌碌，我會死在庸庸碌碌中。對死亡的恐懼和感知讓我停不下自己的腳步。

還有一些讓壞結果很快發生的方法可以利用，比如允諾他人。

本來應該週五做完的事，我會允諾朋友或者同事說週三做完，那麼如果拖延的話，很快就會遭到朋友和同事的催促。我會想，如果我不在週三之前做完，壞結果馬上就要發生了。公司的同事會覺得，連老闆都在拖延、連老闆都不努力、連老闆都有這樣的壞習慣。一直是他們表率的我，並不想讓這樣的結果發生。所以，我就會在週三前努力地完成。

你也可以使用這個方法：把承諾結束的時間提前，可以跟夥伴們約定互相檢查對方的進度。

允諾的時候，你會高估自己的能力，看輕任務的難度，你會很輕易地給出諾言，這件事情一點都不難。當諾言一旦說出口，就會逼你開始行動，這樣你就不會把任務拖到最後一天了。我們雖然懶惰，但是十分愛面子。失信於人是一個不能承擔的壞結果。

解決拖延的第三個方向，就是增加通往快樂的小路的障礙。

人如果想放縱真的太容易了。

以前我哥想打一次遊戲，要先存夠零用錢，再騙過我媽出門一個下午，然後到網咖裡享受他的遊戲，享受的時候還不可以被人發現。但是現在，你只要掏出手機，就可以隨時看小說、玩遊戲。

如果可以增加踏上快樂的小路的阻礙，有一個緩衝的時間，讓理性戰勝欲望，你和拖延之戰就很有可能贏。

之前我跟人分享過很多次這個方法：想要克服玩手機的最好辦法就是做物理隔離。

高三時我有個朋友犯了網癮，總是忍不住刷網頁，後來乾脆把電腦五花大綁送到她媽媽臥室的櫃子裡鎖起來，然後把鑰匙交給她媽媽。每次腦中湧起玩電腦的衝動時，一想到要先厚著臉皮跟媽媽要鑰匙，再把電腦鬆綁，光進行這個思考過程就能讓她的衝動冷卻。

我在工作時，也總是忍不住先去處理一些亂七八糟的手機資訊，因此造成工作的拖延，而對付這個問題最好的辦法，就是把電腦版的各種社群媒體帳號退出，然後把手機鎖到櫃子裡。

沒有更好的辦法了。

然後等你走上痛苦的小路，開始工作之後，就會沉浸其中，看手機的欲望逐漸消退，到最後就會徹底消失。等你完完整整地工作了幾個小時，等你的工作取得了一定進展，成就感會驅使你下一次也把手機鎖起來。手機這種東西，不看也就不看了。

解決拖延這個問題的第四個方向——我們可以讓痛苦的小路不那麼痛苦。

其實我們本身就被一種天生的責任感驅使，讓自己去做應該做的事情，但是有些事情實在是太痛苦了，痛苦的小路的入口實在是令人心生畏懼，所以我們就會縱容自己去快樂的小路上放縱。

請注意，對付拖延症的黃金方法就要來了。

如果你需要做不想做的事情，如果你想迅速地進入狀態，這個方法絕對可以助你一臂之力。這可以說是我用過的方法中最好的一種。我就是用這個方法熬出自己的畢業論文。

我曾經被一個方法誤導過，那個方法叫作「吃掉那隻青蛙」。

這個方法的精髓在於，你一定要先做最難的事情，當你把這個最難的事情做完以後，你的一天就會變得很開心。但是我發現，我根本吃不掉那隻青蛙。

抱著筆電到了圖書館，我壓根沒辦法開始寫論文，我會回訊息，會寧願去看一會兒專業課的書，也不想打開自己的論文。但是我的大腦又一直告訴自己，必須要先做最難的那件事，所以我別的事也做不下去，最終就導致自己在拖延中什麼都做不成。

後來我把這個方法逆轉使用。逆轉以後，我的拖延症得到了立竿見影的治療效果。

我依然會先吃掉青蛙，但是我會把青蛙解剖了，先去吃好吃的部分。

什麼意思呢？

比如寫論文的時候特別想拖延，我就會跟自己說：我能理解你不想寫，畢竟寫論文是很難的。不過你是不是可以先把寫論文這件事情分成幾個步驟，做個規劃。

比如寫論文可以分為以下這些步驟：

一、先去查資料

二、取一個標題

三、列個大綱

四、寫第一段

……

然後你可以告訴自己，**先去做自己喜歡和能做的部分。**

把寫論文分成幾個步驟以後，我發現可以先寫一個序言，這個對我來說比較簡單，屬於我的能力範圍內。所以我對這個部分的工作沒有那麼排斥，於是我就先寫序言，寫著寫著就進入狀態了，就有勇氣了，我便開始查資料。我也用這種方法完成一本書的創作。

每次我要寫稿的時候拖拖拉拉，覺得不想寫怎麼辦？我不會把它延到第二天，我會跟自己說：劉媛媛，你今天先坐在位子上，想一下這個稿子中有哪些部分是你現在就有靈感、可以立刻動筆的。當然，有時候我寫完一部分以後，可能即便取得了成就感，也不想繼續下去。但是，這也比一直拖著什麼都不做來得好。

同理，你可以把這個方法應用到所有拖延的場景裡。家裡很亂不想收拾，是不是可以先把所有的衣服收起來？不想寫作業，能不能先把會做的題目做了？

我的經驗是，一般這種情況下只要你肯開始，事情就能做完至少一半。只是一定要注意：不可以用其他的事情代替，你必須要吃掉青蛙的一部分，而不是其他的什麼東西。

降低難度的另一個方法就是：**做微量計畫**。

許多痛苦都是自己加在自己身上的。

計畫做得越滿，執行起來越難，會從一開始的時候就越想拖延。

基本上週六、週日我都要加班，但是剛開始加班的時候，發現自己計畫的任務往往都做不完，並不是時間不充足，而是，如果把這個工作量放在工作日是正常的，但是不知道為什麼，在週六、週日就是做不完這麼多。

後來經過仔細觀察之後確認，就是因為自己把週末計畫定得太大、太難完成。

要知道，工作日我基本上都是早七晚十一的。但在週六、週日的時候，大腦不自覺地會認為這是休息日，會自動降低工作的積極性，在這個前提下，如果還是把工作從早上七點安排到晚上十一點，就會覺得壓力很大。

一般情況下，拖延都發生在週六早上。週六早上醒來，一想到自己接下來要完完整整地工作兩天，我就忍不住允許自己在週六的早上拖延一會兒，賴床或者拖拖拉拉地吃早餐。後來我就轉換思路，週六、週日只要求自己工作三小時。後來慢慢加長，規定自己完成工作日的一半工作量。這樣我會覺得自己能夠輕鬆完成，根本不想拖延，反正完成了以後就解脫了。

你的計畫越小，拖延的機率就越低。這就是微量計畫這個方法的精髓之一。千萬不要給自己做一個月看十本書這種計畫，在這個計畫之下，你會一本書都不想看，連開始都不會開始。反倒是你可以告訴自己，我一週就看這一章，睡前翻一翻就結束了。如此一來，大腦會一直催促你去看，因為它想獲得獎勵，而那個成就感就跟一個在你眼前晃動的蘋果一樣，你只要伸手就拿到了。如此一來，你還會拖延嗎？

微量計畫的第二個要求就是一定要有截止日期。

任務不應該是這樣的：我從今天開始一定……

「從今天開始……」這種計畫，根本就不可能完成，而且一定會拖延。

這本身就是一種虛假的自我假設，假設自己的執行能力非常強大，可以從今天開始一直堅持到死。這是不可能的，所以一定要有個截止點。

唯有當事情設有截止點，才有完成的可能。

我把自己做計畫的風格稱為「懶惰計畫」。我通常是這樣設定計畫：今天我只工作到八點，絕對不加班；我今天只寫兩個鐘頭，就絕對不寫了。

以上就是微量計畫的兩點要求。一、微量。二、有截止點，可以輕鬆完成。

除了降低痛苦的小路的痛苦程度以外，我們還要想辦法降低進入痛苦的小路的難度。

我之前說過，拖延就是在入口那一刻發生的。

我在《哈佛商業評論》上曾看過一篇文章，文章裡寫在美國一些大公司會為員工提供免費的水果。經由觀察發現，在免費水果中每次最先被吃光的是香蕉，很少有人會去拿柳丁。這個現象並不只是發生在少數幾家公司，而是在全美數百家公司都有類似的現象。不是因為美國人不喜歡吃柳丁，主要是因為吃柳丁太麻煩了，不像香蕉剝了皮就能吃。

所以人到底有多懶惰？

人類社會運行會遵循最省力法則，當有很多選擇的時候，人們會選擇最容易、最好走的那條路。哈佛大學心理學家認為，我們在做事的時候，會選擇那個在開始之後能節省二十秒時間的行事方式。譬如，剝香蕉皮比剝柳丁皮節省二十秒，所以人們會選擇吃香蕉。

好吧，其實這個理論是我後來看到的。

我很早就發現，如果可以把一件困難的事情，開始的難度降低、開始的時間縮短，那麼就會更容易去選擇做這件事。這個方法真的很好用！

我規劃自己每天早上六點多起床，然後到書房去看書寫東西，為了防止自己拖延磨蹭，我每晚睡前都會把書房的桌子收拾好，把第二天要寫的文章放在桌面上並打開。如此之後，每天只要一睜開眼睛，就感覺那篇待寫的文章在呼喚我：快來寫呀！快來寫呀！然後我會不洗臉不刷牙，就奔到書房去。

無法用語言表達這個方法的好用程度。每次當天的工作完畢以後，我都會把第二天早上要做的事情準備好，放到觸手可及的地方。然後在早上意志力最強的時候工作，再加上任務觸手可及，便降低了開始任務的難度，讓我可以在一天的最初完成最難的那件事情。

終於，我可以吃掉那隻青蛙了。

後來我又在書上看到另外一個心理學家研究的結論，他說在做計畫的時候，如果設置好執行任務的時間和地點，就能提高完成率，其中的心理作用原理和我的方法類似。

心理學家做過一個聖誕寫作實驗，讓大學生在聖誕節期間寫一篇關於如何過聖誕的短文，這短文必須在聖誕節過後四十八小時之內寫完，並且寄出。其中一半學生被要求在現場就決定好什麼時候寫這篇文章，要在什麼地點（家還是學校）寫這篇文章；對另外一半學生則不提這個要求。

研究者發現，沒有提前安排時間、地點的學生，只有32％交了作業，但是事前安排好時間跟地點的學生，有71％交了作業，是前者的一倍多。

除此之外，減少選擇也可以減少進入痛苦的小路的難度。在開始工作的時候，我有好幾個選擇。

我可以選擇看一會兒小說，我也可以選擇工作，然而有四個工作在等待我去完成：一、跟同事開銷售會；二、寫一篇稿子；三、修改合約；四、回覆一封郵件。

在這種情況下，我大概會選擇去看小說。為什麼？因為工作的選擇太多了，而選擇本身就不是一件容易的事情，在選擇的那一刻，我可能就被快樂的小路帶走了。

太多的選擇會增加篩選成本，這就是選擇的悖論。

在生活中選擇越多，可能壓力越大。

打開一個購物網站，在搜尋框輸入「短袖」，網頁上可能會跳出上百頁的產品清單。然後你就要開始做挑選，純棉的？棉麻的？挑著挑著覺得好麻煩啊，有時候就放棄了。

所以如果想要克服拖延，在痛苦的小路上一定不要有太多選擇，提前就確定好到底要做哪一項工作，然後只想這一項工作。

最後一個解決問題的方向，就是克服完美主義。

我近幾年最大的成長之一就是克服了完美主義。

人活著就要接受不完美。我們必須有穿著新衣服跳到淤泥裡的勇氣，必須要有回頭把破罐子撿起來的勇氣，必須要有在事情一團糟的時候，硬著頭皮往前走的勇氣。

必須要有接納自己的勇氣，哪怕是渾身都有缺點的自己。

我以前有個壞毛病，新買的筆記本上如果寫錯字或者寫亂了，就不想再用了。於是我扔掉了很多嶄新的只寫了幾頁的筆記本。當我決心去殺掉完美主義的時候，我又把那些筆記本都撿回來，儘量去修正過去的淩亂字跡，然後把本子用完，寫到最後一頁。

那時候的感覺非常爽，很快樂。

我以前有個戰友，她每天只要沒有按照規定的時間起床和到達自習室，乾脆就不去了。以前我也會有這樣的問題，後來分析了一下這種舉止，大概是基於這樣的心態：如果今天快十一點才起床，即便去自習也無法獲得完整的成就感，還要面對自己的遲到。於是就告訴自己「從第二天開始吧！」但是這樣反而更浪費時間，一整天可能都會荒廢。

後來我想到的克服方法是——給成就感分級。

我對自己說，如果今天按時起床，七點之前就到達自習室，並且完整地學習十小時，這時候我可以獲得一級成就感，我把當天的自己叫作黃金鬥士。如果今天早上起晚了，比如九點才起床，仍然要去自習室，這時候還可以獲得二級成就感，還可以成為白銀鬥士。如果學習是從下午開始的，那還可以獲得三級成就感，成為青銅鬥士。

這個方法真的太好用了，我甚至很想拿它去申請專利。

成就感分級的方法可以幫助完美主義者克服兩個問題。

第一，克服拖延。沒能及時開始的時候，還是有開始的可能。

第二，執行途中如果發生了不完美的狀況，導致整個計畫失控，成就感分級的方法還是會讓我們有動力繼續執行，而不是直接放棄。

做得差也比不做強。這個觀念一定要深深地植入自己的腦海中。最蠢的就是因為害怕做得不夠完美，而遲遲不敢開始。

不及格和交白卷是有區別的：我允許自己做不好，但是不允許自己連看一眼題目的勇氣都沒有。

我公司的設計師之前沒有做過ＵＩ（User Interface，使用者介面）設計，有一陣子不敢上班，因為只要開始工作，就要做那些自己覺得不夠好的網頁設計圖。我跟她說：「如果你的能力能做到60分，你只要做出60分的樣子就可以。你拼一拼，搞不好還可以拼到80分。」她說：「可是，我覺得我自己現在做的只有40分。」我回答：「那你就先做出40分的東西來，然後我們去找能做到80分的人提意見，看看能不能改到60分。」

我是這麼要求自己的，而且我保證，如果你能這麼做，最後的結果一定會讓你驚訝。

我剛開始寫文章的時候，心裡總有些抗拒。即便在寫這篇文章時，還是有那種揮之不去的抗拒感，覺得自己肯定寫不出自己最滿意的水準。

一個人的欣賞水準，和他的能力往往有差距。

我們都見過聰明人，但是我們自己就是沒那麼聰明。

我們用的產品，都是自己喜歡和滿意的，但是我們就是做不出來，這些都很正常。

所以我一直勉勵自己：「任何偉大的作品，都是從一坨大便開始的。」

那些璀璨的文學作品，它們的初稿肯定也是慘不忍睹，就連《紅樓夢》也增刪了不止一次。可見第一遍也是不滿意，否則就不用改了。如果沒有勇氣去面對一開始的不完美和不滿意，就不會有後來的故事，連修正和提升的機會都沒有。

複習考試內容第一遍時，好多題目都不會做，很想拍桌離開，我就跟自己說，哪怕只有三道題目會做也要完成，這樣才能進步。

做了就是比不做強。

以上，是我分享的一些關於克服拖延症的具體小方法。每個方法都很有效，都是我在人生的某個階段使用過的方法。但具體哪個適合你，我並不知道。所以我建議每次拖延症發生的時候，你可以把這些方法一個一個嘗試，看看哪一個方法能幫你克服此刻的拖延。哪個方法有用，你就去執行哪一個。

當然，很可能每個方法對你都沒用。但是相信我，當你要做出決定的時候，如果你願意等幾分鐘，你的決定一定會更理性。

就好像你每次去逛商場，克制不住想買一件貴的衣服，只要告訴自己：我先去逛一下別的地方，或者我先去吃飯，十分鐘之後我再回來買。等十分鐘過去以後，你很可能就不想買了。等待十分鐘，其實就是增加了通往快樂的小路的障礙。

這個方法，也是對付拖延的黃金方法之一。

戰勝拖延，釋放自己的潛力，提高生命品質，刻不容緩。

在戰勝拖延這件事上，我們不要再拖延。

時間花到哪裡，哪裡就是你的人生

這幾年，我的生活品質越來越高。並不是買幾個名牌包，或者給自己做了幾頓燭光晚餐，而是我整體的生命品質在提高。我幾乎沒有做什麼浪費時間的事情，每一件事情都是自己選擇以後決定全心全意投入的，每一天都是在自己的掌控當中度過。

我的筆記上有個專案清單，裡面記錄了對我而言活著最重要的事情，除此之外，如果有事情要耗費我的時間，我都會慎重考慮。

人這一輩子太短了，精力有限這個概念最好是深深地植入自己的潛意識裡。

精力有限理論，也可以稱為時間有限理論。但稱作精力更準確，每個人的精力儲存值都不一樣，即便你有時間，但是沒了精力，照樣什麼都做不了。精力不充沛的時間，是沒有意義的。

我們每個人的一天都有二十四小時，但這二十四小時品質不同。有些人在這二十四小時之內無精打采，活著跟死了差不多，只想隨時都躺在床上，有些人則是精力充沛，可以做很多事情。

如何管理和分配自己有限的精力，在精力充沛的時候做什麼、精力不充沛的時候做什麼，當你的腦海裡有了這樣的想法，你的狀態肯定比現在好很多。

這就好比當你要出門旅行，你會想帶很多的東西，對嗎？想帶防曬霜、帶雨傘、帶衣服、帶鞋子，你簡直就想把整個家都搬過去，但是最終你需要做出權衡和取捨。你只能帶幾樣，因為你的行李箱大小是有限的。

我們的人生也是如此，我們擁有的時間和精力太有限了，就像那個小小的行李箱，你能帶在身上的東西太少，所以必須要學會取捨，把有限的精力集中在重要的事情上，甚至是最重要的一件事情上。

這個世界上，應該做的事情和想做的事情太多了。

同學結婚，要不要去參加婚禮？收到了朋友的訊息，要不要回覆？要不要去剪頭髮？要不要去繳水費、電費？這些事都是要做的，也都是應該做的，但如果你毫無計畫地去做所有應該做的事情，就會發現你的時間和精力不夠用。

很有可能你會陷入麻木的忙碌中，而忽略那些本來更重要的事情。

一個問題就可以測試出你有沒有精力有限的意識。

當你被別人指派一些你不喜歡或者你認為沒有價值的事情時，比如有人叫你去做家務、朋友叫你陪她剪頭髮，你的腦海當中是否會浮現這樣的念頭——我的時間有限，我應該去做更重要的事情。

你大腦裡面是否有一個演算法，時時刻刻在幫你判斷、取捨：什麼事情我要做？什麼事情我不要做？如果沒有這個演算法的話，你的生活可能會一團糟。

就跟花錢一樣，這個世界上有不該買的東西嗎？沒有。

一塊好看的桌布可以提高生活品質；一雙新鞋也該買，因為我沒有這個款式。

但是如果你不經計畫和取捨地買買買，只要覺得該買就買，最後獲得的一定是慘不忍睹的財務狀況和一堆待還的信用卡帳單。

那些待還的信用卡帳單，就好像生活中那些你本來應該做而沒有做的重要事情。

更何況錢是可以再賺的，但是時間和精力是有限的。

花了就是花了，沒了就是沒了。我們想要的一切，不管是跟家人之間的親密感情，跟朋友之間的友情，還是工作上的成績，都是需要拿時間和精力去交換。今天陪朋友多一點，可能陪家人就少一點；陪家人多一點，工作的時間就會少一點。

怎麼分配這一點點可憐的時間跟精力，比怎麼分配錢還重要。

我今年二十七歲，假設可以活到八十歲，也就一萬多天，這一萬多天還得扣除吃飯、睡覺的時間，算了算其實沒多長。所以我時時刻刻都在提醒自己：我的精力有限，我的時間有限。

越窮的人越不在意自己的時間。富人總是斤斤計較自己的時間，不在無用的人身上浪費，不在生活瑣事上浪費。電視劇裡富人的經典臺詞就是：你知道我一分鐘值多少錢嗎？

窮人對待時間很少有這樣的精明，庸庸碌碌的人多的是，躺在床上滑手機的人、為了省幾塊錢排隊等優惠券的人也多的是。

可是人在沒有錢的時候，沒有任何其他資源的時候，擁有的最寶貴資產不就是自己的時間和精力嗎？

今天你把它們用到哪裡，就決定了明天和未來你到底能收穫什麼東西。

精力管理最重要的原則：比做什麼更重要的是決定不做什麼。

因為時間和精力有限，在使用它們的時候需要策略，而策略的核心之一就是取捨。大家一定要記得這句話——**我們根本不可能完成所有想做的和應該做的事情。**

不信的話，大家可以做一個詳細的時間統計。

把你所有想做的事情都列出來，然後大概估算一下執行每一件事情所需要的時間，然後真正去執行一遍，你就會知道把所有事情都做完是個多麼不切實際的念頭。這也是為什麼我們上了那麼多的時間管理課，看了那麼多時間管理的書，到現在也沒有實現那種掌控生活的感覺。因為你往生活裡放了太多的事情，根本不可能完全掌控啊。

所以一定要轉換思維。以前都是列一個單子，寫上「我今年想做什麼」、「我今天想做什麼」。現在反過來想這個事情，一開始要先問自己三個問題：

第一，什麼事是我可以不做的？

第二，什麼事是我可以交給別人去做的？

第三，什麼事是我可以縮短時間做的？

什麼事情是你可以不做的？比如參加同學聚會，不去的話就能省下至少三小時。什麼事情是你可以交給別人去做的？比如打掃房間，又能節省兩個小時。什麼事情是你可以縮短時間做的？比如看一個線上課程，就可以加速。

這樣一天下來，你可以節省好幾個小時，去做那件你認為很重要的，沒有辦法交給別人，也沒有辦法不做的事情。如果你不做這個取捨的話，你的大腦會一直幫你偷懶。真的，不要輕易相信自己的大腦。

大腦進化得這麼完善，根本就不是為了去處理複雜的工作，而是為了不斷地幫人類偷懶，偷懶的目的就是節能，否則每件事情都要去想，會耗費太多腦力。

按照大腦一貫的偷懶德行，當你面前有兩件事情：一件很重要，但是比較難，比如寫一篇論文；一件不那麼重要，但是比較簡單，比如給生日的朋友打個電話。你的大腦會不由自主地去選擇做不那麼重要但是簡單的事情。這就是很多人喜歡在寫作業和工作之前收拾房間的原因，因為收拾房間是應該做但又比較簡單的事。

我們可以把時間的使用方式分為四種：

第一種，投資。學習一項技能、努力工作，都是投資，它會讓你的未來更有價值。

第二種，不必要消費。比如從事休閒活動，讓自己開心一下，看看電影等等，它是應該做的，但是沒有那麼必要。

第三種，必要性消費。這些時間是肯定要花的，比如說你得洗澡、生病了得看病、早上起來得上廁所。

還有最後一種，浪費。做了一件對自己沒有任何效用的事情，比如剛剛舉的例子，由於不懂得拒絕，陪一個不那麼喜歡的朋友去燙頭髮，在這個過程中你什麼收穫都沒有，又或者效用比較低。或是躺著玩手機，帶來的是那麼一點點即時滿足和無盡的焦慮。

人跟人的不同，實際上就是時間使用方式的不同。這四種使用方式的組合，就決定了你過的是什麼樣的人生。

根據時間的使用方式，我們可以確定大概的使用策略：要努力地增加投資時間，控制不必要消費的時間，杜絕浪費，儘量縮短必要性消費。

按照這個思考方向，當你一大早坐在電腦前面，腦海中浮現出今天要做的幾件事情，可以判斷一下，它們分別屬於哪一類。

怎麼樣才能讓時間的價值最大化？

在時間的使用上，我總結了五個原則。

第一個原則：一定要有時間投資意識，重視時間的未來效益。

還是那句話，你把時間投資到哪裡，哪裡就會有回報，就算每天花很長時間去打遊戲，你也可以得到一個很好的排名。所以我們每個人其實都是投資人，投資人的工作就是找項目投錢，然後等回報。找到好項目就賺了，項目不好就賠了。

每個人都必須有投資人意識。必須意識到我們每天擁有的時間是有它的價值的，甚至是有它的價格的。比如我的時間價值是一小時一百塊，如果我花了一小時打遊戲，加上還要繳網路費用一百塊，所以實際上我在這件事情上付出的是兩百塊的成本。

再深入地想一下，只有兩百塊嗎？也不是，因為你的時間不僅可以給你帶來一百塊的當下收益，有時候還會給你帶來未來的收益。如果你工作一年，薪資上調20%，你可以算一下，你每小時的工作會給你帶來工資的增加是多少。哪怕只有一點點，也是你的損失。

所以你打一小時遊戲，損失的其實是多於兩百塊的收益。

第二個原則：多重利用。

什麼是多重利用？

比如在上班的路上可以看看書、學學英語，這樣的話，總時長不變，但是這段時間發揮了更大的價值。開發自己的碎片時間，就是多重利用的典範。

但是你會發現，自己的碎片時間一般都難以運用，為什麼？

這裡傳授一個非常重要的小招數給大家，就是在利用碎片時間的時候，把握兩個原則：首先，不要試圖利用所有的碎片時間。

我上高中的時候曾經試圖利用所有的碎片時間，去福利社吃飯時我要背單詞，我把英語課本後面的單詞表都做成了單詞卡；吃完飯午休，我會要求自己回想上午老師講課的內容；移動去教室的走路過程中，我要求自己做好下午的計畫。

這麼做的壞處是什麼呢？

第一，你會以為自己擁有許多碎片時間，所以你並不特別珍惜其中的哪一段。

第二，你只計算了做某件事情需要的時間，但沒有計算它的啟動時間。實際上我們做任何事情，都並非一開始就能進入狀態，所以當你要利用某些碎片時間的時候，會覺得剛開始就結束了。

當我發現了這些偽碎片時間的無效性以後，就開始判斷，到底是哪段碎片時間的品質比較高？學生時期，我最常利用的就是上學和放學路上的時間，基本上不用課間時間。出社會工作後也要這麼規劃，我只在刷牙洗臉和洗澡的時候背單詞聽英語，只在上班路上讀書，那麼其他的碎片時間就可以轉變成我緊張生活裡的喘氣間隙。

總之，你要選出最重要的那一兩段，千萬不要全部都選。想要利用太多的碎片時間，你做不到，也受不了。

其次，就是在利用碎片時間的時候，一定要記得：只有一個選擇，並且準備好。

什麼叫作「只有一個選擇，並且準備好」？

你不能這麼規劃——上下班的時間我要看書。

你要設定好什麼時間、什麼地點、看什麼書，看這本書的第幾章、第幾頁。

研究告訴我們，當我們為一個未來的行動設定好時間和地點的時候，完成的機率會提高兩倍。生活經驗也告訴我們，如果你在做事之前還要選擇，那麼選擇本身就是障礙，你可能猶豫一會兒，這個時間就過去了。所以如果你想充分利用碎片時間的話，就應該這麼安排——我要在上班的路上看劉媛媛的書的第三章，而不是我要用我的碎片時間看書。

第三個原則：購買時間和尋求幫助。

如果你自己的時間價值比較高的話，那些不得不做的事情就交給別人去做。這樣你就可以利用你的時間，去做價值更高的事情。

這也是提高時間價值的一個方式，在適當的時候要尋求幫助，有償或者無償都行。尤其當你位於管理職的時候，許多管理者之所以失敗，就是因為什麼事情都想自己做。比如我媽，就處在我們家的管理職位上，剝個蒜她都嫌棄我做得慢，結果就是她自己做，所以她每天都陷入無盡的生活瑣事中。

她親力親為的美德，我一點也沒有遺傳到。

以前我還會糾結是不是應該自己做家務。我知道很多人都享受那種把家裡從一團糟整理得井井有條的快感，認為做家務不只是勤勞的傳統，更是一種生活趣味。

但是這種趣味我始終體會不到，因為我對這個世界太好奇了。世界太大，而我的生命太短暫，所以我對於那種「恢復秩序」的事情並不感興趣，我更喜歡創造新的價值。

當我把這一套理論丟給家人，以此解釋為什麼我不做家務的時候，他們紛紛嗤之以鼻，認為這是藉口。我媽很喜歡拿表姐表妹跟我比較，用她們的賢良淑德來襯托我的懶惰。一直到後來，我終於尋求到了心理平衡點，我找清潔阿姨來做家務，並且要求自己在這段時間去執行一個之前認為很困難的任務。

我告訴自己，這段時間是花一千塊錢買來的，一定要讓它發揮超過一千塊的價值。

後來我的時間果然變得越來越值錢。我媽也終於服氣了。她現在總是積極主動地來當跑腿，讓我去做更重要的事情。如果可以用更低廉的價格購買時間，或者可以找到比你做得更快更省力的人來幫助你，你一定要把自己的時間省下來。

省下來的時間不是要讓你躺著歇著，而是去處理跟你的智力和能力更匹配的事情。這裡面的重點就是：省下來的時間，有沒有做更值得的事情。

第四個原則：想方設法縮短必要性消費的時間。

什麼是必要消費？前面講了，上下班的時間肯定要花，洗澡的時間也肯定要花，但能不能縮短？比如上班通勤的時間該怎麼縮短？

一個年輕人未來會發展成什麼樣子，看他房子租在哪兒就知道了，那些寧願住得差一點、小一點，而付高價租在公司附近或市中心的人，他的未來一般都不會太差。

另外從交通工具上也可以縮短通勤時間。比如搭計程車上下班，聽起來很奢侈，一個月要花費上千塊。可是你再換算一下，少吃幾頓飯，少買幾件衣服，是不是就可以把這些錢省下來。問題的關鍵是，在你心裡是衣服更貴還是時間更貴。

還有一個很重要的方法，就是避開交通尖峰時間，提前一小時上班。

提前一小時上班，生活就大不同。首先可以幫你縮短上班的時間，不堵車、不擁擠，另外也避免了你早上起來慌慌張張地衝向公車站造成的精力浪費。等你到達公司以後，你會發現提前開始工作，你的效率會更高。

第五個原則：減少不必要的消費和杜絕浪費。

決定要不要做一件事情，需要問自己兩個問題：

第一，做這件事情會讓我快樂嗎？

第二，這件事情對我有用嗎？

如果這兩個問題的答案都是「不」，就絕對不要做，做這件事情就是浪費時間。

比如說，陪不重要的朋友燙頭髮。為什麼我對燙頭髮這件事情這麼在意呢？因為我真的陪人燙過頭髮，回來以後我就把這件事情寫到我的錯事本上，苦練我的拒絕技術，發誓從此以後絕對不做這麼無用的事情。

不過有的時候你會發現，有些事情看起來好像是有用的但實際未必。

比如某個朋友跟你說，介紹個朋友給你認識，以後可以互相幫助。也經常有人來找我談合作。這時候我要做的就是衡量投資報酬率。

我就是因為衡量了投資報酬率，所以才下決心排除了大量價值模糊的社交行為。我並不擅長社交，對我來說每次社交既耗費時間又耗費心力，且帶來的效用不可衡量，但是我做事時邏輯清晰、專注投入，帶來的結果是可預期的，所以我選擇把時間省下來做事。

以上就是關於精力有限理論，以及時間的使用方式和時間投資的幾個原則。

接下來，我向大家介紹另外一個理論，叫作「時間價值理論」。

雖然我們每個人每天都有二十四小時，但是它的價值都不一樣。

一個問題就能知道你的時間值不值錢。

如果你要從北京到廣州，有以下幾個選擇：第一，買一張機票，三小時就可以飛到廣州；第二，買一張高鐵票，八小時可以到達廣州；第三，買一張普通的車票，需要二十多個小時才能到廣州。

請問你會怎麼選？

我上大學的時候，暑假就會買很便宜的車票，因為那個時候我的時間不值錢。但是現在我肯定選坐飛機，我甚至會選商務艙、頭等艙，因為我不僅要節省我的時間，還要節省我的精力，因為我每小時的價值已經遠遠超過了機票的價格。

我媽出遠門的時候總是叮囑我，一定要給她買最慢的車票。她說：「反正我也沒什麼事，我不著急，我沒有必要去花那個錢」。其背後的心理，就是我媽認為她的時間已經不值錢，起碼沒有車票值錢。

透過選擇行動的方式，就可以看出這個人的時間到底值不值錢。

但這並不絕對，只是一個參考標準。

我真正想說的是，**時間價值有高有低，我們人一生的價值，就是所有時間價值的總和。必須要重視每一分鐘的價值，而且要讓自己的時間在未來越來越值錢。**

有的時候你會特別痛心地發現，周圍就是有人覺得自己的時間不值錢，他覺得什麼都比自己的時間貴，什麼都比自己的時間重要。

讓朋友舒服比自己的時間重要，所以他會委曲求全陪朋友聊很多無聊的天。錢比時間重要，所以為了省錢，他可以花一小時在那兒等優惠。他的時間價值非常低，而且他也不懂得去提高時間的未來價值，所以會一直這麼低下去。接著就會陷入一個惡性循環：時間不值錢，所以花費時間一點也不心疼，於是時間更不值錢。

理想的人生是什麼樣子？是成為時間的主人，讓你的時間產生複利。

什麼叫複利？就是你一開始有一萬塊錢，然後你投資賺了一萬，到你下一次投資的時候，就有兩萬塊錢了，你就可以去賺到四萬塊。

如果你拿時間去投資，就要想辦法提高自己的時間價值，讓自己賺錢的能力越來越強。當你賺到更多的錢，你的這些錢又可以拿來購買別人的時間，別人的時間價值比你的低，所以你等於變相增加了自己的時間價值。

到最後，你的時間價值會跟滾雪球一樣越來越大。

舉個例子，當老闆的其實就是購買秘書的時間去幫他做雜務，老闆覺得自己的時間很值錢，所以拿去投資會產生更多的收益。然後他會賺到更多的錢，繼續購買別人的時間，繼續釋放自己的時間。

但你知道成功人士最值得羨慕的是什麼嗎？不是他有很多錢，而是他成為時間的贏家，擁有非常值錢的時間，這就是時間複利的威力。哪怕只是浪費掉一個鐘頭，我們失去的可不只是這一個鐘頭，而是這個鐘頭本身可以給我們帶來的更多收益。

如果我們每天比別人多投資一點點時間，多努力一點點，多進步一點點，你會發現不久的將來，你就會把別人甩得不見蹤影了。

1.01比0.09只多了0.02，但是365天之後，1.01可以透過複利變成37.8（1.01的365次方），但0.99就只能變成0.03（0.99的365次方），這就是一點點的威力。

相反的人就是成為時間的奴隸。這種人的時間價值很低，也不懂得怎麼去提高。

我祝福你有錢同時也有閒。用最少的時間啟動最大的價值。

這個公式的前提就是，你的時間必須非常值錢。

從現在開始投資，而不是浪費，開始給時間增值，而不是讓自己的時間貶值。

還記得一則新聞裡說的離職收費員的故事嗎？一個三十多歲的女收費員在失去那份工作之後，發現自己什麼都不會做，陷入了困頓和迷茫。

千萬不要成為那種到了四十多歲，發現自己能做的事情越來越少的人。

懶惰不是你人生的死敵，不熱愛才是

我曾經研究過許多方法來克服拖延和提高效率，這些方法有些對我有效，有些沒效。

那時候我隱約有一種感覺：這樣的人生是不對的。

我這輩子要面臨的外部壓力夠多了，想要挑戰的事情也不少，對付它們已經是一個艱巨的工程。與此同時再和自己鬥爭，是嚴重的內耗。

拖延也好，懶惰也罷，或許有時發生的根本原因不是我們自身不對，而是事情不對。

上學的時候多愛拖延啊，那是因為真的不喜歡學習。其實我不喜歡英語，而是喜歡地理，但喜歡沒有用，那些考試題目還是非做不可。

上班以後，做的都是一些瑣碎的、沒意思的工作，從早上九點熬到下午五點，只有下班那一刻才感受到自己是活著的。

為著這樣的人生去勤奮，太難太難了。

或許，還是要回到那句雞湯：我們必須去尋求內心的熱愛。

二〇〇五年六月，史蒂芬・賈伯斯（Steve Jobs）站在史丹佛體育場的講臺上，準備向史丹佛大學的畢業生發表演講。

賈伯斯穿著牛仔褲和拖鞋，罩著一件畢業袍，面對兩萬三千人做了一個簡短的演講，主題是自己人生中的經驗教訓。演講進行到大概三分之一時，賈伯斯提出了下面建議：你需要找到你所愛的東西……成就大事的唯一方法就是熱愛自己所做的事。如果你還沒有找到，那麼繼續找，不要停下來。

演講結束時，全場起立鼓掌。

看到這個演講的時候，我二十歲。那時我只是覺得他說得對，但跟很多年輕人想的一樣，就覺得只是個漂亮話。但是今天，我卻把這句話視為真理：**你必須要去尋找你熱愛的一切，包括工作和愛人。找不到，就要一直找一直找。**

好像我們都會經歷如下的三個階段：

年少的時候我們覺得世界是自己的，我們聲稱一定要做喜歡的事。

成年以後發現做喜歡的事多麼奢侈，我們開始變得現實，把熱愛當成雞湯去諷刺。

再往後，命運出現了第二次轉折。有人找到了熱愛的事情，最終認識到熱愛的力量。熱愛，讓我們珍惜生命，讓我們潛力無窮。有人則沒有那麼幸運，所以他只能告訴自己，我不喜歡，但是我不得已。

現在的我已經不可能拖延了。

因為我選擇了自己熱愛的事業。分享知識和經驗，就是我最熱愛的事情。

在寫這篇文章的時候，我已經連續一個月週末都沒有休息，且晚上加班到十一點才回家。因為睡眠不足和工作量太大，我曾患過的蕁麻疹又大規模地爆發。更悲慘的是，神經性頭痛也來了。結果，癢痛交加。

很多人對我都有這樣的印象：太拼，太苦，壓力太大。包括家人也這麼認為。

所以我都不怎麼和他們講這些事情。在他們看來，我每天早上六點多起床，晚上十一點才能回家，這樣的人生太苦太累了。但其實他們不知道，每次生病的時候、加班工作的時候，我都覺得很慶幸。我慶幸自己選擇了自己熱愛的事業，就好像一個賭徒打麻將一樣，因此我們不會覺得辛苦，不會抱怨，我們覺得自己的每一分鐘都值得。

真正的苦是什麼？是你不得不做不喜歡的事，是你一直在被人追著、趕著、管著往前跑，是你每一分鐘都覺得自己在浪費生命。

比這更苦的是什麼？是你做了一堆自己覺得沒意義的、不快樂的事情，但是做得不夠好。因為其中發生了拖延和懶惰，所以你還要痛罵自己、否定自己，覺得自己是個沒用的人，為什麼連這點事都做不好。

但做好的前提是，你真的熱愛這份工作或這件事。

很早以前看過小米科技創辦人雷軍說的一句話，他說：設計程式的原因是喜歡，不是為了別的。從摸上電腦的那一刻，我就知道，這才是我的世界。我一心一意地想做個程式設計師，儘管知道很累。

你說這樣的人，對比那些為了工資計算工時的人，誰能做得更好？

雷軍曾經七十二小時不睡覺連續寫程式，但他認為這沒什麼了不起。他說：別人也可以三天三夜在麻將桌上不下來，難的是早上八點鐘開始打牌，打到十二點，下午從一點再繼續打到五點，這樣一直堅持一年。

日本漫畫家浦澤直樹四十七歲時，已經連載了二十年的漫畫，患有一身職業病，經常住院治療，但他這麼比喻自己對畫漫畫的熱愛：好像是在給自己單戀的對象寫情書一樣。

怎麼樣找到那個熱愛的事業呢？

首先，要自己做選擇。

我沒看過誰一輩子被安排過一生，還願意去拼命努力的。

我們不喜歡為了別人去努力。所以，人生的每一個選擇，你都要自己做。

其次，除了嘗試，還是嘗試。

只要一直沒有放棄嘗試，在死之前，絕對能找到莫大的機會。

不過這個嘗試並不是說一定要辭掉工作，而是透過學習來尋找。在我們這個時代，學習的方法和途徑非常多，你對哪個領域感興趣，就可以去哪個領域學習，這樣可以最低成本地發現自己的興趣所在。

除此之外，你還需要一點點勇氣。

我也曾經怯懦過。

二〇一二年畢業以後，我曾經短暫在別人公司工作過一段時間，關於那份工作的無聊程度，我已經說過很多次了。早上九點二十分到公司後，我的一整天就是在等待，等待有問題的同事來尋求我的幫助。當我想辭掉工作的時候，我甚至還猶豫了一下。那時候覺得一個月的工資好多好多，懷疑自己沒有這份收入可能就會活不下去。現在回想那段時間，覺得當時的猶豫就好像成年人看到兩個孩子因為搶奪玩具而哭一樣，很幼稚。

我認識的一個在體制內工作的姐姐，本來打算辭職出來做點喜歡的事情，結果她的工資上漲，因為這樣，原本的逃離計畫又擱淺了。我問她漲多少，她說，一個月的薪資比原來多八千。那一刻，我不知道該說什麼。

八千塊錢很重要，可以給孩子多買幾件衣服，可以給自己多買幾支口紅，甚至還可以給老公換一支手機。如果我說不重要，肯定有人會罵我不現實，不懂得體諒別人的苦楚。

我只能說，對我來說八千塊錢沒什麼，只要縮減開支、降低消費就能換到，不如給自己一點餘地，去選擇喜歡的事情。有一段時間我去上班的時候都在想，我寧願去撿破爛，也不願意做這麼無聊的工作了。我朋友也總跟我抱怨，寧願自殺，也不想繼續上班。

但是很可笑，我們寧願死，卻不願意放下那八千塊錢。

我尊重每個人的選擇。

但也請大家看看我，我這樣一個人啊，不太優秀也不優越，居然能幸運地選擇自己喜歡的事情。希望這能給你一點勇氣去主動選擇自己熱愛的一切。

一輩子跟自己作對的人生，真的太苦了。

拖延，這兩個字看起來就很沉重。

懶惰，它不一定是你成功路上的敵人，它可能只是一個結果。

被動的生活，無聊的工作，才是效率的死敵。

○◒◒●

專注的時間才有意義，你需要深度工作

在我們這個時代，注意力是很稀有的東西，Instagram、Youtube，甚至我，其實都在爭奪你的注意力。誰能夠吸引你的注意，誰就贏了。

抖音就是一個成功的代表，它搶奪了幾億人的注意力。

想到這裡，是不是覺得世界很危險？

我們的注意力要接受的挑戰太多，手機裡的軟體會一直呼喚我，讓我把時間花在它們身上；電影排行榜也一直在提醒我，再不去看就會下檔；就連周圍那個存在感很強的朋友，也想要霸佔我的注意力，讓我聽她講笑話或者抱怨。

怎麼樣才能把注意力保留在自己身上，保留在自己做的事情上？如何讓自己成為最大的贏家？

這些命題非常重要，因為那些有意或不經意搶奪和消耗你注意力的人，根本不會為你的庸庸碌碌負責。

在我們這個時代，誰能夠專注，誰就具備了巨大的競爭優勢，誰就有可能出頭。

我們可以不聰明，可以沒有才華，可以沒有天分，只要我們足夠專注，就等於甩了別人好幾條街。

專注可以成為你的天分。好多人早就失去了專注的能力。

現代的辦公環境太不利於提高專注度。

我會默默地觀察我的同事們，就彷彿當年班主任盯著自習室裡的學生一樣，不過我的目的不是監督，我只是很喜歡觀察他們的行為習慣，並對照他們最後的結果，由此來分析一些解決方案。

後來我和許多老闆交流，大家都表示有過這樣的想法，員工上班的八、九個小時內，基本上沒有能夠深度工作的時間，集中注意力工作的最長時間不超過一小時，一天下來的有效工作時間基本上只有三分之一左右。有些職位可能還好一些，譬如程式設計師。有一些需要與人打交道的職位，上班時間開個即時通訊軟體，基本上每隔十分鐘就要聊一次。開放的辦公環境裡，同事也隨時可以來打擾，偶爾再出現點噪音干擾，又或者順手滑個社群媒體。

這一天下來，需要深度思考的工作基本上都沒做。

直到同事都下班走了，公司裡變安靜，真正的工作好像才能開始。

就拿我一個在銀行工作的姐姐來說，她每天晚上都要加班，總是抱怨自己平衡不好事業和家庭，沒有時間陪孩子。我讓她給自己定一個「下班不加班」計畫，強迫自己在白天完成所有工作。後來發現，只要減少閒聊，她完全可以做到。

這就是我覺得現代人可笑的地方，一方面我們抱怨壓力大、工作累、夢想未達成、現實殘酷，但另一方面我們渾水摸魚、假裝忙碌。

所以當我看到員工出現這種狀態時，首先湧上心頭的並不是身為老闆的憤怒，而是一種痛心和可惜。我在他們身上只是浪費了一個月支出的工資而已，但他們消耗和荒廢的卻是自己的年華，等過了三十歲，就會成為尷尬的「準中年」。跟職場的年輕新血們比，不僅沒有成長性、積習難改、不好改造，薪資還比他們要求得更高。

我在公司經常跟大家強調「深度工作」的概念。我說：「我們公司沒有一個職位是不需要用腦的，如果你整天都在做膚淺的工作，或是在做些不需要集中精力的填寫表格等機械性工作，這就意味著你這一天只是在應付了事」。

沒有思考和深度專注，就不會有更好的結果。

如何達到這種深度專注？

第一招就是排除干擾。

在專注這件事情上，我們的第一個敵人就是外部干擾。

就學期間我們幾乎沒有訓練過排除干擾的能力。上課時不敢說話，自習課有人管，以至到了大學以後，好多煩惱都源自「我的室友總是打擾到我怎麼辦？」

我跟同事說，在容易被打擾的環境裡，可以主動為自己設置神聖時間。進入狀態是需要時間的，如果總是被干擾，你便無法進入深度思考狀態。

在一段長時間內做好排除干擾，非常重要。所謂「神聖時間」，就是在這段時間裡面不允許別人打擾，不允許任何電話、資訊、郵件進來。

我在書上看過一個作家的故事。別人問他，你是如何在戰亂和流亡的環境當中完成一部偉大作品？他說，他的早上時間非常神聖，不允許任何人打擾，不允許信件送進來，利用早上潛心寫作，不久就可以完成一部作品。

設置你自己的神聖時間，並且告知他人。習慣養成以後，周圍人都會尊重你的這段時間。譬如，我的神聖時間設定在下午。所以，我上午到了公司後一般會處理各種瑣事，下午就把自己關在小房間裡工作。

第二招，工作的時候戴耳機。

戴耳機意味著你在聽東西。而當你在聽東西的時候，別人其實不好意思來打斷你。除此之外，也確實可以隔離環境中的噪音。

我們大多數人的工作形式都是用腦、用手、用眼，不用耳。所以耳朵有時候會被環境中的噪音影響，戴耳機就可以完美地解決這個問題。

我一般會在自己無論如何都無法進入工作狀態的時候戴耳機，聽輕音樂、白噪音或者不斷重複一首已經聽了很多遍的歌，以免它們搶走了我的注意力。

關於手機的干擾，我已經說過很多次了，物理隔離就是唯一有效的方法。

第三招，學習和工作的時候，要採取不容易被干擾的形式，才更容易集中注意力。

我觀察到班上有些同學背書的時候喜歡盯著書看，看著看著就精神渙散了。因為眼睛真的太靈活，隨便一個動靜就能讓它離開書本。

我在背誦的時候，用自己獨創的複述記憶法就很難被干擾。這個方法要求肢體跟著動、嘴巴跟著動，幾乎全身的器官都要參與到此次背書當中，參與的器官越多，越不容易分心，被干擾的可能性就越低。

最後，注意工作學習區的隔離。

我自己是絕對不會在吃飯的桌子上工作的，後來環境限制放寬了一點，但是仍然很注重工作和娛樂的隔離。當我自己買房以後，最注重的就是書房的裝修。

注重的結果就是，我的書房除了一張白色的桌子跟椅子、一個書架、一盞簡單的檯燈之外，幾乎沒有其他東西。一進入這裡，我就能開啟全速工作狀態。

大學生喜歡問我應該在寢室學習還是去圖書館學習。我會說，當然要果斷選擇去圖書館和自習室。寢室並不是一個學習的環境，有電腦、有床、有零食……，這些隨時會進入你的大腦當中，佔據你思考的空間。

以上這些就是對付外部干擾的方法。

不過深度專注最大的干擾其實不是來自外界，而是我們無法消除的內心聲音。

不知道為什麼自己的大腦會那麼活躍，有時候想到的是無聊的事情，有時候想到的是待辦事項，反正只要一開始工作學習，大腦裡的千軍萬馬就奔騰起來，沒有一匹馬聽話。

有一陣子我想買房，注意，還只是一個沒有任何計畫的念頭而已。可是後來當我在反思那個月的行為時，發現自己幾乎每天都會在工作期間打開一次與買房相關的網站。

這還不是最難克服的。

如果最近發生了什麼令人沮喪的事情，那接下來的許多天內，只要開始想做點事情，情緒就會立刻排山倒海、如影隨形，那件令人沮喪的事情在反芻中會變得越來越清晰。

什麼都不想，只想自己眼下做的事情，這是我們很難達到的一種狀態。

如何完美地解決思緒亂飛的問題？

我在本書中提到過GTD這個方法。它可以有效地消除待辦事項帶來的內心聲音。

之前說過，如果想要消除待辦事情帶來的壓力和吸引力，可以為它們排定計畫，做出計畫即可停止思緒，並不是真的要完成它。GTD其實就是做事情的計畫。

所有的事情都可以化為下一步計畫，小到一個雜念，大到一個煩惱。

好比和朋友吵架了，很煩、無法專注，怎麼辦？這個方法我介紹過好幾次了，找一張白紙，把你對這件事情的解決思路記下來。跟朋友吵架了，畫個箭頭，吵架的原因是什麼？怨他還是怨我？怨他的話，會發生哪三種情況？我想跟他和好的話應該怎麼做？我不想跟他和好又應該怎麼做？如果錯在我，想跟他和好，那我就去道歉，我道歉的時間跟地點是什麼？如果我不想跟他和好，那我可以不理會他。

在這張紙上，把你對這件事情所有的想法跟解決思路都寫下來，然後把下一步行動放到你的GTD表單裡。

每當你腦海當中浮現這件事情，每當你覺得情緒又被這件事情影響的時候，就把這張紙掏出來，告訴自己：關於這件事情所有的想法，我都在紙上記下來了，我的下一步行動也已經計畫好，我並沒有其他新的想法，所以沒有必要一遍一遍地去想它。

除此之外，還有幾個方法也有利於我們集中注意力。

第一點，知道自己做事的目的。

之所以不專心，是因為根本就不知道接下來做的事情是為了解決什麼問題，以及有什麼意義。所以在每次開始之前，我們都要問自己三個問題：

第一，我為什麼要做這些？

第二，我今天要解決的問題是什麼？

第三，我預計多久可以學完這些東西或是做完這項工作？

當你對這三個問題有了答案之後，你會發現接下來的工作和學習會更專注。

原因很簡單，如果兩個人一起學習，做同樣的十道題目，一個人知道自己做這十道題的意義是什麼（例如因為自己對這塊知識的瞭解特別薄弱，需要透過這十道題來熟悉），那麼他在學的時候，肯定會比那些做十道題卻根本不知道為什麼的人更專心。

一定要知道自己解決的問題和要達到的目的是什麼，不要給自己無意義的量化目標，比如應該工作三小時、應該做十道題等等。

第二點，明確任務的開始時間和結束時間。

一定要學會預估完成任務的時間，然後在任務開始之前寫下預計結束的時間。

有一個明確的截止時間，你在工作跟學習當中會更專注。

舉例來說，兩個人背相同的一段話，告訴其中一個必須在今天晚上七點之前完成，告訴另外一個今天下午完成就可以，他們兩個人的緊迫感是不一樣的。前者知道在七點之前必須完成，所以就會更專注；後者覺得下午完成就可以，然而下午的截止時間可以是五點，也可以是七點，彈性的結束時間會讓人不那麼著急進入狀態。

在你的桌子上放一個便利貼本，當你每次開始學習和工作的時候，記錄一下開始的時間是幾點；當你離開這張桌子，或者不再專心的時候，也記錄一下結束的時間。

透過這樣一個小儀式，你集中注意力的能力就會增強，也會更專心。

第三點，設置難度適中的任務，不要太難，也不要太容易。

心理學家提出過一個名詞，叫作「心流狀態」。它是一種沉浸狀態，沉浸到完全忘我，也忘記時間。

怎樣達到這個心流狀態？前面我們說過，一定要有明確的目標，這是其中的一個因素。有明確的目標才可以達到心流狀態。

還有一個很重要的因素，就是挑戰和技能的平衡。當挑戰比較困難的時候，你就很容易焦慮，遇難想逃，屢屢出神。而當挑戰簡單到你的技能完全可以應付的時候，你就會覺得無聊，更無法專心。

為了能夠全心投入，我們要讓自己緊繃一點，挑戰一個難度適中的任務。當這個任務稍微超過你的技能，又不會超過太多的時候，便是你最容易專注的時候。

我們總是覺得不夠專心是自己的問題，是自控力和注意力出了問題。但實際上可能是任務本身就有問題。學習為什麼不能專心？因為學習很無聊，尤其在高三的時候，那些知識一遍又一遍地重複，老師才不管你會不會，會不會都得被逼著做，於是越做越難專心。

所以當我們無法專注的時候，不僅要從自己身上檢討，有時候也需要換一種思路，想像一下是否可以調整學習和工作對象。

這個方法大家應該怎麼使用呢？

畢竟很多任務不是我們自己有資格去挑選的，很多時候是被分派或不得不做的。當你想要做的任務太難時，你要學會分解這個任務，讓它變得簡單一點；當你做的任務太簡單了，你要學會給自己設置一些更難的挑戰。

比方說，你要做一張很簡單的試卷，你就可以給自己設置一個完成時間，比如必須在二十分鐘之內完成等等，這樣就增加了挑戰難度。

只學半小時。這是我當年準備研究研考試時的一個小方法。

我有一陣子宛如中邪了，坐立難安，根本不能集中精神，每分每秒都想出去。但我知道自己一旦出去了，一整天就會荒廢掉。那段時間我就使用了這個自暴自棄法，不做任何計畫，也不對自己抱有任何期待，告訴自己，只學半小時就可以。只要專注地學半小時，也比我一整天在外面閒晃來得好。

這時候可以使用番茄工作法[16]，每個工作時間設置成半小時，如果半小時內半途而廢，那麼今天的任務就算沒有完成，一直到有一個半小時是完全集中注意力的，就贏了。當我帶著這樣的心態去學習、工作的時候，發現自己就可以靜下心來了。

我在極度難以集中注意力的時候才會使用這個方法，且最常用在身體不舒服的時候。意志力是有限的，這件事應該已經不需要多闡述了。當你身體不舒服的時候，大量的意志力因為忍耐而被消耗，當天的學習和工作效率會奇差無比。

每完成一個番茄時間就算一個勝利，一天下來能完成幾個就算幾個。

第四點，讓你的學習或工作環境充滿觸發點。

有位心理學家讓學生玩拼詞的遊戲。

學生被分成兩組，一組學生在玩拼詞遊戲之前，先接受了找單詞的任務，這幾個單詞是成功、目標、贏、奮鬥、成就。另外一組學生沒有經歷這個流程，直接開始拼詞遊戲。

研究人員發現那些找過「贏、成功、奮鬥」這些單詞的學生，在接下來的拼詞遊戲裡面表現得更為執著，當時間已經結束了，還有50%的人堅持繼續做。因為他們被那些單詞刺激，有了更強的成功欲望。但是沒有進行找單詞遊戲的學生，喊停之後只有20%左右的人在堅持。

這件事情給了我信心。因為我是那種會在屋裡掛字條的人，我們家客廳裡本來就掛了一句「一人努力，解放全家」。我也曾經在桌面上貼了一張車子的照片，那是我想買給我爸的車。抽屜裡也堆滿了勵志書。

朋友們嘲笑我走火入魔，但其實這些東西都在潛移默化地影響我。你以為不會，但確實會在潛意識裡被影響。即便我當下工作未必更加專注，但是這些觸發點都在幫助我保持對目標的渴望。也有人嘲笑我說，你未必做得到，這是自我洗腦。但如果沒有這個洗腦，搞不好做得更少。

我還看過另外一個心理實驗，是讓兩組實驗對象都去賺錢。

在開始賺錢之前，要求這兩組人看一個名為約翰的人的故事，只不過兩組人看到的版本不同。一組人看到的版本是約翰去當義工，另外一組人看到的是約翰去賺了好多錢。接下來，就讓這兩組人去執行自己的賺錢任務，結果看了約翰賺錢故事的那組人，賺錢速度要快10%。

所以我說，勵志書真的有用。請讓自己周圍的學習、工作環境，充滿這樣的觸發點。

16 Pomodoro Technique，由法蘭西斯科．西里洛創立的一種比ＧＴＤ更微觀的時間管理辦法。

第五點，更換場所。

傳統的學習方法一直告訴我們，要「從一而終」。要專注、要安靜、不要變動，要有好的學習習慣。我小時候就不喜歡這樣的學習方法。

天氣好的時候我就拿著書搬凳子到外面去，學習累了我就回屋裡。然後我發現，這樣做，我專注的時間還要更久。

所以強烈推薦這個方法給大家。

如果最近狀態不好，就移動一下辦公的位置。我自己就經常移動工作用的桌子，有時候在窗臺下面，有時候在書架旁邊，這樣我工作起來更認真。

你可以像我一樣在屋子裡面換位置，也可以換房間，但是注意，不要更換到差別過大的環境裡。比如今天在圖書館，明天卻去了咖啡館，適應環境的變化需要很長時間。

更換任務也有同樣的效果。數學念不下去了先別想著跑出去，可以換一門功課試試。

第六點，及時收心。

即便你有一百個專注的方法，也有可能分心。

分心以後千萬不要花時間責備自己，否則既浪費了時間，也影響了情緒。

你應該告訴自己，這很正常，人的天性就是會分心，集中注意力本來就是一件很難的事情，我們跟人性的弱點做鬥爭，不可能每次都贏。

分心之後快速回到你的任務上就好。厲害的人，一能迎難而上，二能硬著頭皮繼續。

給你幾個小方法，可以把飛得很遠的思緒抓回來。第一個，看一兩頁能讓自己平靜下來的書；第二個，想一件能夠讓自己平靜下來的事情；第三個，戴上耳機聽一首很平和的曲子；第四個，聽自己的呼吸聲幾分鐘。

我最喜歡的一個方法，就是去閱讀與學習、工作方法相關的書籍。只要看幾分鐘，就可以繼續保持專注。這類書籍有兩個好處。第一，不像勵志書那樣讓你看完之後激情澎湃，沒法工作；第二，真的為你提供了一些方法，會讓你覺得只要用這些方法，自己也可以做到，實實在在地激勵了你的信心。

第七點，增加壓力。

大家都知道，越臨近截止日期，學習效率越高。寫一篇論文，你對著電腦三個月什麼進展都沒有，效率為零，最後三天廢寢忘食，馬上寫出一篇，效率暴增。但是自己給自己設置截止日期是沒有用的，因為你知道都是自己規定的，所以違反起來也特別容易。

可以把截止日期交給別人定，或是讓自己的任務變得更重要，比如將自己的任務跟別人聯繫起來，這樣的話，如果你是一個負責任的人、是一個愛面子的人，一般都會集中注意力把這個任務完成。

我讀北大的時候有個學妹，她有個學習方法特別厲害，她跟同學組成了一個學習小組，這個小組的人都要各自負責課程的一部分，去上課時記很詳細的筆記，等這個課程結束之後分享出來，其他人就不用再去上了。你做這件事情專不專心、做得好不好，就會影響別人的成績，所以這時候你會特別專心。

大家可以在學習跟工作的時候給自己增加壓力，比如把截止日期交到別人手上，你也可以跟別人說「等我把這份工作完成了，再把經驗跟你分享」等等。

增加壓力之後，你會發現工作跟學習會更專注。

第八點，適度分心。

你有沒有發現，在上課的時候抖腳，聽課會更認真；有些人喜歡轉筆，轉筆的時候會讓他更認真，這些都是有科學依據的。

在矽谷，有一所學校在學生的課桌下面加了一個小秋千，學生就踩著秋千晃來晃去，然後發現，這樣踩著秋千聽課的時候，注意力會大幅提高。

身體在做一些簡單的機械性活動的時候，大腦能夠更加專注地思考。理論上好像是這樣：當你的一些基礎神經被佔用的時候，你的腦前額葉就能更有效地工作。所以你可以在學習、工作的時候，在手上無意識地擺弄一些東西，這時候你的注意力會更加集中。

除了一些無意識的機械動作之外，你也可以在學習跟工作的時候聽音樂。千萬不要聽那些帶歌詞的、特別傷感的、特別動感的音樂，你要聽那種你已經聽過很多遍的旋律，非常熟悉的、完全不會吸引你注意力的輕音樂，這時候若能把它當作背景音樂，就擺明了你已投入到工作跟學習當中。

什麼時候你的學習跟工作的專注度是最好的？當你發現這樣的音樂對你來說都是干擾

的時候，果斷把它關掉，這時候是你注意力最集中的時候。

所以你可以用一些無意義的背景音樂，讓你專注地投入到學習跟工作當中，當你發現干擾的時候就關掉，然後保持這樣的好狀態多學習幾分鐘、多工作幾分鐘。

不專注的人，三分天分，做出一分。專注的人，三分天分，做出十分。

專注使人成功。

○◒◒●

永不放棄，讓堅持變得更容易

為什麼人要堅持？

門檻效果（threshold effect）大家都聽說過吧！如果不堅持投入到一定程度，是看不到效果的。而在這之前，人太容易放棄了。堅持的對象主要是什麼？減肥、考試、或學習……對一些本身興趣不足卻要堅持做的事情，需要極大毅力。

人的意志力有限，對於這一點，每個人心裡都很清楚。

我在減肥這件事情上就經常無法堅持。錄節目的時候主持人涂磊總是喜歡拿我的體重開玩笑，他也問過我：「為什麼能在其他事情上堅持到成功，在減肥上就不多下功夫？」

我曾經在參加《超級演說家》比賽的同時，拿到了司法考試的證書，還完成了交換生的託福考試，可堪稱是一個有超強毅力的人。而我減肥不成功的原因也很簡單，因為我沒有把意志力分配到減肥上。我有太多其他重要的事情。

意志力有限，而要做的事情沒興趣或者太難，可說是堅持不了的罪魁禍首。

現代孩子體內都缺乏一個動力系統，大部分人缺乏動力去學習和生活，基本上都是被趕著向前走。不過即便再喜歡一件事情，也會有厭倦期。

以前經常有中學生向我提問：「我很喜歡學習，但為什麼一個月裡面總有兩三天對學習根本就提不起勁，怎麼樣都念不進去？」

每次他們問我這個問題的時候，我就會反問他們：「如果一個人一年有三百六十五天，每天都很想學習，每天都很想工作，每天都熱情充沛，每天都興致高昂，請問你會怎麼想？」

一定會覺得這個人瘋了。所以我們對於「熱情」這個詞，要求太苛刻了。其實按照正常情況來說，一年三百六十五天裡面可能有一小部分甚至一半時間，我們都是沒有熱情的，不管是對學習還是生活。

我們本身就有消極的時候，本身就有失去動力的時候，本身就有不想堅持的時候，我們必須允許它在我們生活當中週期性發生，不要對自己太苛刻。

每次我自己碰到這樣的時刻，也就是熱情下降無法堅持的時刻，我都會跟自己講：這很正常，沉下心來，靜靜地熬過去就好了。

壓力不夠大，也是堅持不了的原因之一。

可能你會反問我：「現在這個社會誰沒有壓力?誰不焦慮?」

確實有壓力，確實也焦慮。覺得成績不夠好，想提高成績；覺得錢不夠花，想賺錢。但是壓力不夠大，焦慮不夠狠，所以想要的東西還是沒達到。壓力最大的時候，就是毅力最強的時候，只要還沒有被壓力擊垮，就要珍惜這個階段。咬牙堅持，突破極限。
還有許多無法堅持的原因，比如遇到停滯期等等。

堅持需要方法，盲目地堅持，只會更快地消耗意志力。
之前我們說過的許多方法對堅持都有效。

第一個，在目標選擇上，只選擇一個目標。

千萬不要同時堅持多件事情。
時間管理類的書籍總想讓大家變成這種人：同時做好許多事情。
但這麼做的結果往往是什麼都做不好。

第二個，一遍一遍確認自己的策略。

這個方法在本書其他地方也提到過。
目標不能讓人產生堅持的熱情，實現目標的可能性才讓人有堅持的熱情。
我自己就是一個活生生的例子，我在讀高中的時候，特別想考上北京大學，我知道周圍的同學當中也有很多人這樣想。但是如果你只盯著「北京大學」這個目標，只是反覆地想像成功的畫面，只是把北大的校歌設定成手機鈴聲，很快就會麻木了。
策略能讓人產生的熱情更持久。有兩個同學都特別想考北京大學，其中一個只有目標，目標感特別強，早早認定了北大這個學校，他對北大的想像已經非常具體了。另一個同學並不天天盯著北大這個目標，對於考北大有一套自己完整的策略，而且他確信按照這個策略去行動一定能考上。

這兩種人誰更容易堅持？當然是第二種人。

所以，堅持並不是一個「雞湯」的詞語，有策略的人才更容易堅持。知道怎麼能做到的人，比相信能做到的人更容易堅持。

一定要再三確認你的策略，你知道自己能做到，就不會想要放棄。

第三個，資料化你的努力。

一定要清楚每一分鐘的努力到底有什麼意義。

讀書考試是很容易資料化的。如果考上北大的前提是需要做考試範圍內的一萬道題目，那麼我每天做一道題就等於完成了一萬分之一。當我完成一萬分之一萬的時候，就可以考上了。

在這種計算之下，我就很清楚地知道自己每天做一道自己不會做的題目，我的目的和意義是什麼。知道自己每一分鐘的努力到底有什麼用，也知道自己現在在哪個階段，離終點到底有多遠。

這是資料化努力的好處，被數字刺激，就不容易放棄。

工作一小時能為你帶來多少收益？如果想賺到想要的薪水，每天需要工作多少小時？

當你每一分鐘、每一小時的努力，跟最終你會獲得的報酬聯繫越緊密，你就越想行動，就越能堅持。

再舉個例子來說，節約是很難堅持的一件事，每天省下那幾十塊錢也覺得金額太小而沒有動力。聽說有個省錢APP的設計是，首先讓你設置每天省錢的額度，假設設置成六十塊錢，然後系統就會告訴你，若每天省下六十塊錢，在第幾天以後，你就可以買到想要的LV包包。如果當天你省下了一百二十塊，買下LV包包的日子就會往前移一天。

在這樣清晰的資料統計下，堅持是不是就會更容易？

順著這個方法，我們來談下一個堅持的黃金法則。

第四個，設計回饋系統。

我特別喜歡《騰訊歡樂麻將》這款遊戲，這是我唯一會玩和喜歡玩的一款遊戲。這個遊戲能代表大多數遊戲的風格，你能在玩的過程中快速地看到回饋，這也是遊戲讓人上癮的關鍵所在，贏了還是輸了、輸了多少分、贏了多少錢，都能讓你馬上看見。

這一局輸了也沒關係，你知道自己輸在哪裡，能夠迅速找到調整的方法。我打這一局的時候，因為等待自摸反而輸個徹底，所以下一局我要注意這個問題。因為能夠看到失敗的原因，也知道以後怎麼避免，所以你會特別期待下一局，去試試調整之後的效果。

有及時的回饋和能夠快速找到調整的方法，這兩個要素能讓你一直堅持下去，甚至上癮。調整之後再行動，行動之後又回饋，回饋之後再調整、再行動，循環往復。

這也給了我們一個重要的啟示：生活雖然不是遊戲，但是我們可以主動設置這兩個環節，讓堅持的事情能夠有及時的，或者退一步講，能有階段性的回饋，然後有意識地去找到調整的方法。

在念書的過程當中，可以設置一些階段性的測試，或者可以跟別人一起念書，大家彼此提問，這些都能夠讓你得到及時回饋。若今天表現不好，就總結一下原因，調整一下策略，這樣明天就可以滿懷期待地實驗看看效果是不是更好。

第五個，週期性堅持。

週期性堅持，是不假設自己永遠努力。不要求自己一年三百六十五天都在堅持，只要求自己在一定的週期內堅持。

備考期間，我不會假設自己從第一天到上考場的那一天，全部都是努力的。把堅持分為幾個週期，每個週期七天，在一週內堅持住不放棄就算贏了。七天以後，就進入下一個週期。以後的事情我先不想，只專注堅持這七天。

我也試過二十一天習慣形成法，最後我發現最容易堅持的時間長度就是七天。以七天為一個週期去堅持，有什麼好處？

第一，因為你看到了盡頭，特別容易堅持。永遠過於遙遠，一年時間也太長，如果只堅持七天的話，看得到成功的盡頭，放棄的機率就很低。

第二，如果在這個過程當中你真的失控了，比如在週四突然發懶，這也不會毀掉你的整個計畫，你可以在下一個週期裡擁有一個完美的開始，可以降低不自制造成的影響。

很多人之所以無法堅持，就是因為放棄過一次以後就放縱了自己。除了自己的失控會毀掉計畫之外，還有一些意外和自己沒有辦法控制的因素會讓我們中途放棄，而週期性堅持就可以避免意外毀掉你的成就感。

第三，可以讓你更有動力拒絕意外。

比如我本來堅持七天內要好好學英語，可是我在第四天的時候需要外出辦理其他事情。這時候就可以告訴自己，不要著急去處理那件事情，再等兩三天我的週期就告個段落了，我便可以在週期跟週期之間去做那件事情。週期之間的間隙可以用來處理那些累積著但不緊急的其他事情。

週期性堅持這個方法很好用，可以降低堅持的難度，提高獲得成就感的可能性。

第六個，只給自己一次機會。

考試之前不要先假設重考的可能。如果知道還有一次機會，那麼這次你一定會放棄。研究人員讓減肥的學生自己去選擇食物：喝優酪乳或者吃垃圾食品。知道自己還有一次選擇機會的學生，會在這次選擇吃垃圾食品，因為他有自信在第二次選擇中一定會選優酪乳。但知道只有一次機會的學生，選擇喝優酪乳的機率更大。

背水一戰能激發無窮毅力，因為沒有退路，所以才能堅持。

不要給自己太多次機會，不然次次都抓不住。

週期性堅持其實也有這個問題，如果你知道還有許多週期，那麼在這次週期裡很有可能就放棄了。因此，建議可以結合使用一個填格子的方法。你把所有週期都放到格子裡面，每堅持完一個，就在上面畫一個叉，或把格子塗黑。

對很多人來說，強迫症比拖延症要嚴重得多，他不能容忍自己留下空白格，會要求自己努力去做，然後把每個週期的格子都塗黑。

第七個，找人一起堅持。

這個方法有沒有用，取決於你的性格。

像我，就是個好強、會拚命去爭第一的人，如果和人一起堅持，就容易堅持到底，我絕不允許自己成為群體裡最差的那個。可是有些人的性格是喜歡跟差的人比，如果他發現群體裡有人放棄了，反而會覺得壓力變小了，這樣的人不適合和人一起堅持。

第八個，自誇和展示。

當你做到一件事情的時候，一定要誇獎自己，自己給自己的回饋是很重要的。

有的時候，我們並不能從外界立馬得到回饋，但如果你覺得自己很厲害，就會促進你繼續行動。我自己就是一個很擅長讚美自己的人，並且會把自己的勞動成果展示給別人。我展示得最多的對象是我哥，每個月公司的報表我都會炫耀給他看。

這個過程非常快樂，哪怕只是一點點小成就，分享給家人的時候都會得到大大的讚賞，這讓我更有動力堅持下去。

即便沒有成果展示，也可以向別人展示自己的努力。我周圍的朋友幾乎對我都有這個印象——劉媛媛很拼。當他們覺得我很拼的時候，我自己就不好意思放棄了。

第九個，尋找新的方法。

這個主要是對待停滯期的一個方法。我在讀高中的後半段時，成績很難再提高。原因是學習成績變好了。在我還是一個後段生的時候，成績很容易上升，那個時候隨便打開一本數學練習冊，裡面每一道題目都不會做，所以只要做會幾道題目立馬就進步了，分數很快就提高。可是到後期，再去找自己不會做的題目時很煩躁，去做自己會的那些也很不耐煩，雖然成績不錯，但始終無法更進一步。

停滯期是最容易放棄的時候。

這時候應該停下來，去耐心學一下學習的方法，或者跟人交流看看有沒有新的方法。

第十個，形成習慣。

人的意志力太有限，堅持一件事情最好的辦法就是把它變成習慣。

心理學家曾經說，人類有95%的行動是在無意識當中進行的，大部分無意識行為都是透過習慣所產生，當你把一個事情形成習慣之後，就不會消耗意志力了。

星巴克的服務生每天工作時間很長，也會遇到許多「奇葩」的客人，為了防止服務生的意志力用盡而不對客人微笑以待，星巴克在培訓新人的時候會設定好對於某些情形的應對方法，並且通過反覆訓練，讓這些方法變成新人的習慣。這樣在遇到棘手的情況時，服務人員只需要下意識地用習慣去回應就好了。

怎麼改變壞習慣、培養新習慣，很多書裡都講過，我來分享一個我自己用過有效的方法吧。

我以前在上床後、睡著前很喜歡玩手機。玩手機這個動作通常在熄燈之後發生，因為熄燈之後特別無聊，就會忍不住拿起手機來玩。我嘗試了兩個方法要杜絕這樣的行為：第一，在上床前把手機拿到一邊；第二，用聽音樂來代替玩手機，去填充那個空虛感。結果，後者起效用了。

我的經驗就是這樣，分辨出壞習慣的真正需求，然後找另外一個方法替代。

還有一個方法，叫作「堅持刷牙，就可以堅持背單詞」。

這個方法是我在念書的時候發現的。那時候我特別討厭背單詞，同時也特別討厭刷牙。其實並不是討厭刷牙，而是因為那個時候我買了一把電動牙刷，刷牙需要很長時間，這讓我感覺非常浪費時間。後來我就跟自己講：你那麼討厭背單詞，乾脆不要想背單詞這件事了，你只要堅持用電動牙刷刷牙，就已經很成功了。

然後，當我開始堅持每天早上用電動牙刷刷牙的時候，我發現自己居然可以堅持背單詞了。因為刷完牙之後感覺自己還蠻厲害的，又做了一件不想做的事情，乾脆把單詞也背了吧。

這個也有科學依據。記得我曾聽過一個例子，心理學家要求拖延症患者把房間收拾整齊。第一週，打開衣櫃看看有什麼東西；第二週，把衣架上的衣物都整理好；第三週，把兩年沒穿過的衣服拿出來；第四週，看看這些衣服是不是可以捐出去。

每一次需要完成的任務都特別簡單，所以他們都不拖延。研究發現，當這些人在小事上堅持完成了目標之後，就會取得其他的成就，比如他的飲食結構改善，也養成鍛鍊的習慣，還戒掉菸、酒、咖啡等等。

原理是這樣的，當你在一件小事上做改變並且堅持的時候，你的自控能力會增強，會讓你在其他事情上也表現得更好。

最後，一定要小心落入「道德許可證效應[17]」的陷阱。

為什麼創業者容易發胖？除了意志力有限以外，跟道德許可證效應也有關。

高效地工作了一天，覺得自己表現很棒，所以深夜回到家就會吃大餐。當你覺得自己做得很好的時候，就容易失去警惕，走上放縱和放棄的道路。越是覺得自己自控能力強的人，越容易失控。

我從不假設自己是個自控能力強的人，所以我對自己的行為非常警惕。

如果一個人覺得自己自控能力強，就會喪失警惕心，就會允許自己暴露在誘惑面前，就會覺得自己以後一定能堅持住，反而會選擇先放縱自己。

以上是我分享的一些關於堅持的方法。

「堅持」這個詞，光看一眼就覺得很討厭，因為會立刻連結到不愉快、忍耐等感受。如果你能及時開始不拖延，專注其中不分心，堅持很久不放棄，你就會成為行動的巨人，人群當中極少數的卓越者。

你會成為永遠的人生贏家。

[17] 社會心理學概念，稱作Self-licensing，也稱作Moral licensing。當你做了一件好事或感覺表現良好之後，覺得應該得到報酬，因此更容易允許自己放縱去享受。

Chapter Four

心態篇

能承受考驗而不亂、不停、不抱怨的，

都是眞強人。

○◒◒●

焦慮是生存必需品，過得太舒服可能是沒進步

我是很容易焦慮的人。

創業就是一件無時無刻不焦慮的事情。

才因為上個月利潤過百萬，偷偷在心裡鬆口氣，還想著是否要慶祝一下時，結果下個月業績就下滑了，整個團隊都眼巴巴地看著我想辦法，然而我也不知道怎麼辦。恰逢我哥來北京出差，約我吃飯，問我近況。飯還在嘴裡嚼著，我眼淚就不禁撲簌簌掉下來。他都嚇壞了。

其實不只是業績，各方面都有問題，這些平時自己扛著都不是問題，忽然有人問你是否還扛得住，你才發現，其實自己已經很累了。

家人經常跟我說，我現在做到的一切，已經超乎他們的想像。他們眼中的我，應該心滿意足、感謝蒼天。

但我是真的焦慮，而且我很少掩藏這種焦慮去假裝體面和成功，我只是反覆跟自己

說，越焦慮，越要努力。我把這當成天分，也當成宿命。

這是我從小就領悟到的事情。

沒有人能逃過焦慮。

人生的每個階段都有每個階段的焦慮，小朋友在焦慮期末考試成績，成年人在焦慮車子、房子，或焦慮事業、婚姻、未來。

看上去再積極再樂觀的人，內心也偷偷藏著崩潰的火種。

但焦慮不單純是一件壞事情。它會督促你進步，讓你不要停下來，去改變現狀、改變自己，這其實是一種生存本能。人會害怕，所以才安全。

在森林裡遇到老虎，恐懼就會刺激你快速地保護自己，或是逃避，或是抱頭閃躲。

不焦慮的人會被淘汰。

不恐懼的人會被吃掉。

恐懼、焦慮未必是我們的敵人，他們也是生存的必需品，我們不可能消除焦慮，我們只能和它在一起。當你明白這一點，焦慮就會被控制在合理的範圍內。

這很奇妙，越覺得焦慮不正常，就會越焦慮。

就跟我當年考大學的時候一樣，越到最後衝刺階段，老師越喜歡強調心態最重要，很多老師都會說：「你最後幾乎什麼東西都學不了，所以一定要保持平常心，心態好一切都會好，心態不好學得再好也沒有用。」這些話除了加重焦慮之外，沒有任何作用。

因為99.99%的同學到了臨門一腳的時候，都很難保持平常心。

想想看，明明你的心上下波動著，別人還天天跟你強調「心態好很重要」，你的心是不是會變得更差？所以我在考試之前不停地暗示自己：我的心態就是不好，而且我沒有辦法變好。誰若是在這個時候心態好，說明他學習特別爛，根本就不在意考試結果，或者這個人已經開始精神失常了。

覺得焦慮？既然焦慮，那就滾去做題目吧。

具備了這種心態之後，反而可以把心態這個問題給忘掉，更專注於需要複習的內容。

一九九八年，有三萬名美國成年人接受調查，回答過去一年他們所承受的壓力情況，同時他們會被問：你認為壓力有礙健康嗎？

結果，回答有礙健康的人，一般最後都不太健康。覺得壓力不是那麼有礙健康的，即便他覺得很有壓力，健康狀況和死亡率的資料數據卻都更好。

所以壓力本身帶來的危害僅是一部分，**認為「壓力有害」這種觀念，其實比壓力本身的危害更大**。這就是關於焦慮或者壓力，我們要具備的第一個認知。這些情緒就跟細菌一樣，有好有壞，它們讓你不舒服，同時也捍衛你的健康。你不能總想著吃一點抗生素就能把所有細菌都殺死。

到底應該如何和焦慮共處？

不是和它對抗，也不是被它淹沒。我們可以從源頭來思考這個問題。

壓力和焦慮的來源有哪些？我列舉完以後，發現不外乎下面幾種。

焦慮的第一種來源，是未完成事項。

我最近一次焦慮過頭，就是在寫這本書期間。下班的時候我發現自己還有一堆待辦事項：我要和公司的一個負責人談話，他的項目做了很久依然沒有進展；我第二天要去錄《非你莫屬》節目，又是一整天什麼都不能做；我還有幾萬字的稿子要寫；我還有……朋友也傳了訊息跟我說，最近都不敢和我說話，總感覺讓我多說一句話都是在浪費我的時間。那一刻，我覺得自己很失敗，自己的事情做不好，還給身邊的人帶來壓力。

當生活四面楚歌的時候，你會無法耐心和專心地去做任何一件事情。手頭做著一件，心裡想著一件，腦中還有許多件。

焦慮的第二種來源，是不確定性。

就像我的公司，其實業績下滑也並非不正常，肯定是某些地方沒做好才會這樣，但是令人焦慮的不是一時失誤，而是你不能確定事情的走向。業績會不會繼續下滑，甚至以不可挽回的趨勢就此衰落？

許多人上臺之前會焦慮，同樣是因為不確定性引起的，不確定是否能夠完成期待的表現。我在不熟悉的場合上臺也會緊張，活動開始之前我會食不下嚥、坐立難安。

小到我們去參加一個考試，不確定是否能考好；大到為人生做出選擇，和誰結婚、在哪裡工作，不確定選擇後的人生會如何；發出訊息後等待回覆，做出決定後等待後果，這些都會讓人焦慮。由於不確定，甚至會反覆想像最糟糕的後果，因此引發緊張和焦慮。

焦慮的第三種來源，是被動性，也可以叫作不一致性。

如果做某件事情不是出於自己的意願，也就是說，心中所想和所作所為不一致，就會讓人感覺焦慮。

被家長逼著學習，被生活逼著努力，被老闆逼著加班，都會讓你覺得不對勁、不舒服。你認為自己應該勇於反抗，卻沒有反抗；你認為自己應該努力工作，卻沒有努力。身心不一致時，會產生強烈的壓力感和焦慮感。

焦慮的第四種來源，是缺乏性。

比方說，缺錢。我周圍許多大齡的單身女性並非享受單身，只是沒有遇到合適的人。她們在步入三十歲的時候普遍有了一種養老焦慮，不知道自己存的錢能不能讓自己花到死亡的那一天，一想到這種可能性，就覺得沒保障、不安全。

同樣，當你做一件超出能力範圍的事情，感受到能力匱乏之時，也會焦慮。

焦慮的來源大致就是這四種。

我們可以從來源出發，去考慮緩解焦慮的可能性。

第一種，緩解未完成事項帶來的焦慮。

大多數焦慮都是由未完成事項帶來的，尤其長期囤積著大量未完成事項，人會崩潰。通常媽媽比爸爸容易焦慮。下班了才發現還有一堆事情沒有做；回到家看到家裡亂成一團，衣服丟在洗衣機裡沒有洗；孩子的老師打電話過來說，孩子成績不行又沒考好；自己一直想再衝刺一張證照，可是一直沒有抽出時間。長期被這些未完成事項包圍，身心確實無法健康。

我有個朋友是全職媽媽，即使丈夫愛她，家境富裕，她也會焦慮。她的焦慮卻經常被朋友看不起，因為在朋友眼中，她不用上班，她做的事情都屬於一些日常生活的瑣事，即便做不好也不會造成什麼嚴重的後果，她為什麼會焦慮？她焦慮的原因就是家庭主婦要做的事情很多很雜，感覺永遠都做不完。

這種壓力並非需要把所有未完成事項全部做完才可以解除，只要做好計畫，就可以緩解。所以恢復秩序很重要，事情可以多，但是不可以亂和沒有著落。具體方法在時間管理的部分，我已經說得很明白了。

第二種，對於不確定性帶來的焦慮和壓力的應對方法。

1. 保持好的期待。

「期待」這個詞太有意思了。如果你的偶像可以現在立刻親你一下，你願意付多少錢？如果他（她）一小時後親你，你願意支付多少錢？一年後呢？

經濟學家發現，人們認為，一年以後的親吻比現在就親價值更高，最佳的等待時間是三天，三天以後得到這個吻，人們願意付的錢最多。為什麼立即得到親吻反而不值錢？因為沒有什麼期待的時間，等於失去了等待的快感，當然等太久也不行，等待十年以後再得到這個吻，願意支付的價格也會降低。

對幸福的期待本身就是幸福的。

相較於週日，我們更喜歡週五。因為週五令人感覺充滿希望，快樂的事情馬上就要發生，一個愉快的週末正向我們走來。週日儘管是休息日，但是週一就要上班，等待我們的是早起和工作，所以週日其實並沒有那麼幸福。

所以此時此刻的情緒，不僅僅取決於我們在經歷什麼，更取決於我們在期待什麼。

很多時候，我們之所以覺得焦慮，其實不是因為現在的生活太難，而是因為我們對未來不夠期待，不認為會有好事發生，覺得等待我們的都是我們不想要的。

每當因此而焦慮或痛苦時，我都會做下面這件事。

我會確認自己的目標跟策略，確定一下現在的目標對不對，確認一下策略還行不行得通；我會確認一下自己的進程，現在走到哪兒了，離終點還有多遠。

這樣就可以消除不確定性。

如果我的目標、策略、進程都沒有問題，我本來應該可以懷著美好的期待，繼續努力下去，但是現在狀態不好，可能是等待的時間太久了，也可能是自己最近的身體和能力狀態不好。這時候我就會運動、休息或者學習。

運動是我重振精力的方式。十幾歲的時候我不愛運動，但快要三十歲的時候運動成了生活的一環，是恢復狀態的重要方式。早上運動二十分鐘，就可以讓我一下午精神充沛。

學習也讓我快樂。

因為學習本身就是在投資未來，讓自己變得更好、變得更強，變得對未來有所期待。

有所期待，就不會迷茫、焦慮和徘徊。

2. 流動性期待。

期待過高也不是好事，如果要去除不確定性帶來的焦慮，就一定要做好「期待管理」，否則會感覺到有壓力。高到一定程度，期待就不叫期待，只能叫「做夢」，這種期待反而不會讓人產生壓力。讓人覺得有壓力的是那種稍微超出自己可控範圍的高期待。在這種情況下，我們要用「流動性期待」替代「固定期待」。

什麼是流動性期待？這個詞是我自己創造的。

我在高中的時候為了保持良好心態，在給自己定目標的時候會定兩個。

第一個目標，若這次考試考了第十名，我會要求自己下次衝刺第一名，這種期待就有一點高，容易產生壓力。於是我定了第二個目標。在第二個目標裡，我的期待是如果沒有考第一，也就是說我失敗了，我會要求自己不被打倒，如果我還能有勇氣去看排名榜單，如果我還能勇敢面對同學的目光，如果我還能有勇氣去改正錯題，那我真的特別厲害。

這就是流動性期待的好處，當一個期待破滅以後，會有一個更低的，但仍然讓你有成就感的期待存在。

本身我對自己的期待就是要考年級第一，考不到的話我就是失敗者嗎？不是這樣的，我的期待是流動性的，是可選擇的。

失敗的時候對自己的期待是什麼？接受了失敗以後，對自己的期待又是什麼？

上學的時候父母總是勸我們要降低期待，只要降低期待就能不緊張、不焦慮，但其實期待是無法降低的，降低以後就沒有期待的作用，我們無法興奮，也不願意付出全部努力去完成。流動性期待就可以完美地解決這個問題。

舉個例子，我現在的期待是公司可以上市，如果不能上市的話，我期待可以賺到一些錢，如果賺不到錢的話，我期待自己可以從這一段經歷裡積累一些經驗。

3.做最壞的打算。

期待如果降低不了，就去想像最壞的結果。

當你的手上捧著一個易碎的瓷器，你會戰戰兢兢，那倒不如直接把它打碎。這一招我特別擅長，我每次要挑戰一件更難的事情，會慣例地問自己最差的結果是什麼。

創業之前，我媽說什麼也不同意，在她看來，名校畢業擁有司法證書的我，應該去當律師或法官。於是我問我媽：「你在擔心什麼？」

我媽媽擔心的就是最壞的結果出現，折騰好幾年，沒有賺到錢，很辛苦且有風險。

對於自己選擇的事情我不覺得苦，當律師或法官更辛苦，事實上每個人都逃脫不了辛苦，但是我們可以對最壞的結果做打算。於是我跟我媽說，我只需要兩年時間。如果兩年內我沒有做出一點成績，沒有買到房子，我就收手。那個時候無非就是耽誤了兩年找工作的時間，失敗也好，丟臉也好，這個後果不是不能承擔。我媽同意了。

兩年後，最壞的結果沒有發生。但是我仍然在為最壞的結果做打算，所以我留足給父母養老的錢，也給自己買好保險，如此一來，就可以毫無後顧之憂地投入更難的事情中。

人生不過百年，人太渺小。從新聞中看到許多之前創造過輝煌奇蹟的創業前輩，一朝兵敗如山倒，成為萬人嘲弄的對象，這種時候，媒體的惡評就像鞭屍，極盡羞辱之能事。但即便這樣轟動，也不過像一陣氣泡，很快就破掉，等你離開這個世界，沒人會記得你的失敗，沒人會在意你的破產。

你的焦慮和恐懼，不值一提。

最壞的結果，也會被時間和死亡忘記。

4. 做好充分準備。

有一些不確定性帶來的焦慮是可以緩解的，透過充分準備就可以解決。

越不準備越焦慮。不管是考試還是演講，充分準備本身就是在增加確定性，即便不能夠完全確定，但是準備的過程本身就可以緩解焦慮。

所以，人可以焦慮，但是不可以不行動。我克服上臺緊張的一個方法，就是在上臺之前不允許任何人打擾，在腦海中反覆練習接下來要說的話，條件允許的話還會大聲背出來，這樣就可以緩解焦慮。沒道理上臺前一秒還能完整複述的話，下一秒就全忘了。上臺忘詞的人，一般都是喜歡在大腦中默默地想稿子，如果只靠大腦默默地想，順序未必是正確的，未必能確定到每個字，上臺後可能就會忘。

要想辦法透過準備把不確定性降到最低，就不會那麼焦慮。許多緊張和焦慮無非是「懶」引起的。

5. 擁有完善和統一的人生哲學。

有一次我去錄製一個節目，在節目裡討論了關於年輕人到底該留在大城市還是回老家的話題。人生的選擇不計其數，選擇之所以讓人焦慮，是因為不確定自己會因為選擇失去什麼，更不確定得到的是否值得。其實太多的選擇本身就不存在正確答案，我們到場嘉賓圍繞著這兩個選擇來回討論，最後得出的結論還是看個人選擇。

做結語時主持人讓大家用一句話表達對今天討論的感想。我的感想就是，擁有完善而統一的人生哲學太重要了。

年輕時候的躁，選擇前的恐，失敗後的痛，都是因為人生哲學不夠完善所導致，每個人都應該擁有自圓其說的能力，去回答生命中那些重要的問題。我要什麼？什麼是有意義的？我是如何看待自己和世界的？到底什麼是好的生活，什麼是我應該追求的？

當我們對這些問題有了答案，想得透徹，就能大大地減少焦慮，生活會變得非常簡單，要什麼不要什麼，應該逃避還是忍受，都有清晰的答案。

我們所做的每一個選擇，都是完成自己的哲學，而不用擔心自己在浪費生命去完成不值得完成的事情。我毫不猶豫選擇去大城市。因為我認為好的生活不是結果好，而是生活體驗好，如果追求結果的話，我們每個人的結果都是死，所以過程中的體驗才重要。

追求善終和死時榮耀，是一種思維錯覺。

我們會把對某件事情結束時的印象當成全部的印象。

如果有誰一輩子都不如願，但在死的那一刻圓滿了，我們會認為他的人生很成功。但這樣的人生不是我想要的。我不會用結束那一刻的感受來評價自己的整個人生。就算我曾經風光，後來平凡，也不代表人生失敗。

對於什麼是好的過程和體驗，我也有自己的認知。

好，並非安全穩定，也不是享樂縱欲。更複雜的快樂是來自挑戰更高難度時的對抗、專注和克服。所以我選擇大城市，因為這裡挑戰更多，而且我不會被他人的觀點動搖。

這就是我的選擇，是遵循我的人生哲學所做出的決定。

第三種，自己做選擇，降低被動性。

關於人生的每一個決定，都要自己做。這是我最寶貴的人生經驗。

只有自己選的路，才能心甘情願地走下去。只有自己選擇艱難，自己才會喜歡。

人就是這樣，會傾向於覺得自己選擇的東西是更好的。

一九五六年心理學家第一次發現了這個現象。有位心理學家剛結婚，於是便把結婚禮物拿出來做實驗，招募了一批主婦，每人可選擇一個喜歡的作為禮物。而在選擇之前，要和他說說對每一樣東西有多喜歡。

主婦們選擇了自己想要的東西，選擇結束後，心理學家要求她們再去評估一遍所有的東西，結果發現選擇之後，個人的喜好發生了變化。每個女人都覺得自己選的東西比原來想的要好，覺得沒有選擇的東西其實也沒有那麼好。

這個實驗得到了全世界心理學家的認同，被重複實驗了數百次。大量的資料證明，我們的行為其實可以改變喜好。你如果主動選擇艱苦的任務，你就會覺得任務沒有那麼艱苦了；如果主動選擇一件不想做的事情，你就會發現這件事情沒有那麼討厭。

我把這個稱為「積極受苦原則」。

把所有要受的苦都變成自己的選擇，就不會那麼難受。這個結論其實我並非從心理實驗裡得來，而是從另外一件小事中體會出來。

有一次我去歡樂谷樂園坐太陽神車，上去才發現，坐著比看著更可怕。當我被高高拋起的時候，我會非常焦慮、擔心、恐懼，我知道下墜的一刻就要來臨，因此下墜的時候就更害怕，一直向下、向下，會不會就摔到地上受撞擊而死了？

這簡直是沒完沒了的折磨。為了克服這種恐懼，我在大腦中不停地對自己催眠：我並不是在太陽神車上被拋下去，我只是在自己找椅子坐，一直往下坐，直到我被椅子接住。

轉變了思路以後，我就不恐懼了，甚至會雙腿用力向下，去找那把不存在的椅子。

我們總說要掌控自己的人生，要自己選，其實擁有主動權真的很難。

小時候我們無法選擇上不上學、學什麼才能、選哪個專業，成年後我們依然得不到自由，父母要贍養、孩子要撫養，聽從自己內心的聲音反而成了更難的事情。

但被動就是人生痛苦的來源。

我沒見過誰這一輩子被安排和被控制還能夠樂在其中的。

之前看過一個實驗。心理學家把養老院的老人分成兩組，分別召集了兩組老人開會。

第一組老人在會上得到的資訊是，他們有照顧自己的責任，並有權決定如何安排自己的時間。養老院讓老人自己決定房間的布置，於是第一組老人得到的資訊是這樣的：

你們有責任讓我們知道你們的意見，告訴我們你們想做什麼樣的改變，告訴我們你們所希望的事。另外，養老院為你們準備了禮物（工作人員拿著裝滿小植物的盒子來到老人面前，所有老人可以自己決定是否要植物，想要的話選擇一種自己喜歡的植物，結果所有的老人都給自己選了一種植物）。這些植物是你們的了，請照顧好自己的植物。最後，我還想通知你們一件事，下週四、週五的晚上會各放一場電影。如果你想看的話，請在兩天之中選擇一天。

第二組老人在會上得到的資訊截然不同，他們被告知，養老院非常希望他們的生活更充實、更有趣。這一組得到的資訊是：

我們希望你們的房間能盡可能地舒適，並且我們也盡力為你們做了這樣的安排。我們的責任就是給你們創造一個幸福的家，讓你們能為它感到自豪，我們將盡全力在各個方面幫助你們。另外，養老院送給你們每人一個禮物（工作人員拿著裝小植物的盒子走了一圈，發給每位老人一種植物）。這些植物就是你們的了，照護員會每天替你們為植物澆水。最後，還要通知你們一件事，下週四、週五的晚上會各放一場電影。稍後將會通知你們哪一天去看。

三天之後，工作人員到每位老人的房間裡又去了一次，並重複同樣的資訊。

三週之後的測試結果表明，兩組受試者的差異非常明顯。有個人選擇機會的那組受試者比另一組受試者感覺到了更多的快樂，更富有活力，反應也更機靈。

對生活的熱愛，就是來自選擇的權利啊。

我也不是處處都有選擇。但是在有限的自由範圍內，我一定要自己選。不能選擇不上學，但是可以選擇做哪一本練習冊；不能選擇做什麼作業，但是可以選擇什麼時候做；如果連做作業的時間都不能選，那一定要自己選擇寫作業的地點。

自己選的範圍越廣泛，因為被動產生的痛苦就越少。

對於不能選擇的部分，也要經常思考，真的不能選擇嗎？

我們總喜歡把不得已掛在嘴邊。但其實人生中的不得已大半都是自己的選擇。就像我現在創業，儘管很苦，但是沒有人強迫我這麼做，這一切都是我自己選的。

中年人喜歡抱怨工作辛苦、養家不易，但其實也是自己選的。不做這份工作可能賺不了這麼多錢，但是也不會怎麼樣，是自己覺得應該提供更好的條件給孩子，才選擇了這條路。但換成選擇經常留在家裡陪伴他們，這樣的人生一定比較壞嗎？

也不一定。

我媽以前在家裡做飯時總是抱怨，說伺候我們一家子很煩。但做飯這件事情也是她自己選的，如果她不做的話，我們也可以選擇叫外賣。

我朋友聽從父母的話去學醫，學習過程痛苦不堪，這也是她自己選的。她如果不聽從父母的話，父母也不會不愛她，是她自己覺得順從很重要，才違背了自己的意願。

所以說，許多不得已都是自己騙自己。

只有你意識到所有的選擇都是自己做的，才能為選擇承擔責任，才能減少抱怨和焦慮，才能對選擇更熱愛和認真。

第四種，不因缺乏性而盲目、抑鬱、否定自己。

二十多歲的時候，因為窮，會睡不著覺。

但是財富自由其實是個偽命題，每個人都有自己買不起的東西。有車之前，我認為有車以後自己就什麼都不想買了，但是並不是；有房之前，我想買了房子以後我就徹底自由了，但也不是。你永遠有不滿足的時候，尤其是跟別人比。

許多缺乏就是比出來的。

我小時候根本沒有意識到自己家境貧困，因為村裡的小孩跟我過著差不多的日子，沒有誰在物質上比較富有。一直到我十多歲到城市裡讀書，才發現自己什麼都沒有。那時候會有人嘲笑我，儘管許多都是善意的調侃，但是仍然很傷人。自我安慰的時候我會想，我確實很窮，這是個缺點不是優點，但是每個人都有自己的缺點，這個世界上還有人很醜、很笨，還有人跟調侃我的那個人一樣，情商低。

所以窮不是什麼特別的缺點，我也沒有必要為此特別難過。

我以為每個人都是這樣想的，這個世界上倒楣的不只是我一個。

但後來我發現並不是，有些人的思維是：為什麼只有我這麼倒楣？

下面四句話，哪一句話更符合你的情況？

第一句話：情緒低落的時候，我覺得別人都比我幸福。

第二句話：苦苦掙扎的時候，我覺得別人一定比我輕鬆。

第三句話：情緒低落的時候，我覺得世界上有很多人跟我一樣不開心。

第四句話：事情不順的時候，我覺得困難是所有人都會經歷的。

這四個問題主要是想測試：你是把自己的痛苦看作人類皆得承受的普通程度，認為「大家都會這樣」，還是認為自己是孤獨的，「只有自己這樣」。

這兩種思維模式的後果完全不一樣。如果你覺得只有自己有壓力，只有自己焦慮，你會更容易抑鬱，你會選擇逃避，你會否定自己，放棄目標。但是，如果你覺得自己受的苦只是普通程度，那就沒什麼，也更容易跨過去。

我是典型的第二種思維，從不用孤立的心態去評估自己的痛苦。人們在朋友圈或社群網站上往往曬的是幸福和努力。社群媒體並不鼓勵人們把自己的痛苦展露出來，否則就會認為是社交不得體。

所以在朋友圈裡看到的美好未必就是真的，或者說未必就是全部。你看到的那個週末在家裡彈吉他、逗貓的文藝女孩，可能剛剛和清潔阿姨大吵一架。你看到的和老公出去旅行的那個同事，實際上每天都覺得另一半有外遇。你看到的那個總是積極向上加班的老同學，昨天還抱怨自己的努力沒有意義。

這並不是在用陰暗的心理去揣測他人，而是應該學會提高對他人痛苦的認知能力，這樣我們就不會因為比較而盲目焦慮，不會因為只有自己糟糕而感覺格外有壓力。

不過如果善用比較的話，也可以把壓力變成動力。

我在上高中的時候，每天都是「六親不認」的狀態，眼睛裡根本沒有別人，我就像一個沒有感情的機器，每天嚴格地執行自己的時間表。早上五點二十分起床，洗漱十分鐘，去操場背一小時英語單詞，回班級參加晨讀⋯⋯

日復一日這麼努力著的我，從來沒有注意到有一個人一直在跟隨著我，她是我同寢室的一個女同學。我每天早上起床，她只要聽到一點動靜就會砰的一聲從床上坐起來。我盥洗速度快，她比較慢，所以都是我先出門，等我到了操場上背完單詞之後，就能看到她隨之而來的身影。

後來有人跟我說，我給了這個女生很大的壓力。

聽到這句話我十分驚訝，原來她把我當作比較對象，但是我從來沒有跟她比較過，不是因為我比她強，也不是我驕傲自大，班上也有跟我不相上下的對手，但是我從不關注他們。我想考的是全中國最好的學校，我的對手是全河北的考生，我每天關注的是我在勵志書上看到的那些神一樣的學霸。所以周圍的某個人不可能是我焦慮的來源，我需要專注自己的事情，以趕上那些遙遠的偶像，和他們並駕齊驅。

慢慢地我就總結出了一個道理：不要和身邊的人比高下，越比只會越向下，越比只會越焦慮，而與那些遙遠的頂尖高手看齊，反而會帶來動力。

現在我仍然是這麼做，身邊的人賺了多少錢我不關注，也不嫉妒。剛開始創業的時候我就開玩笑說，別看我們現在很弱很小，我們每天都在向格力、小米、騰訊、阿里巴巴這些大企業看齊。

向更偉大看齊，才有不竭的前進動力。

焦慮還是會有的，但是焦慮就是一個信號，告訴我：我應該進步了，我需要突破，我可能要更努力才行。

每每熬過一段焦慮的旅程，我都能感受到自己煥然一新，成為一個更厲害的人。相反地，過得太舒服，只能證明我在這段時間裡毫無進步。

焦慮也好，壓力也好，都是人生的驗鈔機。

能承受考驗而不亂、不停、不抱怨的，都是真強人。
我一直都是這麼安慰我自己的，還挺成功。

練習樂觀與感恩，可以讓你更幸福

幾年前我開始接觸積極心理學，後來系統地看了這方面的書。書裡談到過這樣一件事：

一九四〇年代末，心理學家開始研究受虐的人。越來越多的錢——政府資金、大學資金、慈善基金——投入到受虐兒童身上，這些孩子更容易退學，更容易犯罪，更容易未婚懷孕。心理學家的問題是：為什麼他們的人生會失敗？得出的結論是：他們需要更好的教育、更好的房子……於是更多的錢和資源便持續投入了許多年。

然而最終，這些人變化很少，很多地區的情況甚至愈加惡化。

到了一九八〇年代，思路改變了，心理學家不再去問為什麼這些人會失敗，而是問：如此糟糕的環境，為什麼有些人成功了？這些孩子並非特別優秀，他們性格普通，但是成就非凡。他們之所以能夠成功，是因為有很強的適應力，他們樂觀，對生活有信心，他們當中許多都是理想主義者。

而這些特點都是可以透過學習得到的，心理學家在分析這些特點之後，開始教授其他孩子，情況便發生了變化。

這個例子極大觸動了我的思維，我們太容易看到自己的弱點和不足，看到哪裡出了差錯，以及我們和伴侶間的關係有哪些問題和危機。我們通常會排除我們的長處和好的一面，然而有時候逆向解決問題反而更有效。

這是最大的收獲。

要解決負面情緒的方法之一，就是學習如何激發自己的正面情緒。

很多人不擅於激發自己的正面情緒，做什麼都不高興，天大的好事也難讓他變積極。

還記得，小時候在語文課本上學習過畢淑敏的《提醒幸福》。

我們從小就習慣了在提醒中過日子。天氣剛有一絲風吹草動，媽媽就說「別忘了多穿衣服」。才認識了一個朋友，爸爸就說「小心他是個騙子」。你取得了一點成功，還沒出聲分享，所有關切你的人便一起說「別驕傲」。你沉浸在歡快中的時候，不停地對自己說「千萬不可太高興，苦難也許馬上就要降臨」。

提醒災難的人很多，但很少有人提醒幸福。

那時候讀這樣的文章沒感覺。小孩子的生活多開心啊，哪裡需要提醒。

到了上大學的時候，我發現我每天都被一種朦朧的焦慮和痛苦籠罩著，並沒有發生什麼事情，但就覺得自己活成了皺巴巴、不舒展的模樣。反觀朋友們，因為電視劇更新就能開心地歡呼起來，而我完全不能擁有和理解這樣的開心。用畢淑敏的話來說，我是沒有學會享受「災難間隙的快活」。也可能是青春期後遺症。

年少的時候我們總是認為，嚴肅才是慎重的，容易開心是膚淺的。

後來我遇到一個「很開心」的朋友。你身邊肯定也有這樣的人，他們的人生當中不是沒有煩惱，不是沒有挫折，很多時刻他們也很消極，但是，他們看上去就是比較開心。

陰暗的人總是會揣測，他們這麼開心的外表下，是不是掩藏著什麼不開心？但是積極的人會學習。我覺得無論是不是表面的開心，他們體會到的愉悅時刻確實比一般人來得多，原因在於他們都有一個神奇的法術，會人為地把自己的積極情緒成倍地擴大化。

我那個朋友開心的時候，哪怕只有一點點開心，也會跟我說她好開心。碰到一個喜歡的朋友，她會興高采烈地跟人家說「我好喜歡你」。一點好玩的事情都要分享給我們。對她哪怕只是表達了一點點關心，她都會超級感動。

對積極情緒的表達和分享，會擴大自己的積極情緒。這不僅是一種性格，同時也是一門技術。這點在我這個朋友身上體現得很明顯，她內心嚴肅，但嫻熟地使用一些令人開心的技術，渾身都洋溢著幸福感。當一個人習慣了這麼做以後，他是真的會由內而外地積極起來，並且會和周圍的人形成一個樂觀的生態圈。

和我這個開心的朋友相處，總能感受到她的積極情緒，我也不好意思做個消極的人，於是情不自禁地被她帶動，積極的回饋她。她逗我笑的時候，我覺得我也有責任逗她笑；她跟我說了一件開心的事，我覺得自己不能冷著一張臉去聽。所以，我也會表達開心的感受，當得到我的積極回饋，她會以開心為榮，我們之間就形成了一個正向循環。於是就成了那種見到對方就很高興的人。

一個人最大的魅力不過如此吧！

雖然你不夠漂亮，也不是什麼明星，但是大家見到你就覺得很高興。

而當一個人被積極的情緒包裹，再去面對那些消極的情緒就會容易很多。

所以，**當你開心的時候，你要說出來；當你遇到好事情，你一定要分享。**我知道，你也許沒有這樣的習慣，你覺得不值得分享，你完全不覺得這個方法可行，但是試幾次就知道有沒有用了。當我學會特別留意生活裡開心的小事，並且與人分享以後，我發現別人因為我而快樂，於是我對那些開心的小事情就變得更加敏感，進而分享給大家。

我和我的朋友們都變成了容易快樂的人。

激發正面情緒的方法之二，就是和開心的人在一起。

就像我剛剛說的，**和快樂的人在一起會被帶動起來，成為一個容易快樂的人。**

我有個高中同學很神奇，誰跟她吃頓飯都會消化不良。她永遠都覺得自己很慘：工資太低，這個季度的福利被取消，上司很難纏……而且不僅要自己說，還總想問問你有多慘，只有得知你比她更慘時，她才開心，可是那樣的話就會變成是你很不開心。

不開心這種事情，說多了，真的會變不開心。

父母無法選擇，但是朋友可以。如果和誰在一起不開心，那麼這段關係就是錯的，絕交要趁早。如果你連選擇朋友的權利都沒有，我還有一個壓箱底的小絕招。

剛開始創業的時候壓力很大，但是我不想讓團隊感覺我情緒低落，所以每次開週會之前，我會躲在辦公室裡看十分鐘的搞笑綜藝節目。被節目裡的人把情緒帶動起來之後，我說話的語氣和語調就會變得歡快。小時候暗戀別人也用過這招，每次見對方之前都先看綜藝把自己變得快樂起來，這樣見到他情緒會顯得很好。

我很愛研究這些方法。

除此之外，感恩也會激發正面情緒。而且，也不一定要發自內心，完全可以透過練習。「**感恩練習**」在心理學領域不是一個新鮮詞語，已經有很多實驗證明，感恩練習可以提升幸福感。

心理學家做過這樣一個實驗，要求每一個受試者每天花幾分鐘的時間表達他們認為值得感激的事情。不管這件事情是大還是小，內容也沒有限制，哪怕只是吃了一頓好吃的飯，或聽到一首很好聽的歌，都可以表達感恩。並且要把自己可以感恩的內容寫下來或畫下來。這麼做之後，受試者能夠體驗到更強的幸福感，能夠感受到更多的積極情緒，會變得更快樂，睡眠品質也更好，整個人更有活力。

感激令人幸福。不開心的時候，我就會拿一張紙，把生活中所有值得感恩的事情寫下來，立刻就能感覺到滿滿的正能量。

這幾年，我一直覺得自己的幸福感在飆升，可能就跟懂得感恩有關，我常常覺得自己很幸運，對於所得到的一切，都有一種誠摯的感恩。

這其中並非只有我自己的努力。

我的家人很棒，父母愛我，童年雖然窮苦但是平順快樂，在親密關係上毫無遺憾，健康積極地長大；我的工作很棒，「熱愛工作」是我之前不敢想的事情，學習對我們來說是痛苦的，努力對我們來說是不愉悅的，人群中少有人能找到一份熱愛的事業，但是我就成了少數人；我的團隊很棒，經過了這麼長時間的篩選和沉澱，終於遇見了一些與我一樣敢拼敢衝的積極分子，於是我更堅信我們在一起一定能做得更好、更大、更強；那個努力的我也很棒，沒有辜負自己身上的任何一點天分，哪怕只有那麼一點點，也沒有浪費。

想到這些，幸福感油然而生。

人活在這個世界上到底要追求什麼？無非就是幸福兩個字罷了。

心理學家認為，一個人的幸福感，有三個來源。

勝任力。我們努力學習和工作，掌握各種技能。那是因為對一切事物的掌控和勝任感，會讓人感到幸福。

歸屬感。我們愛家人、照顧家人，和朋友維持關係，努力尋找伴侶。那是因為和他人有溫暖的聯繫，會讓人感到幸福。

主動權。我們拼命地掙脫被控制的人生，教育自己不被他人的看法綁架，告訴自己要做自己。那是因為自由會讓人感到幸福。

幸福是個很深刻的命題，需要你增強能力，擁有信心，找到歸屬，有所愛戀，掌控人生，主動選擇。

我分享的只是一些小技術，能讓你開心一點罷了。

生活當中確實還有許多不好的事情，有壞情緒的爆發和氾濫，那些負面情緒也可能一直跟你作對下去，但這些都不要緊。

一個人之所以能夠幸福，並非因為生活中那些令人不愉快的事情都被消除了，而是因為有令人幸福的事情在發生。

有勇氣面對現實的人，才是真正的猛士

北大的老師請我回去開講座，我問講座的主題是什麼。老師說：「你隨意說，說那些你認為對他們來講最重要的東西」。

這個世界上最好回答的問題就是「最重要」的問題。最難回答的也是這個問題。如果你想成功，最重要的是熱情；找一個伴侶，最重要的是忠誠。

這些話聽起來都很對，因此你一不小心就會跟隨，今天提醒自己這個最重要，明天又變成了那個，最後就變成沒有重點地活著。所以我不能說什麼最重要，但是**如果你想改變現實，第一件重要的事情就是要學會面對現實**。

面對現實，怎麼聽起來這麼雞湯？

請聽聽看我的經歷。

剛上高中的時候我的成績墊底，屬於班上那種根本不會被人注意的後段生，不搗亂、

很乖，但就是學習成績不好的那種。

一方面我們沒有完全放棄學習，所以很羨慕優等生，想像他們一樣成為老師和家長的驕傲。同時我們又很羨慕那些存在感很強的壞學生，他們經常搗蛋找麻煩、扯班級後腿，所以也會被老師重點關照。

作為一個被忽略的後段生，我們在偶爾被刺激之後，會想努力一把。

比如每次考試放榜的時候，我都不去看榜單，因為知道自己考得不好，不好意思也沒有勇氣去圍觀，偶爾路過看到沒有人，才會去看一眼排名。跟大多數人認知不一樣的是，我們看榜單時也是從前往後看，看到榜單前面那幾個熟悉的名字會深深欽羨，然後下定決心要好好學習。

有一次我鼓足勇氣在下課後跑到講臺去問問題，老師都還沒開口，旁邊站著的一個成績好的同學就來了句：這道題老師講過。那一刻覺得自己真是個廢物，自己學不好，還耽誤老師的時間，耽誤優等生的時間，後來也不敢再問了。因為太害怕別人不耐煩的眼神。

我們總是在這個模式中反覆：受刺激—努力—放棄。

慢慢地，我們開始不敢努力，因為一旦努力就會再次驗證自己真的不行。

最後全部的不甘心都化作想像，透過自我安慰來讓自己達到一種平衡。

那時候我的書架上永遠擺著勵志書，裡面有許多別人的奮鬥故事，好些話我都熟讀甚至能背下來，彷彿別人的努力就是我的努力。我把北大的照片夾在自己的日記裡，彷彿這樣就能讓自己跟別人不一樣。在這樣的幻覺裡，我連年級第一都看不起，還覺得自己將來一定會很厲害。

學習生涯的轉機，發生在高一的下半學期，在此之前，我已經渾渾噩噩地度過了三年初中生活。

忽然有一天，我在書上看到有一個跟我同樣處境的女孩子，書裡描述了她擺脫困境的細節，她發現自己不行的原因是還不夠努力。於是我拿起了老師發的一份雜誌，名字我到現在都還記得，叫《數理天地》。我開始一道一道做那上面的題目，剛開始一題都不會，於是硬著頭皮去問老師。後來發現前面的會做了之後，後面的就很簡單。

我開始對自己考北大也有了信心，跟以前那種興沖沖產生的幻覺不一樣，這次是真的有了踏踏實實的信心。

我說過，考北大無非就是會做很多題，多到在全部的題目當中有90%你都會做，然後你就會考到滿分的90%，就可以被中國最好的學校錄取。即便不能，或者來不及做到90%，你也可以錄取上比現在更好的學校。

每一道題，都是進步。這個真理，是我自己用實踐證明出來的。但是當我把這個道理告訴別人的時候，未必會讓他做出改變。因為他缺乏的不是方法，而是面對現實的勇氣。當他翻開自己的試題練習冊，想要做第一道題的時候，他發現自己看不懂、不會做，便開始自我否定，他覺得厭煩，一想到自己還要面對一整本的題目，就頭皮發麻想放棄。還不如回到遊戲中，回到朋友圈裡，那是自己可以稱王稱霸的領域。

於是一切都回到從前，什麼事情都沒有發生。

面對「我不行」的事實，真的太難了。
只要不面對，好像就可以假裝問題不存在。

有個朋友從名校畢業後，在一家遊戲公司裡做會計，朝九晚五很穩定，但是收入也很低，最可怕的是看不到未來有什麼改變的可能。她一看到關於房租的文章就會焦慮，因為房租漲，工資卻不漲，房租每漲一百塊，她的可支配收入就少一百塊。

有一天她轉發了我寫的一篇關於房租暴漲的文章。

文章裡寫了兩個年輕人的小故事。其中一個叫作阿牛，每天早上六點十分起床，八點半到公司打卡，每天花費三小時通勤，由於早上來不及吃早餐，總是塞兩個包子應付。晚上加班太晚，到家一般都九、十點才能吃上飯，肚子餓了就吃麵包應付。後來阿牛的胃壞了，患了急性腸胃炎，一個月內只能吃流食，暴瘦二十五公斤。

另外一個故事的主角叫洋仔，他每天工作十二小時，回到家累得一句話都不想說，母親對他很不滿，總是抱怨他冷漠。

我那位朋友說，自己過的也是這種生活。每天花費很多時間在通勤上，工作很累，沒有社交，收入微薄。她也曾掙扎過想要打破現在的生活，去尋求新的可能，但是無論是去學習一個新技能，還是努力工作，都堅持不下來，只能安慰自己，現在也挺好的。

好在哪兒呢？

好在她有很多幻覺。

過去這些年，她最大的幻覺來自電視劇、綜藝和偶像。她有許多喜愛的電視劇角色，從顏值到品質都有屬意的對象，她會追蹤那些明星的最新消息，把偶像的照片設成手機桌布，這一切都讓她和現實隔絕，有一種被喜歡的人包圍，被喜歡的一切包圍的感覺。

丟掉幻想，準備鬥爭！面對現實，解決問題。

這十六個字，就是勇敢和懦弱的分水嶺，就是成熟和幼稚的分界線，也是能力的成長門檻。**解決問題的能力是一個人身上最核心的能力。你能解決多少問題，你就擁有多少價值。**越厲害的人，能夠解決的問題越多越大。而弱的人則會被問題解決。

那些把練習冊闔上的人，在往後的人生中會為自己找無數的藉口，借此逃避自己原本的責任。

我帶過一個實習生，人品很好，但一直沒有長進。

公司的印表機壞了，買了新的替換，她不會裝，便找了另外一個同事幫忙。我路過的時候看到幫忙的同事在茶水間裡研究怎麼裝這個印表機，她卻坐在沙發上玩手機。

我說：「這個是你的事情，你不會，就應該進去跟著看、跟著學，誰能保證印表機不會再壞、再換呢？」

她說：「坐在沙發上不是玩手機，是在做別的工作。」

我就告訴她，這時候解決一個問題，比做別的工作有意義。

她離開公司的時候，我還沒來得及和她聊一聊。她身上最大的限制因素，就是一旦問題複雜、稍有難度，在她目前的能力之外，她就想躲避。能拖一天是一天，能不解決就不解決。小到去對照說明書安裝一個沒裝過的印表機，大到帶她一起做財務表格，她也只願意照抄別人的方法，卻懶得去學習背後的原理和邏輯。

哪裡有難題，哪裡就有藉口。

但只要你肯勇敢地直面問題，就可以在任何一個環節解決它。

任何形式的逃避，不管是把原因歸咎於外界或別人，還是因為懦弱和懶惰想要拖延，都只會讓問題變成你生活的陰影，你以為不面對就沒事，殊不知它一直緊緊跟著你。

你永遠無法自由，也無法幸福。

最後你就會成為問題本身。你會自我厭棄，再也找不回信心。

生活就是不斷出現令你痛苦的東西，就像我之前發過的一段話：

即便我現在做得再好，我未來也一定會失敗。

未來太長了，高峰之後必有低谷，成功之後必有失敗，好運之後必有不幸，答案之後必有新的問題產生，這一切都是那麼正常。

不是我們特別倒楣，而是人生本來就是這個模樣。

所以，解決問題的勇氣和能力在人生當中尤其重要。

從今天起，學會面對問題。

丟掉幻想，準備鬥爭。

這是沒有方法論的一件事情，只能勇敢。

勇敢地面對不想面對的那部分問題和事實，克服只想逃跑的衝動。

人會從問題、挫折和磨難當中汲取力量，從而變成一個處變不驚、遊刃有餘、勇敢且智慧的人。

○◒◒●

性格自由，在這世界活出最舒服的模樣

收到過一封讀者來信。

在信裡他說，他很嫌棄自己的父母，問我，他是不是一個不孝順的渾蛋。

他出生在一個小村子裡，父母親只有小學文憑。父親因為工傷毀了容，每次喝酒之後都喋喋不休；母親則經常和鄰居發生爭執，在背後說人壞話。他生活在充斥著抽菸、喝酒、吵架，無休止抱怨的日常中……。

長大以後，他開始跟家裡格格不入。

他說：「我是愛父母的，但是隨著書讀得越多，越無法認同他們的價值觀、生活方式……」

我很認真地回覆了這封信，在信裡我也分享了自己的經歷：

十一歲的時候我離開家，去外地念書，發現城市裡的一切都不一樣。而我自己變成了一個不對的人。

我穿的衣服是媽媽買布裁剪縫製的，所以款式很土。我的普通話說得不標準，這些經常讓我感覺到莫名羞愧，就連我的父母也成了我心裡那隱約的羞愧來源。

記得一次模擬考試結束後，爸媽來開家長會，結束後我媽說要給我洗衣服，但初中的住宿條件差，大家洗完衣服都掛在走廊裡。我媽把別人的衣服全部推到一邊，然後把我的衣服掛上去。

下樓的時候我媽遇到宿舍管理員，本來打個招呼就能走，可能是希望那阿姨多照顧我，於是她開始跟人家聊天，整個聊天的過程都在吹牛，說家裡孩子多麼爭氣，生怕人家看不起。而我在旁邊站著，想找個地縫鑽進去。

回到家裡我根本不願意和她多說學校的事情，也不願意聽她抱怨她和我二舅媽、三嬸間的家常話。我讀了很多書，看到了外面的世界，不得不說，我媽媽這樣的女人雖然善良熱情，但也是別人眼中短視而粗鄙的那種人。

我跟你一樣，也嫌棄過父母，但我是個渾蛋嗎？

不是，我只是不成熟。

我想告訴你的是，實際上那個階段的我們，與其說是嫌棄父母，不如說是嫌棄自己。父母只是「自己」的一部分罷了。

我們欠缺自信，價值觀也混亂，見了一點世面但是見得不夠大，讀了一點書但是讀得不夠多，處於一種「自我否定」期。

我們嫌棄自己，不欣賞自己的性格、容貌或者其他。也嫌棄父母，把父母當成不堪忍受的一部分。我們想要的生活、想要的財富、想要的體面，自己不能給自己，所以會把父母拿來出氣和嫌棄，彷彿自己的所有不堪都是他們造成的。

後來當我真正成熟了，我開始理解，像我媽媽這樣一輩子在農村生活的人，從小根本沒有機會去接受體面和教養的薰陶，也沒有什麼理想去支撐他們脫離瑣碎無趣的現實生活，而我之所以能有機會去嫌棄她的俗氣和粗鄙，這個資格還是她賦予的。

父母沒有什麼錯。更何況他們為我們付出了那麼多。

長大後的我理解了父母的一切，並且接納。

父母變了嗎？沒有。

變的人是我。我變成熟之後，能接受自己的不完美，接受自己的土和笨，並且充滿自信。現在我媽走在大馬路上嗑瓜子，還會隨地亂扔呢。而我，則會默默地把她扔出去的瓜子皮撿起來。

希望你有一天也能這樣，理解父母，接納自己。

以上就是我的回信內容，我想鄭重地談一下「自我接納」這個問題。

我們太容易自我厭惡了。每每做錯一件事，暴露出一些缺點，都恨不得把那些缺點用刀從身上割下來，恨不得重新投胎。

我這些年最重要的成長之一，就是明白首先要認識自己，然後接納自己。

年少時總有一種確認自我的焦慮。我到底是什麼樣子？我的性格屬於哪一種？經常會在朋友圈裡看到有人轉發一些關於星座特質的描述，內含毫無邏輯的心理測驗和如自我聲明式的文字。大家急迫地想要說明自己是誰，是什麼樣子。在人前如果表現了真實的自己，會覺得不滿意，可違背了心意去表演另外一個樣子，又會覺得不甘心。

我們來回搖擺，每個人都有「做自己」的焦慮。

在做自己這件事情上，我大概經歷了幾個階段。

十一、二歲的時候，是一種「盲目自信階段」，那時候我覺得自己就是天底下最厲害的人，別人都是我的附屬品，都是沒有靈魂沒有自我的軀殼。我沒有見過什麼世面，也談不上優秀，但我覺得自己可以改變世界，甚至可以駕馭他人。

再往後，十三、四歲時看過了一點世面，發現自己各方面都不太行，遇到很多比自己漂亮的人，也遇到很多比自己有學習能力的人，就進入了一個「自卑階段」。

高中後又進入另外一個階段，這個階段已經不自卑了。這時候對自己的認識仍然是迷糊的，但是對未來的自己已經有了清晰的期待。那時候一心一意想要考北大，每天都在展望未來，覺得別人都是不存在的，也不會跟別人比較，不張狂也不自卑，可以稱為「強自我階段」。到了大學之後，發現太自我的話就會到處碰壁，就會被人嫌棄，所以開始學著去收縮自我，進入一個「弱自我階段」。

到現在，透過和世界交手，一點一點地去認識和調整自我，終於抵達平衡期。這時候的我，對於自己已經有了穩定的認知，不再對別人的評價敏感，更不會自我否定。
人就是這樣，如果你不確定對自己的認知，就需要把判斷自己的權利交給別人。

你需要從四個方面確認自己的狀況。

首先，確認自己的人品。

人品是最底層的。沒有自信的人，表現出來的就是猥瑣和閃躲，更不敢去問別人，自己是個什麼樣的人。

為什麼那麼多哲學家主張修德行？因為修養品德會讓人達到安定的狀態，坦蕩而不懼怕被議論。如果你能給自己一個斬釘截鐵的答案：我是一個好人，從不做不可告人的事情，我善良待人，胸懷坦蕩，偶爾自私，但不算過分。

當你對自己有了這樣的認識，在做一點自私的事情時，才不會產生極強的自我厭惡感，被人否定了人品，也不會惱羞成怒。

其次，確認自己的性格。

我是積極的，還是消極的？我是溫柔的，還是強勢的？

在哪些事情上積極，哪些事情上消極？對哪些人溫柔，又對哪些人強勢？

我性格上的優勢和劣勢又有哪些？

我以前看過一個算命先生寫的書，他說，如果你想獲得別人信任的話，就去評價他的性格。怎麼評價聽起來更可信？

「你看上去是個很溫柔的人，但是也有強勢的一面。」

「你雖然看上去很強勢，但是內心也有脆弱的地方。」

這種矛盾的評價，百分之百會得到對方的認可。

我在生活中也觀察到過類似的現象，如果只用一面之詞去評價一個人，他的感覺不會很舒服。比如你說「我覺得你這個人很溫柔」，對方就會反對說「其實我不是一個什麼時候都溫柔的人」。每個人都害怕被人下定論。

關於自己的性格，如果你瞭解得夠多，就不會急著去否定。

就像有人評價我說，「媛媛，作為女人你太強勢了」。我心裡非常清楚，這是我從逆境成長必備的性格特徵，強勢伴隨的一些好處，例如果斷、勇敢，是我需要的東西，所以我不必急著去擺脫這個詞。這種確認，讓人看上去不茫然。

再者，確認自己的能力。

哪些是我能做的，哪些是我不能做的？我如何發揮自己的優勢？

關於這點我已經在能力圈那部分討論了許多。

請確認自己的能力，不要被老闆和同事的說法綁架。

最後，確認自己的態度。

我對話題新聞的看法是什麼？我的政治傾向是什麼？對於借錢我怎麼看？對於婆媳關係有什麼看法？

對生活中的問題，要有自己的明確態度，可以被說服，但是絕對不盲從。

當你認識到自己是什麼樣的人，是什麼人品，有什麼能力，是什麼性格，你對人對事的態度就不會出現過度自信或自卑的狀況。

怎麼認識這四個方面？

還是那兩個字：記錄。

我們往往對自己充滿誤解。日本綜藝節目裡跟拍過一個減肥失敗的女孩。這女孩很痛苦，抱怨自己天天只喝水，為什麼還是減不掉身上的贅肉。一般在這種情況下，人會給自己貼標籤：我這個人就是不易瘦體質，或者我特別倒楣，就是減肥不成功。

但觀看監視影片的時候會發現，鏡頭裡的女孩子並不像她自己所言只喝水。她在早餐喝了一杯水之後，吃了很多果乾，一上午都在吃零食。只喝水的說法完全是個誤會。

一個人對自己的認識，不管是對自己做的事情，還是後來的感覺，都有可能出現誤差。所以，記錄比感覺可靠。我喜歡記錄一些自己的行為模式。在我的筆記裡，經常會看到像這樣的記錄。

首先要記錄事實本身。

今天同事沒有按照我說的去做，我非常生氣地批評了她。

然後，我會回溯自己的行為模式。我發現，當別人做的事情一旦跟我要求的有點偏差，我首先湧上來的就是情緒，覺得對方為什麼這麼蠢，甚至會控制不住表達出來。

其次，我會記錄結果。

結果就是對方很受挫，在我面前越來越不敢說話，越來越怕我。

透過大量這樣的記錄，你就會發現自己在某一些情境下，一定會做某一種事，對自己的行為模式也會越來越瞭解。

因為記錄，我也發現了自己很多不好的行為模式。

有點社交恐懼，所以見到認識而不熟悉的人時，傾向於不打招呼，經常會被人誤解為沒有禮貌；每當被誤會的時候就過於急著解釋；不懂拒絕，總是接受之後再想辦法拒絕，這樣常常讓對方更生氣……

就連對我的壞行為，我都有詳盡的瞭解，所以我根本不用等別人批評我。

除了記錄自己的行為模式之外，我也會記錄別人對我的評價。

一般人被評價之後會很難受，而我被評價之後會小心翼翼地記下來。我們對自己的認知確實有一部分來自外界，但其實外界評價並不直接構成我們對自己的判斷。我們會用自己的主觀視角去加工，加上一個自我濾鏡，最終形成對自己的評價。

有人說我醜，但是我不信，我不覺得自己醜，所以我對自己的評價是：不醜。

當把別人對我的評價記下來以後，我會對照自己的行為去看別人的評價到底客不客觀。除此之外，我也會記錄自己對自己的評價，不管是好的還是壞的。

一個人對自己的評價源於過去的經驗，好比說我經常經歷公開發表的緊張和失敗，我就會評價自己：不擅長演講。我會記下來，然後看看是否有新的經驗能夠推翻這個評價。

仔細地觀察自己是一個非常龐大的工程，不過這個工程非常必要，活在這個世界上，我們最大的底牌就是自己，如果連底牌都不清楚，這局必輸無疑。

這些年，在做自己這件事情上，我有幾個明顯的進步。

我不再要求自己完美。

以前買了新的筆記本，寫了幾頁發現不夠整潔美觀，有些地方寫錯了，我就會丟掉這個筆記本，買一本新的再寫；很喜歡的衣服上有一點污漬，我媽說已經用繡花幫我遮擋了，但是我就是不會再穿，我不能容忍有瑕疵在上面。這些都是以前的我。現在的我已經知道完美是不可能的事情，我有缺點，就像太陽裡有黑子一樣，是自然定律。

我不再試圖擁有一些矛盾的性格特點。

當我不知道自己應該是什麼樣子的時候，我總是會拿各種標準要求自己。很多人跟我一樣，今天看一篇文章說要與世無爭，要寧靜而致遠，明天又看一篇文章說你已經被同齡人拋棄了，所以應該去掙數十個億。

這樣對自己會有很多矛盾的要求，要努力，又要看淡；要溫柔，又要兇狠；要大氣，也要精明；要果斷，也要心軟；要懂得為別人考慮，又要愛自己。以前我還在本子上抄寫過「一個成熟的人，應該是明亮不刺眼的光，是圓潤但是不膩的聲響」等句子。社會上很流行這種雞湯，讓你在矛盾之中去尋求平衡，每每聽了，都覺得非常有道理，但後來我看邏輯學的書，才知道這種雙向平衡的話會給人一種有道理的錯覺，你就會忍不住轉發。但其實根本就做不到。

這種做不到，又會給你帶來焦慮，然後讓你無法完全喜歡自己和接納自己。

我現在就不會要求自己必須又溫柔又兇猛，又勇敢又柔弱。

我的特徵裡總有優點，充分發揮就好了，至於缺點，儘量彌補。

我對外部評價不再感到敏感。

以前別人老評價我是個特別敏感的人。敏感在很多時候並不是一個褒義詞，以前我聽到之後都會覺得沮喪。但現在我不會沮喪了，因為我做過許多記錄，發現敏感能帶給我諸多好處。我很擅長觀察別人，我在揣測客戶喜好方面總是出乎意料地準確，我對生活中發生的一切感知力都很強。或許我表達能力出色，與這個也有關係。

我對別人給我的「敏感」評價，一點都不敏感。

原因總結來看有許多，第一，如同我剛才說的，從我記錄的內容來看，這個特點也有好處；第二，我記錄過許多人的評價，也有人說過我沒心沒肺、鈍感力強，所以我不會對某一個人的某一個負評過於敏感；第三，即便這個真是我的缺點，我也沒什麼好難過的，因為我有許多記錄下來的證據表示，我還有許多其他的優點，本來這些特質就不可兼得。

這麼反覆幾次以後，我把對外的關注慢慢扭轉成對內的關注。

大多時候，我們習慣拿周圍人的標準、所處環境的標準來改變自己，以他們的喜好作為自己的喜好，忽略自我的標準。其實我更享受和親密的人相處以及獨處，但是周圍的人都在要求我變得更外向。我也曾經為此努力過，想成為一個左右逢源的人，拋棄自己喜歡的方式，迎合他人的標準，但即便做到了也未必享受。

對外部標準過度關注，是不會幸福的。而且這樣的人生效率很低，每天扮演另外一個人，迎合那麼多自己不認可的標準是非常累人的事，這過程中會消耗許多精力。當我做不好的時候，我還要自我批判和自我討伐。

所以應該怎麼辦？做自己嗎？

任性而為是要付出代價的。

你可以做自己，但是真實的你必須在現實中有生存優勢。有些人做自己做到只有自己，周圍一個朋友都沒有，或者如果真實的自己是喜歡暴力的，那早晚不是得進監獄嗎？

所以我對自己的要求是：一方面，要擺脫外部標準；另一方面，增強真實自我的生存競爭力。

我看上去更篤定。

充分認識自己的好處就是：遇見新情況，心裡很篤定。

認識了一個新朋友，我知道自己是什麼樣子，適不適合和這個人深交；當他做了觸犯或傷害我的事情，我知道自己是否應該原諒，這個在不在我的底線內。

對自己很瞭解，對自己的態度很清楚，就不必來回掙扎猶豫。

我可以無條件地接納自己。

別人喜歡我，我才可以喜歡自己；父母喜歡我，我才覺得自己好；或者我必須做一件成功的事情，才能覺得自己特別棒，這都是有條件地接納。

有條件地接納，會讓人特別沒有安全感。

當我充分認識自我之後，慢慢地就能無條件接納自己，不必做太多自我催眠，也不用做什麼正向練習，只要瞭解自己的全部，就可以做到無條件地接納自己。我知道自己哪裡好，也知道自己哪裡不好，我就是這樣一個獨一無二的存在，我值得去享受生活，我也值得別人對我好。我不會自我攻擊和自我厭棄，我對待自己就像對待別人一樣寬容。

有些人對自己真的太狠了，朋友犯錯，會覺得是人都會犯錯，但自己犯錯，就會鞭笞自己的靈魂：你怎麼這麼弱？不會有人喜歡你了。

更多時候會啟動防禦性自卑：反正我這個人就是自卑，我做不了這些事情，我不可能滿足別人的期待。先把對自己的評價降低，這樣就可以防止別人失望。一直在自卑的圈子裡不出來，反而有安全感。這些態度，都不可取。

全面地認識自己，而不是只關注某一件事情，或者某一個方法，就能讓你無條件地接納自己。

我能分得清真實的自我和展示的自我。

這句聽起來挺抽象的話，是我自己總結的。

以前有一點總讓我覺得難受，明明我是個內向的人，但是與人相處的時候我必須展示出外向性格。只有這樣，才容易跟人做朋友。可是每次回家之後，我都很討厭自己，就像我剛才說的，每天演戲很累，並且會因為自己不夠真實而嫌棄自己。

可是當我分清楚什麼是真實的自我，什麼是展示的自我時，就可以免於痛苦。真實的自我，是我自己認可的、接納的，是我自己喜歡的模樣。它最常出現在我獨處的時候，這個自我是需要被保留的，不必非要改變。

而展示的自我，則是我想要展示給外界的特定部分的我。如何展示是我的策略，因為我需要具備生存競爭力，所以在特定的環境下，展示自己特定的某個部分。

展示的自我不要否定真實的自我。

真實的自我也不要討伐展示的自我。

這兩個自我本來就應該同時存在，展示的自我是策略，真實的自我是核心，這樣我就不會因為展示的自我不符合真實的自我而難受。

這個也是在認識自我的過程當中，我們很容易犯的一個錯誤。我們其實經常把展示的自我作為全部的標準，要求自己去改變。在與人相處的時候要表現得外向，這可能是對的，但是沒必要按照這個標準讓自己改頭換面，它只不過是展示的策略罷了。

我擁有合理的自我期待。

如果自我評價和自我期待落差太大，就容易自我否定和自卑。

充分認識自己的人，能夠把自我期待調整到合適的程度。最合適的自我期待，就是跳一跳就夠得著的位置。這樣既有動力去做，也不至於太挫折。可惜擁有合適的自我期待很難。多數人對自己的評價都會高於實際水準。

有一個關於一百萬名美國高中生的調查結果就顯示，70%的學生認為自己的領導才能高於平均水準，60%的學生認為他們的運動能力高於平均水準，85%的學生認為自己跟他人相處的能力高於平均水準。

這個70%、60%、85%顯然就是過高估計，高於平均水準的人最多只有一半才對吧。另外在這部分人當中，有25%的人認為自己屬於最出色的那1%。

人，真的比想像中更自負。成年人也一樣。90%的商務經理認為他們的成績比其他經理更突出；86%的人認為他們比自己的同事更有道德，人品更好。

為什麼人會痛苦和自卑？為什麼大多數人對自己不滿意，還很焦慮？

因為自我評價太高了，評價高所以期待高，最後導致落差很大。

我不再有改變自己的焦慮。

現在整個社會的氛圍好像都是這樣，一直強調你要改變自己的壞習慣，改變自己的脾氣，改變自己的一切，鼓勵你成為更好的人。

但其實這些鼓勵都會給你帶來焦慮。

你根本不必要去完全改變自己，你本來也沒有那麼差。

對待自己最好的態度是什麼？

第一點，要懂得教育自我。對待自己要像對待孩子一樣，有些地方做得不好，要去教他；有些時候表現得人品很差，要去批評。對他不要做過高的期待，也不做過低的評價，讓他逐漸地進步。

第二點，要懂得發現自己。人對於自己的無知，不亞於對世界的無知。一點一點發現你自己，發現後，不要急於改變。

第三點，駕馭自己。每個人都有自己的特點，有人內向，有人外向，有人強勢，有人柔軟，我們不必非要從一端改變成另一端。我們要學習如何駕馭自己，在一些情境之下採取特定的策略，即便一個溫柔的人，在某些事情上也要練習採取強勢的手段。

所以需要改變的不是性格，而是駕馭自己去表現出不同的風格。

我把這稱為「性格自由」。

所謂性格自由，即不必強行約束自己，也不用完全改變自己，你對自己知根知底，你很熟悉自己的每一套風格，你能放心地把自己交給世界，你的每一個樣子都是不彆扭和自在，都是最舒服的模樣。

學會不生氣，別讓情緒成為你進步最大的阻力

我有個朋友，三戰北大都沒有成功。

在校時他非常努力，當全寢室的人在遊戲裡醉生夢死時，只有他早上六點半準時起床去圖書館，晚上十一點才回來。所有人都看好他衝刺名校的夢想，但是他一次又一次地讓人跌破眼鏡。

第一年，差了十幾分。

第二年，比前一年多考了十幾分，然而錄取分數線提高了。

第三年，在複試時被刷掉。

後來他跟我們說，自己就算再考一次也不可能考上。考試期間他壓力過大，焦慮到一定程度後，都開始懷疑自己得了憂鬱症，變得無比敏感，寢室的人說話的語氣稍微重一點，他都要想老半天。

在我們看來，他在努力學習。實際上，他每天都在和自己的情緒鬥爭。

世上本多風雨，最可怕的是自己本身就是風雨的一部分，自己就是成功路上最大的絆腳石。

在非洲大草原上，一隻吸血蝙蝠可以咬死一匹野馬。蝙蝠的吸血量並不足以致命，野馬也沒有失血過多，如果靜靜待著，或許蝙蝠吸飽之後就飛走了。可是野馬在被咬之後，一直想甩脫蝙蝠，憤怒之中橫衝直撞，最終死於精疲力竭。

生活中沒有草原，但是有許多這樣的野馬。

你是一個情緒化的人嗎？

情緒，不是脾氣。

有些人看起來溫和柔順，其實內心裡情緒在翻江倒海。

遇到挫折容易沮喪；

稍微承擔一點壓力就開始焦慮；

對未來的恐懼、緊張、擔憂……

它們默默地殺死我們每天的快樂和活力。

情緒控制能力差的人，很難成就什麼大事。因為情緒會帶來嚴重的內耗。

好比跟戀人吵架，一上午都情緒低落，什麼事情都做不了。在這個過程中，我們的時間和精力被浪費了三次：吵架本身；吵架後的難過；因為難過浪費了時間，所以更焦慮。

除了內耗之外，情緒還會帶來不利反彈。不利反彈有兩種表現形式：

第一種表現形式，由於你氣壓過低，周圍的人在你面前肯定不好意思興高采烈，他們會壓抑自己的情緒，甚至被你的低氣壓感染，慢慢就形成了和你在一起總是不開心的印象。最終，他們會越來越不願意跟你在一起。

不利反彈的另外一種表現形式，就是你的情緒可能會發洩到別人身上，影響別人的生活，尤其是你的憤怒，會很容易和周圍人發生摩擦，進而你會陷入更深的情緒旋渦。

別讓你的所有努力都毀於情緒。

我想和你分享幾個和情緒有關的關鍵字。

第一個關鍵字：認知。

負面情緒是怎麼產生的？情緒發生一般有三個階段。

第一個階段，誘發情緒的原因出現。比如和朋友約好了見面時間，朋友卻遲到；工作上出現一個錯誤等等。

第二個階段就是解讀。事實是一樣的，但是每個人的解讀方式不一樣，解讀就跟照片的濾鏡一樣，濾鏡不同，最終照片的效果也不同。

當工作上出了錯，有人是這樣解讀的：我真的太差勁了，我沒有辦法勝任這份工作，乾脆辭職算了。有些人的解讀卻是：幸好是在這一步出錯的，如果在更重要的環節出錯的話，這份工作可能就丟了，所以現在要趕緊改正這個錯誤，以避免帶來更嚴重的後果。

解讀不同，就會帶來不同的情緒結果。

出現情緒結果，就是情緒產生的第三個階段。

我們如果想要控制情緒，主要是控制哪一步？其實是控制解讀這一步，因為事實已經發生了，是沒有辦法改變的，但是要如何解讀這個事實，我們卻可以控制。

那為什麼每個人的解讀不一樣？

觀念是產生情緒的根源。我媽是個非常樂觀的人，雖然她沒有文化，但是她性格堅韌、為人熱情，是一個非常值得尊敬和喜歡的女性。我爸在外面做生意賠錢了，把靠種地賣菜好不容易攢來的積蓄賠光光，當他垂頭喪氣地回到家以後，我媽會說：「做生意賠錢不是很正常嗎？沒事。」我爸出門時弄丟錢包，氣得到處找，我媽慢悠悠地說一句：「丟錢不是很正常嗎？沒事。」

在她眼裡，諸事不順是一件正常的事情，全天下的生意難道都穩賺不賠嗎？所以為什麼賠錢的那個不能是你？遇上了就是遇上了。人走在路上丟了錢，本來就有一定機率，這有什麼好大驚小怪的。所以她不生氣。

有一次我和朋友在機場排隊等安檢，有個人插隊，她生氣地跟對方吵起來，我卻慢條斯理地跟對方講道理。朋友說我脾氣真好，跟人吵架還能鎮定地講道理。我不是脾氣好，我常年搭飛機出行，遇到的乘客成千上百，在我的認知裡，碰到一個不守規矩的人不是很正常嗎？解決完就好了。

所以，你發現了嗎？生氣和不生氣的結果，取決於你覺得遇見壞事、遇見壞人，這算正常還是不正常。朋友之所以生氣，是因為她認為全天下的人都應該老老實實排隊，所以碰到一個不排隊的就暴跳如雷。這種絕對化的想法本身就是不合理的。

我很小的時候就發現，很多人之所以情緒暴躁，容易生氣或者受傷，是因為他假設這個世界是完美的。可能聽起來很荒謬，但這是真得不能再真的事情。

為什麼你遇到一個不講理的人會生氣？因為你假設這個世界上所有的人都應該講理，所以遇到一個不講理的，你就覺得無法接受。為什麼你失敗之後會難受？因為你假設自己應該永遠都成功，所以失敗一次就想去死。為什麼有人說你壞話你會很痛苦？因為你假設周圍所有人都應該愛你，有人說你壞話就是天理不容。

你肯定不承認自己做過這樣的假設。可是如果你認為失敗、遇到壞人以及被人不喜歡很正常的話，你為什麼會有情緒？你會因為天下雨而生氣嗎？不會，因為那是一件很正常的事情。（實際上還真有人會因為下雨而生氣，他是連老天都想管。）

同理，全球有近七十八億人，遇到一個不講理的不是很正常嗎？人這一輩子這麼長，遇到失敗不是很應該嗎？你又不是鈔票，有人不喜歡你不是很正常嗎？你為什麼會難受呢？還是那句話，看似是情緒的問題，實際上是觀念的問題。

人之所以有那麼多煩惱，情緒之所以那麼容易失控，就是因為我們認為這個世界應該是完美的或必須符合我的想像。但實際上，可能世界上大部分的事情都不完美。

談戀愛就是會分手，考試就是會失敗，所以當不完美的事情出現時，完全沒有必要為之悲傷。往更深一步想，對於悲傷本身也沒必要大驚小怪，會悲傷也是正常的反應。

即便你沒有控制住情緒，悲傷了、脆弱了、憤怒了，也不要過於責怪自己為什麼不樂觀堅強。因為世界上本來就是有一定比例的人沒那麼樂觀和堅強啊。

我們再來細分一下這種把世界完美化的思維，大致可以分為以下幾類。

都應該。

像我們之前說的，每個人都應該是有禮貌的、會排隊的；每個人都應該喜歡我等等，都屬於這一類。

必須是。

男朋友對我必須是忠誠的，背叛我就是不應該和不可能的。孩子必須是孝順我的，一旦忤逆我就是不應該。我必須是最好的，周圍的一切必須是符合我想像的。我住在合適的房子裡，住在喜歡的城市中，上班路上必須是不堵車的。否則，我就要發怒。

一定會。

事情不應該有一點錯誤和偏差，否則一定會很嚴重。馬上要考試了，這次如果沒考好，一定上不了想上的大學，上不了想上的大學，人生一定會很失敗。

這屬於把事情不合理地嚴重化，並且非理性地延展出因果關係。

考不上大學也不一定會過失敗的人生。更合理的邏輯應該是這樣：我馬上要考試了，有可能成功，也有可能失敗。如果我成功了，當然很開心；如果失敗了，也存在兩種可能。一種是因為失敗我吸取了教訓，可以更成功；一種是我被失敗打倒，再也爬不起來。

學會用一個合理的邏輯，去替代自己非理性的想法。改變了認知，就會改變解讀事實的方式。改變解讀方式，就會改變情緒。

具體怎麼改變？

第一個方法：主動確認情緒背後的認知，替換成合理的邏輯。

我們的每一絲情緒都有它產生的根源，找出產生情緒的觀念，理性地去判斷這個觀念到底是荒謬還是合理的。

這部分在前面已經有比較充分的說明了。記憶中我最近一次使用這個方法的時機，是和魯豫姐一起去福建錄《魯豫有約》。在臺下，我準備了一段感謝她的話，但是到了臺上，由於有點緊張，或者是過於害羞，我居然沒有說出來。

其實我一直沒有機會好好感謝她，我並不是那種喜歡肉麻的人，即便是感激，表達得也膚淺且匆促。我這次去錄製節目之前就心想，或許這是個很好的機會，讓我能夠正式感激這個人，感激她點亮了我的生命。但是精心想了好久，居然還是被我搞砸了。

回來以後我確實有點沮喪，為什麼自己一個在舞臺上千錘百煉的人，還會犯這種錯？其實仔細審查一下這個觀念就會發現其中的錯誤：即便一個對舞臺很熟悉的人，換了一個舞臺還是有可能失誤和緊張，這很正常，春晚主持人不也會說錯話嗎？

所以，沒必要產生不良情緒。

第二個方法：反事實解讀。

在這方面，我媽也是高手。我在學校考試的時候拉肚子，我媽在家裡感慨，幸虧不是考大學測驗的時候拉肚子啊。我二哥考大學的時候拉肚子，我媽又感覺很慶幸：在拉肚子的情況下還是考上了本科，不錯了。在這一點上，我顯然是遺傳自我媽。

創業有風險，我的朋友圈裡喜歡傳播焦慮的人有很多，他們經常轉發「標題黨[18]」的文章：「我的創業公司倒閉了」、「那些奮不顧身創業的人，後來都怎麼樣了」、「90％的創業企業，都死在第三年」……

我還真有個朋友，曾經一個月做了一千萬的業績，賺了一百萬利潤，一年之後居然連公司的租金都交不起，最終以破產告終。這不正常嗎？創業圈裡的潮起潮落，比比皆是。但這樣一個負面的事實也有反面解讀的可能。

我想的是，雖然創業會失敗，但是我在這兩三年中學習到的東西超過我工作十年學到的。如果不創業，可能我也會是那種每月刷信用卡刷到額度透支，然後等待發薪還錢的月光族。所以算來算去，這麼做還是值得的。

當然，你可能會有這樣的疑問：「我這個人本來就很消極，沒有辦法從積極方面去解讀。」這件事情真的需要刻意練習——練習會形成習慣。

未來的一週內，肯定還是會發生誘發你負面情緒的事情。不管是小事還是大事，按照以前的習慣，你會從消極方面解讀，繼而情緒不好。這個過程是自然而然發生的，根本沒有用到人的理性腦。

我們可以不科學地把大腦想像成兩個部分，一個部分是感性的、直覺的、習慣的，另一個部分是理性的、聰明的。一般情況下如果事情不複雜，可以靠直覺去判斷時，理性腦就會一動也不動，只有當它覺得問題複雜、難度高，它才會出手。

想要改變一個固有的觀念和順理成章產生的情緒，必須要用理性腦去主動介入。當不好的事實產生的時候，要練習著問自己：是否有從反面解讀的可能性？多做幾次，就會用新的習慣替代舊的習慣。

第三個方法：從關注情緒到關注事實，克服不利的反芻。

以前我也會在朋友遲到的時候生氣。

但遲到就是遲到，其實有時候遲到本身沒有產生太嚴重的後果。生氣的原因是大腦在做這樣的解讀：這個朋友根本就不在意我，她不把跟我的約會當成一件重要的事情，不把我放在眼裡。這個解讀到後面會越來越極端，太多負面的想法在大腦中反覆盤旋，到最後只剩下一句話：這個人不在乎我。情緒也會越來越嚴重，然後當你終於爆發出來的時候，對方還會很驚訝地反問一句：一點小事而已，有必要這麼生氣嗎？

後來我就學會在過程中告訴自己：我不要讓大腦一再地陷入那些負面解讀中，我要關注事實本身。我要做三件事情：第一，列明發生的事實；第二，找出解決的方法；第三，

18 誇張、吸睛、引誘人閱讀的標題，學術上稱為「誘餌式標題」，網路上被戲稱「標題黨」。

預估這個方法實施後可能發生的情況。

朋友遲到了，是事實。解決的方法和對應的結果大概有這幾種：

一、讓朋友改變，但很大的機率是不可能實現。

二、時間約早一點，我們都遲到，這樣雙方都不生氣。

三、不改變約定的時間，讓她出發的時候跟我說一聲我再出發，即便大家都遲到，也不會生氣。

我選了第三種方法。

我慢慢地摸透她的習慣，這個人很奇怪，非要約定的時間快到了才會出發。後來她說，跟我約會最讓她感到放鬆，沒有那種被約定時間逼迫的感覺，即便出門晚了，說一聲就行，不用撒謊說自己已經快到了。

生活不是工作，在沒有產生嚴重後果的前提下，讓一個有拖延症的人守時確實很難。如果用發脾氣這樣的方法來解決的話，可能造成的結果就是雙方都很不愉快，本來是週末的放鬆約會也會變成負擔，慢慢地就會失去一個本來很聊得來的朋友。

我們經常說情緒不能解決問題，但是這句話不足以產生效果。

必須要把預估發生的結果列明，才能知道，我們想要的結果到底要如何才能發生。

這個方法也可以應用在戀愛當中。戀人遲到或忘記某個節日，我們生氣的點也不過是大腦中盤旋的那個想法：他不夠愛我了。於是不管接下來是冷戰還是大發雷霆，其實都是想要對方去證明：他是很愛我的。但是每次都能如願嗎？

如果對方不在乎你，用情緒去逼迫對方證明了也沒用；如果對方平時就很在乎你，只是在這些細節上沒有注意，那用情緒去達到目的，顯然是個比較愚蠢的方法。

第四個方法：搞笑化。

這個方法挺好用的，足以讓我們克服一些生活當中小的、淺層次的負面情緒。

這是從我的朋友大寧身上觀察來的。

上大學的時候，有回和大寧吃飯，她興奮地講起她們寢室裡一個不愛洗澡的奇葩女孩，腳臭到讓大家寢食難安。大寧跑去和她交涉，說：你長期這樣，會影響到大家。

結果這個女孩就搬到陽臺上去住了！當大寧講起這件事情的時候，我們所有人都在笑，從此這個女孩就是我們的快樂源泉，每次吃飯都有人追著大寧問：那女生洗澡了嗎？

一個本來很討厭的人，居然成了我們最喜歡的話題，也不只是嘲笑的情緒，後來居然覺得她也沒那麼討厭。這就是把討厭的人誇張化和搞笑化的結果，下次看到她，感受到的就是滑稽，而不是討厭。

這樣想像的結果，獲益的是自己。

當自己的厭惡情緒消失以後，反而能夠更平和地去解決這個問題。那個搬到陽臺去住的女孩，未必真的想去陽臺上看風景，她可能也是被大寧的情緒傷到，一時賭氣。

有人就說了，我沒有辦法把討厭的人搞笑化，因為我真的真的很厭煩他。小妙招來了，把討厭的事情搞笑化有個關鍵環節，那就是轉述。

為什麼我們透過轉述給第三人聽，就可以實現搞笑化？

因為人都有一種心理傾向，就是希望給別人留下一個好印象，哪怕是身邊的朋友。如果是純粹地抱怨，不會有人想聽，除了自己的父母。可有時候父母也會因為你總在抱怨而厭煩。所以我們會願意用一種搞笑和誇張的方式變相地去抱怨一個身邊討厭的人。這樣一方面和朋友轉達了自己的煩躁，另一方面，朋友又不會覺得你很煩，總是在抱怨。

我最近就特別倒楣。早上開車上班總是遲到，後來我買了輛電動車上班。第一天電動車被雨淋了。第二天我在電動車上蓋一件雨衣，結果雨衣被偷，電動車又被雨淋了。第三天我怕下雨，想著把電動車停到騎樓裡就能避開一劫，結果雨倒是沒下，但是我的電動車直接沒了。因為大樓禁止放電動車，所以直接被拖走。

我很灰心，覺得自己和電動車沒有緣分，打算把這輛電動車送給我媽。打電話給我媽的時候，跟她說：「我覺得自己太倒楣，再也不要這輛電動車了。」結果緣由陳述完畢以後，我媽和我都笑了。然後我就覺得自己沒有那麼倒楣。在轉述中確實更容易把討厭的事情變得好笑，尤其是跟一個幽默的人轉述。

這是關於情緒我分享的第一個關鍵字：認知。

改變認知，就能改變解讀的方式。

改變解讀方式，就能改變情緒。

第二個關鍵字：理解。

在外商實習那陣子，是我在北京唯一一段每天擠地鐵上下班的時期，下班的地鐵裡總是靜悄悄，一群感覺血被吸乾的人半死不活地靠在地鐵的牆壁或者欄杆上。

有一次，三五個農民工[19]扛著包裹上來，彼此之間用方言大聲地聊天，周圍的人都轉身避開，有一個小夥子戴上耳機之後仍然覺得煩躁，就挺身去斥責那群農民工，說他們沒有素質，在公眾場合影響了別人。

周圍人都向小夥子投去贊同的目光：對，他們就欠罵。

但是我內心卻覺得酸酸的。我有過在農村生活的經歷，所以我知道農民工之所以說話大聲，不是他們教養不好，而是他們在這方面從來沒有被教養過；不是他們素質低，而是他們的素質裡沒有「小聲說話」這四個字。

農村的生活空間比城市裡大得多，家家戶戶都是幾十平方公尺的客廳，還帶院子，鄰居之間說話經常靠喊的。我老家的婦女們都非常習慣大聲說話，到了城裡以後也很難改掉這個習慣。我媽在北京生活了將近十年，也是最近兩三年才開始成為一個文靜的老太太，以前在公眾場所，我們都要提醒她：哎，小聲點。

之前有多誇張呢？

我媽去毛主席紀念堂瞻仰，自認為小聲禱告了自己的願望，但其實從工作人員到滿堂

19 中國弱勢群體之一，指擁有農村戶口，但離開家鄉到都市謀求工作的人。通常從事勞動力密集的產業，薪資低廉。

遊客，估計都能聽到她想讓我發財。周圍的人怒目而視。可如果你也有在農村生活的經歷，或者對農民的生存環境有所瞭解，在你被干擾的時候，就沒有那麼煩躁和憤怒。

因為理解，所以寬容。

所以保持情緒穩定、心態平和的最好方法，不是多讀幾本雞湯書，或者下雨的午後聽音樂，而是增進對大千世界的理解，不管是美的還是醜的，不管是好的還是壞的。

越不理解的人，越容易痛苦。

脾氣壞有時候跟無知和狹隘確實有關係，並不單純是因為性格直。

在飛機上遇到小孩吵鬧，確實會煩躁。有些人會覺得「為什麼你不把小孩給管好」、「你幹嘛讓小孩坐飛機」。之前在網路上看到，有個媽媽為了不讓孩子在飛機上吵鬧，自律到給孩子餵安眠藥。這種做法確實有些極端。其實家裡有小孩的人都知道，把孩子教育得再好，他也有失控的可能，可能在飛機上就恰恰是那個失控的時刻。

僅僅是想到這個可能性，我們就不會那麼煩躁。

更何況大多數時候對於孩子的吵鬧，父母沒有隨他胡鬧，而是主動哄和抱。

家裡的「極品」親戚、身邊的「奇葩」朋友，他們之所以被諷刺為極品和奇葩，並不是因為他們天生這樣，或者主觀意願上這樣，或許是因為他們受的教育太少，或許是因為他們的自省能力太弱，所以才有素質低下的表現。

我有個親戚，碰見家裡年齡大一點的女孩就要問人家的婚戀問題，若放到網路上肯定會引來一番謾罵。但是後來我和她聊了幾句才知道，其實她並非想要干涉後輩的私生活，而是她覺得自己什麼都不懂，又沒辦法聊工作，所以只能從婚姻這方面表示關心。

如果不讓她問這個，她真的不知道說什麼。

所以無論接受不接受，都不用因為這種事情難受。更深和更廣地去理解這個世界，就能從根源上防止負面情緒的產生，這個方法不同於負面情緒來臨以後的消化和壓制。

根本區別在於：你本來就沒有生氣，所以根本無須控制。

第三個關鍵字：邊界。

我媽想在老家買一套新房，我舅舅覺得沒必要花這個錢，打電話給我媽勸說，但我媽又不聽。你說我舅舅是不是很難受嗎？

其實我也不同意在老家買房，老家的房子不保值，錢花出去就是純消費，而我們一年到頭就在老家住一個星期，一天都不會多住。正月初五之前通通走光，大家都要回去上班。所以，我跟我媽說，不如把原來的房子裝修一下就好了。

我媽說，擁有一套屬於自己的新房子，是她這輩子最後一個夢想了。

聽到這句話，我只能乖乖掏錢給她。

此時我舅舅也打電話來，要我勸著我媽，別讓她花錢去買那些不保值的房子。

我能答應我舅舅嗎？我不能，於是我舅舅又更難受。

從小到大，我見過無數次這種「為你好」的勸說，見過許多人與人之間的控制和強迫，從而得出結論：越想要干涉對方世界的人，越容易感受到挫折。

當你看不慣他人，或者他人沒有按照你所謂的「更好的方法」去做，你就會難受。

我閨密是個很有品位且時尚的女孩，交了一個男朋友。覺得他穿衣服很土，於是就一直致力於改造自己的男朋友。但是男朋友總是表現出很反抗的樣子，她就很傷心、很生氣，明明只要稍微注意一下，就可以更好看，為何就是不聽？但當你想控制他人，就有失控的可能，然後就會有產生負面情緒的風險。就連父母對孩子的管教也要想得開。

其實我這個閨密自身就深受其苦，父母一直強烈要求她考博士，但是她讀書讀到都噁心了，研究生還沒讀完就出來找工作。到現在，她父母還為她的大逆不道憤憤不平。

每個人都有自己的自由，只要在不傷害別人、不觸犯法律的底線前，他做什麼都可以。——這句話是我的人際交往座右銘，記住它，就能少生氣。

要成為那種有「邊界感[20]」的人。在大街上，看到別人的奇裝異服不用大驚小怪，更不用去感歎什麼世風日下、有傷風化。在家裡，即便家人沒有順從你的心意也不必鬱鬱不平，我們本來就沒有權利去干涉他人的人生。交朋友，你對人家好，並不見得人家也要對你好，你對她好是心意，她對你壞是自由，所以沒必要因為得不到回應就心生怒氣。在網路上，看到有人發一條與你價值觀不合的言論，也沒必要去評論去抨擊，在自己的社群媒體上發自己想發的內容，本來就是他人的自由。

年輕的時候，懂得人與人的邊界，可以活得更開放，心境更廣闊。老了也不會成為討人厭的老年人。

第四個關鍵字：高人一等。

之前我被邀請去一所專科學院做講座，現場我問同學們：「你們想聽一些考試的方法，還是公眾表達的技巧？」言下之意，你們選哪個，我就講哪個。

大多數人都選擇了聽考試方法，所以我就跟大家分享考北大的一些心得。結果我講到一半，一個男生站起來質問我：「你為什麼要講那些跟我們無關的東西，難道你不知道我們是專科院校無法考北大嗎？你講這些除了讓我們感覺到你很厲害，有什麼用呢？」

第一排聽得很認真的女孩子站起來為我辯解：「這是我們自己選的」。她可能真的為我感到委屈，差點哭出來。我趕緊讓她坐下，自己來解釋和致歉。

結果沒想到的是，就在我說抱歉的過程中，那個男孩繼續和別人交頭接耳，而且很粗暴地打斷了我的話，在座位上擺了擺手說：我不想聽這些跟我無關的東西。

OK，於是我就閉嘴了。我繼續講原定的內容。沒猜錯的話，他其實只是想站起來發言，我全程講什麼，他始終沒有聽，從坐下開始就一直在和前後左右的人聊天。結束以後，陪同我來的工作人員怕我生氣，還來安慰我一句，說每個學校都會有素質特別差的孩子。

我說，我沒生氣。

她們都不相信。她們跟著我一起經歷過許多這樣的事情。

還有一次在某個學校辦新書簽名會，現場有個女孩站起來說：「我很喜歡你的書，對

20 指對界限的判定與重視程度，不僅是身體上的距離，更是內在的情緒感受。

比一些小鮮肉的騙錢書，你的書有價值多了，你怎麼看待那些靠臉出書的人？」

我還來不及回答，有個女孩子就忽然站起來，氣憤地開始反擊：「我很喜歡××的書，雖然他就是你們所說的小鮮肉……」接下來就是好長一段表白。

既然她自己反駁了，我就沒有多說。我本來想說，「鮮肉」這個詞不太好，其本身帶有貶義，即便不喜歡某個男明星，我們也不要這樣稱呼他。活動結束以後，主辦方來向我致歉說：「不好意思，會場上那個孩子不大禮貌，佔用您這麼長時間」。

其實我當時是很驚訝的，原來這樣的情境下人應該生氣，為什麼我一點感覺也沒有？

我還是沒生氣。

所以許多主辦方都說我人好，是他們見過最好接待的作者之一。

但是我自己後來想了一下，我沒生氣，不是我人好，而是我自認為「高人一等」。

為什麼朋友做錯事情我們會生氣？因為在我們心裡，我們和朋友是平等的，我尊重你，所以你對我的尊重一點都不能少。但是我們很少見到大人會因為一點小事去跟孩子生氣，對嗎？不只是父母對自己的孩子，就算對別人的孩子，也不會因為一點小錯誤就斥責怒罵。原因在於大人在孩子面前有一種「高人一等」的心態：我比孩子的年齡大，我比孩子的見識多，我比孩子的素養好，我比孩子的心胸廣。所以我不會跟孩子一般見識。

我很少跟人生氣，原因是我覺得我比對方的見識多、素養好、心胸廣，看到他就跟看到一個孩子一樣。就像講座中站起來的那個男孩。

他其實根本就不懂，學習方法這種東西可以轉換套用，即便不考試，也不是沒用。他的這種自我的狀態，跟一個小學生沒有差別，他只能從自己的角度想問題，覺得我不喜歡，所以就不可以講。所以你有什麼好生氣的呢？

一個成年人跟一個孩子對罵，罵得面紅耳赤，不可取，也很可笑吧。

確實有很多成年人就是所謂的巨嬰。他們在成人的軀殼裡，做著六、七歲的孩子才會做的事情，讓你幫忙卻不知道說謝謝，並且認為是理所當然；搶你的東西也不會感覺不好意思，這些行為跟穿開襠褲的小孩真的沒有區別。

包容，都是自上而下的。

所以不假設和對方是平等的，以及去想像自己高對方一等，你會變得更包容。

第五個關鍵字：更大的世界。

我不愛生氣這一點，並非從小就是如此，大概是高中以後，我忽然覺得世界遼闊，人的喜怒哀樂都很渺小，從此我就變成了一個平靜的人。

十五、六歲的時候我出門買雜誌，學校門口雜誌攤的老闆娘少找錢給我，當時站在那裡覺得無比氣憤。明明我遞給她錢的時候，手裡本來就握著幾塊錢，她怎麼能說那是她找給我的錢呢？但是跟她爭執了幾句之後，我就迅速鎮定下來。

我想的是，這個人可能一輩子都離不開這裡了，如果她的眼光能長遠到犧牲眼前的一點小利益，去維護一個長期客戶的話，她就不會站在這裡賣雜誌。而我還有很多重要的事情要做。跟她吵架十分鐘拿回那幾塊錢，不如現在馬上跑回自習室去練習幾道題目。

所以你看，生活當中那些不愛吵架的人，未必胸襟寬廣、脾氣好，只是他們想去或者擁有一個更大的世界。而被一點小事就牽動情緒的人，往往活得非常狹窄。但是如果你的世界夠大，你會發現牽動你情緒的那一點，在你整個世界裡面佔據的比例太小，小到它就算消失，你也不會有事。

很簡單的道理：你見過了大海，就不會為池塘的事情煩惱。

這個方法聽起來很空，但是真的特別有效。

我每次失戀，也會忍不住躺在床上哭，但是哭一會兒就會告訴自己必須要出去走走，我會約很多朋友聊天，尤其是那種優秀得不得了的朋友，一聊就會發現，這個人去環遊世界一趟了，或是那個人的公司市值已經做到幾個億。回來以後感覺自己彷彿井底之蛙，不想著怎麼爬出井底，反而因為錯過了一片雲而傷心。不值得，也不重要。

這個方法被我稱為「失戀黃金治療法」。手動擴大自己的世界，讓自己關注的事情更多也更廣闊，從而使得牽動自己情緒的事件比例變小，然後再去消化和忽略它。

我會儘量避免獨居。一個人住幾年，你就會發現自己的各個感官都會變得非常敏感，對很多小事的感受會放大。因為沒有充分的社交，沒有舒服的親密關係，長期關注自己，就會導致很難去消化一些情緒。

長期專注在一件事情上，也會導致消化情緒的能力變差。

最典型的案例就是高三學生，你可以去調查一下高三學生，就會發現有相當大比例的學生心理不健康，他們敏感並且容易情緒失控。原因就在於他們整整三年時間都沉浸在

「學習」這一件事情裡，不允許戀愛、不允許看課外書，也沒有時間和朋友玩耍，那麼一旦學習發生一點不順利，整個人就會崩潰。同樣的道理，如果你的世界裡只有一個人，例如戀愛對象，只要他背叛了你，你就會崩潰，他隨隨便便一句話，就會傷害你。

所以我們一定要避免把自己全部的人生都交付在一件事情或者一個人身上。

你應該——

交更多的朋友；

見更大的世面；

有一個更遠大的夢想。

尤其第三條非常有用。超出眼前的世界，去看更遠的未來，去更遠的遠方，當你有這樣的信念，就不會因為有人踩了你的腳而花時間生氣，或者停下與他爭吵。

第六個關鍵字：發洩。

兩個人之間發生了不愉快，是不是坐下來把心裡話都說出來就好了？

之前在綜藝節目裡看到小S和蔡康永聊到這個話題，小S說，說出來不一定好。

螢幕前的我和我朋友都很有默契地點了點頭。

好多話本身就是矛盾的來源，說出來以後只會激化矛盾。

看過這樣一個故事：

女孩感覺男友最近情緒不好，總是心不在焉，著急吵架之餘，學習了一些溝通法則，於是決定和男友坐下來聊一聊。女孩對男友說：「有什麼話你就說出來，我們一起想辦法解決。」男友吞吞吐吐了半天之後，終於吐露了心裡話：「我對你沒有感覺了……」女孩火冒三丈，然後又是一頓乒乒乓乓的吵鬧。

在說出「心裡話」的時候很容易經歷這樣的尷尬：說好了不介意，只是想彼此坦誠，但是坦誠的過程中臉色越來越綠，發現問題比想像中還要嚴重，於是更加失望和沮喪。

後來我做出總結：心裡話，不能全說。

千萬不要燈光一打、氣氛一好，情緒一上來，稀哩嘩啦地什麼話都講，美其名是「交心」，實則只是為了說個痛快，結果造成了不可挽回的傷害。沒有哪兩個人是完全一樣或者完全契合的，有些話一輩子不說，也能相安無事、彼此相愛。若真的打開天窗說亮話，恐造成截肢傷殘也不一定。

為什麼有些人感覺話說出來就好了？實際上把話說出來是一種發洩。

一般能有這種感受的都是在關係當中處於弱勢的那邊，或者本身性格內向、木訥、多顧慮的人。對這種人來說，一次說到底，是一種克服自我的愉悅體驗。

有了壞情緒發洩出來，也是一樣。

發洩情緒，本身是消化情緒的好方法。但我覺得這個方法應該是最後一招才對，無法阻止情緒的產生，也無法用溫柔的手段化解，最後只能發洩。

大哭一場、大吃一頓，或者跟人大吵一架。這種發洩都是單方面的愉悅，所以在使用發洩這種方法的時候，最需要注意的就是千萬不要傷害他人。發洩的時候情緒不受控制，表達方面就會有很多失誤，可能責怪了愛人、羞辱了孩子，發洩完後，你覺得心情變好、變開心，但是忽略了他人的感受，傷害了彼此之間的情分。

所以，發洩情緒並不是隨便說，也不是隨便做，更不是隨便哭。

我總結一下絕對不能說的兩種話：

第一，評價對方人格或性格的話。

「你就是個窩囊廢」、「你性格有缺陷」、「你連這點小事都做不好」、「你就是沒用的人」，這種都是給人貼標籤的話。吵架結束了，但是你對我這個人的否定，你對我的看法，我永遠都忘不掉。原本只是因為一點小事吵起來，卻造成了永久性的傷害。

第二，否定感情基礎的話。

「我早就受夠你了」、「其實我從來沒有喜歡過你」，這種就是屬於否定感情的話，會讓對方有極大的不安全感。類似的還有「我跟你在一起非常無趣」、「我每天都不幸福」等等。如果你在我身邊並不快樂，或者你從來沒有喜歡過我，那麼，你隨時都有離開我的可能。我以後可能無法放心地和你在一起了。

負面情緒太多，會嚴重地消耗你的意志力。因為某一件事情感到憤怒和沮喪以後，常常會感覺身體被掏空，實際上就是精力燃燒殆盡的表現。

情緒本來就在消耗你，控制情緒再次消耗你，控制失敗之後引起的不利反彈，更是進一步消耗你。

沒有成為父母的傀儡，沒有成為他人評價下的懦夫，我們更不能成為自己情緒的俘虜。當你被情緒綁架和控制，你會失去行動力，也會失去幸福的能力。或許我們不能成為情緒的主人，控制它和駕馭它。但是我們可以成為情緒的朋友，認識它並熟悉它，然後和自己的情緒和平共處。

只要成功六次，你就能成為有自信的人

經常會被人問這樣一個問題：你自卑過嗎？

當他們看到我在臺上講得酣暢淋漓，彷彿坐在自己家客廳一樣自在的時候，他們會好奇，我是不是一直都是這樣，不懼怕眾人的目光，自由自在、自信昂揚？

答案：當然不是。我肯定自卑過。

初中的時候最自卑，那種自卑不是緣於我比某個人差，而是我和所有人都不一樣。

我上體育課從來不穿運動鞋，因為捨不得買。

我哥更慘，讀高中的時候全班同學都有羽絨服可以穿，他沒有。這不是冷不冷的問題，而是自尊的問題。所以回家以後，他和我媽反映了這個問題，我媽表示很重視，於是去鄉里收集了一些鴨絨，動手給我哥做了一件。

且不說那件羽絨服的款式是否好看，我媽為了做一件能穿一輩子且保暖的羽絨服，弄出一件XXXXXXL號，長度直接從脖子後頸垂到腳後跟，我哥穿上後自尊心只會更受傷。

所以他就硬生生凍了一整個冬天。

這樣的場景我們經歷過太多次，所以不自卑是不可能的。這種自卑會體現在生活的許多細節上。比方說，沒有勇氣去主動開啟話題，因為害怕沒人接話；室友被老師罵哭了，其他人都圍上去安慰，我不敢去，我怕我說錯話她只會更生氣；朋友中有人不高興，我覺得一定和我有關係；喜歡一個人時，簡直低到塵埃裡。

好在這樣的自卑在我身上不到兩年就散了，我憑藉自己的努力考上了一所不錯的高中，鬥志昂揚地開始了我的北大之戰。

所以現在人們會問我「你自卑過嗎？」而不是「你自卑嗎？」

因為我看上去確實不像是會自卑的人，我早不是那個會敏感地觀察他人眼神和臉色的小女孩了，我已經不會因為一點小事情和小挫折就去否定自己。

我像一棵參天大樹，不會因為風吹草動就自毀根基。

回頭再去分析，自己為什麼會自卑呢？

總結來看，大致有這幾種原因。

第一，有可能我屬於天生就比較敏感的人。

也就是說，遺傳因素會讓人敏感。心理學家在新生兒身上做過一個實驗：讓新生兒用吸管去喝水，然後把水的甜度增加，發現有些新生兒對變化有反應，有些沒有。過了兩年，再去觀察這些小孩，那些對水的變化反應強烈的嬰兒會比其他的小朋友更為敏感。

像我爸就比較敏感，我若問我爸還有錢嗎，我爸會說，「你為什麼要查我的帳單，我沒有亂花錢」。他很容易想太多並過度揣測，我很有可能遺傳了這種敏感性。

第二，原生家庭和外界評價會讓人自卑。

有些小孩真的很不幸，從小到大都被否定。

小嬰兒根本沒有認識自我的能力，他們無法給予自己客觀公正的評價，對自己的認知是由周圍人的評價所形成。父母就是其中最大的權威，所以若父母說他壞，說他不優秀，說他沒用，他會照單全收並且深信不疑，因為沒有其他更權威的方式讓一個孩子給自己下定義。在充滿否定的環境中長大，很有可能會成為一個沒自尊又沒自信的人。

不過我的家庭恰恰相反，我媽很擅長誇獎孩子，她會找到各種新奇的角度來讚美我們三個小孩。我們在學校考了好成績，她會誇我們優秀；學習不好，她會誇我們不搗亂；跟其他小朋友打架，她會誇我們真會打架，打架打輸了，她還會誇我們有風度；但是這種教育方式也隱藏著自卑的前因。

有時候自尊心被父母保護得太好，會以自我為中心，常有優越感，覺得自己最棒。這種幻覺早晚有一天會被外界打破，正是因為過去被保護得太好，那種自信其實帶有某種程度的虛假，所以更容易受到衝擊。你會遇到更強的人，或者你會遇到其他權威給予否定的評價，被潑了冷水以後，自尊心很容易坍塌。

接著就會開始過度關注他人的態度和看法，一下子完全失去自我，開始自卑。

第三，在成長過程中，從心理學角度來講必然有一段敏感期。

我覺得這個原因更能解釋我的自卑。

我的自卑從青春期開始的時候一併出現，在青春期還沒結束的時候就消失了。從生理上來說，我們的大腦在青春期會經歷一段獨一無二的發展時期，其中的變化會讓我們的青春期變得特別起來。

首先，我們會更容易受到負面情緒的感染。其次，我們的大腦會渴望探索和社交。所以相較於小孩和成年人，青春期的我們更加敏感，做事的動機也更強烈。

這就可以合理解釋許多人在年少時的自卑感，就我的觀察，幾乎所有人都會有這麼一段自卑期，都會經歷一個從特別敏感的階段到脫敏的階段，從一個過度在意外界變成隨他去的心態。這不只是我們在心理上的成熟所導致，和大腦的變化也有關係。

當我知道了這一點之後，我很輕易地接納自己的敏感和自卑，因為並不是我一個人如此，而是幾乎所有人都如此。

第四，積累的成就感太少，也會缺乏自信。

有學者曾經在老鼠身上做實驗。一般來說，老鼠的世界有地位之分，當兩隻老鼠狹路相逢時，看起來較小、較弱的那個會習慣性先退讓。

有一隻小老鼠在外力的幫助下，逼退了比它地位更高的老鼠。這種成功經驗重複了六次以後，小老鼠的大腦結構就會發生改變。以後在沒有外力的幫助下，它也會勇敢地向地位更高的老鼠發出挑戰。它不再像以前一樣消極、怯懦、後退。

作為人類，你成功過幾次呢？

學生時期判斷一個人能力的唯一標準，就是學習成績。可是學習成績好的又有幾個？一次又一次考試失敗，證明了你是個失敗的人，不被周圍的人認可，也沒有其他機會和領域可以去證明，如此一來又如何去建立自信？

在作為學生的十幾年，許多人沒有積累過任何成就感。終於長大後闖入社會，懵懂無知、賺錢無能、怕老怕病，嘴上每天說的都是買不起和做不到，更沒有成就感可言。

所以如果一個人此生當中都沒有成功地做過什麼事情，又怎麼能擁有自信？

我小學的時候覺得自己是天下第一，父母誇讚，老師也喜歡，成績幾乎保持在前三名，考第二都會生氣。在那個階段，大腦被塑造成自信的模樣，優秀成了所謂的習慣，你曾經做到過，你知道那種感覺，你經歷過做到的過程，所以你覺得自己還能再做到。

青春期時卻自信受挫，發現自己什麼都不是，便迅速自卑起來。但自信的恢復也是從做到了某些事開始的，我努力學習、逆轉成績，成為同學眼中那個創造奇蹟的人。

到現在我仍會遭受到一些冷淡對待。自己越強大，遇見的人就越強大，難免也有自慚形穢的時刻，這時候我就告訴自己，要加油啊，你曾經克服過許多困難，你也做到過許多不可能，你有證據證明自己辦得到。

第五，比較和自我否定。

朋友問我怎麼樣才能有自信的時候，我會說「賺點錢吧」。他們會笑我開玩笑。

其實我想說的是，錢確實不能帶來自信，但賺錢可以帶來成就感。最終形成自信的原因，不是帳戶上有多少錢，而是我所得到的一切都是我自己親手奮鬥而來。千金終有散盡的一天，但是我曾經做到過這件事情，這個事實永遠不會改變。

除此之外，還有一個原因。

帳戶上有第一個四千萬的時候，我的心態發生過微妙的變化。我算了一筆錢，買幾份保險，把錢放銀行存起來收利息，按照我的低消費水準，只要不打仗，沒有災難式的通貨膨脹，我能花到一百歲。意識到這一點以後，人會越發變得無欲無求。不用指望有誰能成功，也不期待獲得本來就不屬於自己的東西，不需要特別的機會。

我擁有的已經足夠了。這種感覺在社交中表現出來的就是篤定和自信。

《簡愛》裡也說過，「雖然我貧窮，但是我和你是平等的」。

可是當你有求於人的時候，很難坦蕩地說「我和你是平等的」。

畢竟生活中讓你向人低頭的不只是攀爬的欲望和索取的念頭，還有磨難本身。金錢代表了生存資源和對生活的控制力。我有個阿姨，有錢以後說話都變大聲了。

你可以想像在一群猴子中，有一隻猴子率先囤積了足夠的食物和生活物資，別的猴子都在拼命尋找食物的時候，在互相討好祈求資源的時候，牠不用，牠知道自己的物資足夠且被規則保護，誰都不能搶。你說這隻猴子會不會比較有自信？

而自信的關鍵不是擁有得多，或者比別人多，而是「足夠」。足夠感是自信的來源。

我在看到朴樹和竇唯這類人的新聞時就經常感慨，其實自信不是看上去神采奕奕和氣勢強大，而是一種保全自我的從容。而毀掉這種從容的就是比較。比較之後的欲求不滿，會讓人自我否定。如果一個人想下地獄，那就去跟人比較吧！

若那隻擁有了足夠資源的猴子看到別的猴子擁有的東西更多，比較之下，估計要開始埋怨自己，為什麼胳膊不長粗一點、不跳得快一點、不跑得更遠一點。

一旦開始比較，就談不上自信了。

以上就是容易引起自卑的原因。

我很感謝自己經歷了一段自卑的時光，讓我重新去思考「自信」兩個字，讓我知道自卑並不是純粹的壞事，它的存在亦有意義。

大部分人都過於在意自信這件事情。好像一個人不自信到發亮就不夠優秀，好像培養出的孩子不是那種自信心爆棚的就算失敗，好像一個人只要不自信就什麼都做不成。做什麼事情失敗了，都能歸因於過於自卑。

自信是成功的必備條件嗎？

不是。

自卑一定是成功的障礙嗎？

不是。

或許自卑才是自信的開始。

電視名嘴白岩松曾說：「在我的身體裡，自卑心理是非常明顯的……任何一個事交給我的時候，我都在想，我能把它弄好嗎？然後你就會比別人多用十二分的力氣，因為你怕弄不好，你覺得可能弄不好，你用非常大的力氣，你非常沒有自信，然後你就做了，天道酬勤，每弄好一件事，就會回頭給自己一份自信……」

沒有深度自卑過，就不會有刻骨的拼命。

因為被嘲笑口音，所以我才會在沒人的時候照著拼音一個字一個字地練習，直到把普通話說得標準。因為總怕自己被人看輕，所以那時候才有那麼大的毅力把事情做到最好，去做最優秀的那個人，去爭那個第一名。

度過了那段時光之後才發現，其實那時候，不是因為自己太差了才沒自信，我並不差。也不是非要改造自己才有資格擁有自信。

我也曾因為自己不夠漂亮而有些自卑，也曾以為只要減肥成功、整形變美，就可以很有自信。可是到現在我仍然算不上漂亮，甚至還有點胖，每次去錄《非你莫屬》都要被涂磊老師說一頓，用他的話來說，我的造型一直不變，體形也一直不變。

但我很喜歡自己，並不覺得這是令人羞愧的缺點。所以，如果想要變得更自信一些，最差勁的方法就是和自己的缺點沒完沒了地鬥爭。

你越不放過，越不能贏。

自信的來源是什麼？外部回饋和自我認可。

日本一檔綜藝節目裡曾講過這樣一件事。

二十一歲的女生kyouka自卑、內向，走到哪兒都戴著一副口罩。然後，在沒有整形也沒有改變其他任何條件的情況下，在被輔導老師連續讚美五十天之後，她居然變成一個自信開朗的人。摘掉了口罩、化起了淡妝，與人交談不再閃躲，像變了一個人。

外界給的回饋是建立自信的基礎之一。幾乎沒有人可以在不被任何人肯定的情況下，憑空建立自信，他人如同鏡子，如果每一面鏡子都把你照得很醜，再好看的人也會懷疑自己的美貌。

怎麼從外界得到更多的正面回饋呢？畢竟別人的嘴巴要說什麼話，我們無法左右。分享幾個從我的經驗裡總結出的方法。

第一，劃定能力範圍。

我們對自己的誤解源於不瞭解，不知道自己擅長做什麼、不擅長做什麼，所以一直都在不擅長做的事情上受折磨，漸漸地就越來越低迷。你必須能夠清楚地劃分什麼是你想做的、什麼是你能做的，千萬不要把想做的當成能做的，否則就會反覆受挫。

劃分好自己的能力範圍，不僅僅是為了成功，也是為了自信。

我之前學財務的時候，一直不如我的一個朋友，她在把每一項數字歸類放到表格裡的時候，都帶著一種心滿意足的表情。而我看到數字和報表就煩躁，所以我上課時聽得沒她明白，考試也考不過她，那陣子是真的很鬱悶，就覺得是不是自己不夠努力，或是學習能力下降。直到我轉去學習法律，才得以發揮自己的優勢。

幾乎所有的戰略書都會提到這一點：**做事有取捨，著眼於優勢。**管理大師也反覆提及，如果想要過上自信和幸福的生活，必須找到自己擅長的甜蜜區，在那個區間裡去充分實現自己的價值。

這些道理都是對的。在更有優勢的地方成長，更容易成功。

這就是劃分能力範圍的第一個好處，能讓你得到更多成功的回饋。

第二個好處是可以幫助你轉移關注的焦點。

如果你問一個女孩，在照鏡子的時候首先看到的是什麼？一定是自己臉上的缺點。我在女生寢室的時候，每天都能聽到這樣的抱怨，「我的鼻子太大了」、「我太黑了」、「我一定要去整形，割成雙眼皮」。對缺點關注得越多，對外貌越缺乏信心。

這是我們的習慣：在所有的事情中，對於做錯的最為敏感；在所有的特點中，對於缺點最為關注；在所有的朋友中，不喜歡我們的那個反而佔據我們最多的心思。

劃分能力範圍以後，就可以把目光轉移到自己的優勢上。

我前面說過，不要總覺得把所有缺點都克服才能有自信，專注優勢、發揮特長，就能完成蛻變的過程。

劃分能力範圍的第三個好處，就是更容易接受範圍外的失敗。

我在創業過程中特別清楚自己的優勢是什麼。我很擅長捕捉一個機會，然後帶人全力以赴地衝上去，但是精細的流程管理方面就有所欠缺，更不擅長處理員工關係。

有個從事諮詢工作的朋友來我公司轉了一圈，跟我說：「我覺得你的員工都有點怕你。」我不否認，或許這是事實。一來，上下級關係本來就會導致員工和老闆之間的疏離，二來，我並不擅長跟他們培養感情。

我只能跟自己說，帶大家完成更多的目標吧，然後在其中培養出共事之誼。

而我朋友則是一直強調幫派意識和兄弟之情對於初創公司有多重要。我每次都不禁感歎，如果我不是一個清楚自己能力範圍的人，該有多麼焦慮？

就跟我那時候參加完《超級演說家》比賽以後一樣，好多朋友都在我耳邊催促，趕緊去創造下一個人生高峰，不然大家就會忘記你。

他們以為我不想嗎？可是人生本來就不是一峰更比一峰高，而是連綿起伏上下跌宕，這很正常。當有許多人對你指點，可是你卻做不到的時候，那些指點在你眼中就變成了指指點點，你就會特別焦慮。

可是如果你能分清楚什麼在能力範圍內，什麼在能力範圍外，就可以倖免於難。

我聽完朋友的建議會想，她說得對，可那是我想做的，不是我能做的，所以我會努力做，卻不必難過。能力圈以外的事情沒做好，可以再去嘗試，也可以去學習和研究，或者可以放棄，等轉移到自己的能力圈以內再去努力。

透過這樣的劃分，在評價自己的時候會變得更理性，不會盲目地自我否定。

第二，重視成長性。

今天的失敗只能證明我「今天」不擅長做「這件事情」而已。

從範圍上，我承認我在做這件事情甚至這類事情上是不行的。

從時間上，我承認現在的我能力不足，所以不能勝任。

但是我可以透過學習去培養這方面能力，多幾次嘗試和經驗積累之後，未來再去挑戰這類事情未必不行。畢竟每個人都是可以改變和成長的。我之前寫過一篇文章，就說到這件事：**我們可以否定今天的自己，但是不要否定未來的自己。**

失敗的時候要想，只是我努力的範圍不對，或者時機不對罷了。

現在做不到，也沒什麼好自卑的。

比如我本身不擅長演講，但是透過學習掌握了演講的技巧，可是辯論卻在我的能力圈之外，直到今天，我都不擅長及時應變。

重點是，接下來應該怎麼辦呢？——變換自己的行為模式。

不同的行為模式會產生不同的結果；別人的行為模式是正確的，所以輸出了成功的結果；我的行為模式是錯的，所以輸出了失敗的結果。或許是因為我學習得不夠，或許是我努力的方法不對，只要我把錯誤的行為模式轉換成正確的，就有可能改變結果。

所以當我失敗的時候，我不會覺得我這個人不行，或者我未來沒有希望。我會想：正確的行為模式到底是什麼？別人是怎麼做的？別人和我的差別在哪裡？

這樣就不會因為經歷了失敗和否定而自卑。

「淋雨實驗」這個方法，是我在下雨的時候想到的。

小時候媽媽總是灌輸我們這樣的觀念：不能淋雨，淋雨會感冒。所以下大雨沒帶傘，就會著急，就要等待。但其實淋雨本身沒什麼可怕的，淋雨不會死，就連感冒的機率都很低。有一次我衝入一場豪大雨裡想試試看淋雨，發現這個過程也可以很平靜。不著急，電腦已經被我套在塑膠袋裡不會濕，衣服我可以到家以後就丟進洗衣機，所以慢慢地走回家就好了，反正人也不可能濕透兩次。

我們對淋雨這件事情的恐懼和排斥，遠遠超過了這件事情的嚴重程度。好多事情和淋雨是一樣的道理。我上初中的時候不敢在公眾場合說話，生怕因為沒人回應而尷尬。由於我們把這件事情想得太過可怕，從此以後真的就越來越不敢說了。

但沒人回應你的話，真有那麼可怕嗎？

有一次我開口和喜歡的男生說話，他的反應如我所想，不冷不淡，那一刻我覺得也沒什麼，他不理我並沒有比我之前想像的更難受。

我就笑自己，為什麼每次發訊息之前都那麼緊張，這也沒什麼嘛。

尤其是帶著實驗的心態去做的挑戰，觀察的視角會讓你變得冷靜和理性。

我們常說，觀念會改變行動，但是行動反過來也可以改變觀念。

真的去做一次，會發現好多事情並非如我們所想的那麼可怕，還有一些事情和我們想像的根本不一樣。我經常用這招勸自己，要主動開口和人說話，實踐之後發現，大多數時候對方的反應是熱情的。慢慢地認知就改變了，這世界對我沒有那麼冷漠。

正確認定責任。

小時候媽媽總是跟我們說，凡事從自己身上找原因。

長大後我們變成了一個只會從自己身上找原因的人。

敏感自卑的人都有這樣的習慣，只要出錯，問題就在我。

這社會有時候也很殘酷，人們更喜歡在弱者身上找原因。

讀小學的時候我們班上有個女生總被男生欺負，於是跑去老師那裡告狀，老師說：「為什麼他只欺負你，不欺負其他人？」

一個女人被家暴，周圍人卻說「你老公肯定不會平白無故就打你。」這種思路有毒。

後來我遭遇校園霸凌的時候，也想起過這句話：為什麼她不欺負別人，就欺負我？肯定是我什麼地方做錯了。

跟人起衝突，永遠都在反思自己。第一反應是：我是不是說錯什麼話？

被人批評和責備的時候，想的是：她說得對，確實是我做得不好。

朋友背叛我，曾經很要好的人來傷害我，我會覺得是我的性格不夠吸引人。

幸虧我沒有繼續抱著這樣的想法長大，不然很難成為一個自信幸福的人吧。

朋友看《小歡喜》看到痛哭流涕，她說她媽媽就是宋倩，但是她不是英子。她父母離婚之後，父親再娶，後媽生了弟弟，重男輕女的父親對前妻和女兒不聞不問，母親很好強，天天對她耳提面命要爭氣。但是她學習成績真的很一般。她說：「媽媽打量我的時候，感覺好像在看一件失敗的作品。她沒能揚眉吐氣，沒能活得幸福，多半的原因都在我」。

但其實父母和孩子本身就是分離的個體，怎麼可以把自己的幸福寄託在另一個人身上呢？哪怕這個人是家人。

《心靈捕手》裡的那句臺詞，真的很動人。

「這不是你的錯。」當心理醫生跟威爾說出這句話的時候，他哭了。

學會合理地認定責任，才能更有勇氣去面對真正的錯誤，而不是一味地陷在自責裡。

當錯誤和衝突發生的時候，至少要去想四個問題：

我的責任是什麼？我做對的地方在哪裡？他做錯了什麼？他做對了什麼？

這個方法可以稱為「枕頭法」。

問題常常像枕頭一樣有四個邊，但是你的頭腦應該不偏不倚地放在最中間。

我曾跟合作夥伴起過一次衝突。熬夜做出來的東西發到群組裡，對方回覆我：「以下三點改掉：第一、第二、第三……」我看了心想，你是我的班主任嗎？還是我媽？我們只是合作關係，沒有什麼甲乙方之分。尤其回覆我的窗口還是一個年齡很小的人。

熬夜後，人的自制力會變差，我說：「你說話前能不能加個請字」。

他很氣地說：「這就是我的工作，我沒有錯」。

其實說完我就後悔了，他只不過是一個為老闆打工的小孩，哪裡會為什麼合作關係去考慮，哪裡會為將來考慮，我何必跟他計較這些。

以往想到這裡，事情就結束了，這種衝突一般以自責結束。但現在我不會這樣了，我知道他的責任是什麼，我的責任是什麼。

我的責任是可能我給出的東西真的不夠好。而他，即便是對待一個非合作關係的正常人，語言也過於生硬了。他不懂得說話的技巧，打字是看不出表情和語氣的，也無法根據對方的心情去調整，所以有時候過於簡潔就感覺不客氣。

他做對的地方是專業，該表達的都表達了，非常到位，沒有錯誤。

我做對的地方，是發生衝突之後迅速做了善後工作，保持了合作關係。

這些想法都是在大腦中一瞬間閃現的，但是足夠讓你不沉浸在「我沒有風度，我是不是太矯情」這樣的內心聲音當中。

去喜歡和誇獎他人。

這個方法不僅可以改善自卑狀況，而且可以提高生活中的幸福感。遇見的人哪怕不那麼喜歡，也要找出喜歡的某一個點並且表達出來。沒有人的身上是完全不存在優點的。

當結果令人不滿意的時候，可以去想過程中是否有值得肯定的事情。當行為不對的時候，未必心意也是錯的。堅持去讚美，生活大不同。

你的話首先會塑造對方，當對方收到你的誇獎之後，並不願意失去它，所以就不會做那麼多令你討厭的事情。從心理學上來講，人更容易喜歡喜歡自己的人。漸漸地你也會得到他的回饋，他也會表達對你的喜歡和讚美。

所以這是一件雙方都有好處的事情。

我總結了許多讚美的技巧，在本書的其他文章裡都有分享，記得查看。

在與自卑和自信相處的這二十餘年裡，我最大的感受是，**自信是流動性的，它並不是一個恒定的存在。**

再強大的人也會自卑，再強大的人也有自卑的時候。

重要的是我們需要有跟自己說理的方法，需要留存一下自信的證據，對自己能夠說服和引導，最厲害的是能夠自我鼓勵。

和自己對話，並且深信自己說的話，這樣的你才打不倒。

Chapter Five

社交篇

我們之所以能夠擁有想要的人生，能做成某一件事情，
都是需要付出代價，都是需要去謀算策劃。
想得越多，麻煩越少。

○◒◒● 提供社交價值，你就是一個值得交往的人

社交焦慮一定會在某個年齡階段發生。

我的這個階段發生在二十歲左右，初入社會時，發現自己沒有融入圈子的能力。人群當中有不少人都像我這樣，與人交流毫無問題，看上去也比較開朗，但實際上性格偏內向，有輕微的社交恐懼。

我那時候最怕的就是「社交場所」。大家分明都不熟悉，但是卻要裝熟的樣子，滿場說的聽的都是客套話，一片假熱情。

每當這個時刻我都特別尷尬，觥籌交錯中說不上話，也不知道怎麼接話，最恐懼的環節就是輪流敬酒，什麼時候站起來？該不該站起來？站起來說什麼？這些問題會讓我坐立不安。

社交焦慮由此產生。我並不喜歡社交，但是又覺得很有必要。有焦慮的地方，就有「雞湯」。

其中一類雞湯說：如果你不夠強大，你的社交都是無用社交。你要先有用，社交才有用。等你強大了，就有人來找你了。

這類雞湯很洗腦，對於我們這種不喜歡社交只喜歡做事的人，無異就是提供了理論支持，可以讓我們更心安理得地埋頭做自己的事。我稱這個理論叫作「強坐等理論」。

還有一類是「乾貨」文章，教你怎麼樣迅速跟陌生人變熟悉、開口交談的五十種方法等等。但這些解決不了我的問題。

首先我會習慣性地去解決一些更底層的東西，當我把這件事情的規律和邏輯想明白以後，才會覺得那些技巧層面的東西有用。

社交，實際就是社會交換。

交換的前提是你必須有價值。如果總是抱著想認識對我有用的朋友的念頭去與人交往，那麼機率多半會落空。沒見過市場上誰不付錢就能把菜買走的，若你沒有懷抱價值而來，參加再多的局、認識再多的人，也不會有人幫你。

只是人並非有明確的標價，你是大明星價值一千，我是過氣網紅價值五百，所以我不如你，我沒法跟你交朋友。

這種想法完全不對。

也不是說只有等我變強大了，社交才有用。多強大才算強大？總有人比你更強大。

你可以說，等我有錢了再買LV，但沒聽人說過，等我有錢了再出來買東西，對吧？

並不是兩個人要一樣強才能交朋友。你是大老闆，我只是普通員工，但是我這個人個性忠誠勤奮、專業知識深厚，我們之間是有價值可以交換的。

我們不要總是自卑、看不起自己，當你覺得周圍的人都比你有錢、比你強、比你人脈廣的時候，你身上可能也會有別人需要的東西。

我高中同學的妹妹在北京做行政人事工作，一起吃飯的時候，她姐姐就把她叫過來。一開始她都不敢跟我說話，於是我主動問她是做什麼的、做得怎麼樣。在交談中我發現她是個非常認真的人，做事細膩，對自己的工作很負責，恰巧當時我自己公司的人事不夠好，我就想，將來可以讓她來我這裡工作。

飯局結束的時候，她要加我的即時通訊軟體帳號，我欣然接受，一點也不勉強。我在她身上看到了當年的自己，或許我也曾經在飯局上侷促不安，覺得自己不夠資格和厲害的人交談，但實際上事情並不是自己想像的那樣，你只要找對了點，就能讓自己發光，吸引到別人。

等我真的變強許多後，更覺得「強坐等」這種說法是錯誤的。縱使你再強大，如果天天待在家裡自我封閉，就會失去許多和人交流的成長機會，也會失去許多與人價值交換、互相推進能力的機會。在社交焦慮時，我們不應該被任何一派說法極端嚴重洗腦。人是需要交朋友的，不能因為自己不夠擅長，就誤認為自己不喜歡或者不需要。

每個人都有價值，不一定要等到變強才去社交。

我們可以按照下面的順序思考：

首先，我可以提供什麼價值？

在社交當中，可以提供的價值大概包括以下幾種。

第一種社交價值，叫資訊價值。

跟這個人交往，我就能得到一些自己以前不知道的資訊，那麼提供資訊的人就有價值。這種資訊也不見得是什麼商業機密，有可能只是一些八卦新聞。

我們在高中的時候，班上一定有一個人人都愛跟她交朋友的社交達人，好比「super star（超級巨星）」。她受歡迎不是因為她學習成績好，也不是因為她長得漂亮，而是因為這個女孩知道的八卦特別多。從明星八卦到學校裡面誰跟誰在一起牽手被校長抓了全知道，一些時尚知識她也懂，班上同學沒錢買雜誌，她會去買，看完了以後就可以成為閒聊的話題，這就是用資訊價值與人交換的典型。

到現在，這個資訊價值仍然是存在的。比如你的大學老師就知道專業的學長學姐們大部分都在哪兒工作，欲求職的公司哪家能開出更好的薪資待遇等等。

第二種可以提供的社交價值，叫作資源價值。

有人可以給你介紹客戶，有人可以給你工作機會，這種就屬於資源價值。

擁有資源價值的人可以迅速地把自己的人脈網搭建起來。

社交中第三種可供交換的價值，是情感價值。

人人都需要歸屬感和接納感，所以這種情感價值一點都不比其他的價值差，而且人人都可以為別人提供。有人發言，就需要有人鼓掌嘛！

在這個過程中，你說誰需要誰多一點？不管是業界中有地位的人，還是公司裡一個毫不起眼的小兵，只要是人，都有被人接納的強烈需求。近幾年我們經常看到大明星在網路上回擊黑粉，有時候會讓人覺得詫異：為什麼你都這麼紅了，還要在意某些人的看法？

但是不在意別人的目光是個偽命題。

這不是靠雞湯就能說服自己的。對接納感和歸屬感的需要，是一個從心理到生理的需求，沒人喜歡被人排斥，人人都需要被認可。

科學家曾做過這樣的實驗，告訴一個團體當中的某個人：「你被其他成員排斥了，他們不接納你。」這個人居然就開始情緒低落、焦慮不安，接著出現各種負面情緒，最後還演變成了心理創傷。

人被拒絕和排斥，給大腦帶來的傷害跟挨一頓打差不多。

在日常的社交當中，別人也會給你提供這種情感價值。比如，別人可能會說「好喜歡你」，或誇你今天穿得特別漂亮。不管說這句話的人是個受人尊敬的前輩，還是一個不起眼的後輩，你聽到之後都會感到開心。

這些話告訴你：你被接納了，你被喜歡了。

情感價值是必需品。

在社交當中能提供給別人的第四種價值，叫智力價值。

智力價值這個詞是我編的，因為我自己就有這樣的朋友，他特別聰明，我能在他身上學到很多，不管是想問題的思路，還是解決問題的方法。他無論在財富上，還是人們常說的資源上，跟我都不是同一個等級，但是每次和他聊完，都能感受到一種智力上的提升。

《窮查理寶典》這本書的主角查理・蒙格本身就特別聰明，他是巴菲特的合夥人。巴菲特曾經說：「查理把我推向了另一個方向，這是他思想的力量，他拓展了我的視野。」

這就是智力價值的描述。

以上就是我們可以為他人提供的社交價值。

我們可以從這四個方面去想，在社交當中，你能給別人提供什麼樣的價值，以及你獲得的價值是什麼。當思考完價值以後，接下來要想的一個問題就是成本。

成本效益原則是經濟學的基本原則。但是太多人喜歡以單一維度思考問題，比如在社交這件事情上，總是想社交是有用的，但是卻很少去想為此付出的代價是什麼。

我身邊還真有這樣一個人。只要感覺飯局上有那麼一兩個人將來可能有用，他都要去赴宴，還會想方設法去參加這樣的場合，天天喝得半醉，自己的工作都荒廢得不成樣子，因為有時還要主動買單，工作五年多也存不了錢。

在社交中的確是需要投入成本的，最直接的就是時間、精力，有時候還有金錢。

我之前有一個朋友，是個富二代，有很強的資源價值。

她爸爸特別厲害，厲害到可以幫助她同學在國有企業內找一份工作，所以她這樣的人是不是人人都很喜歡？照道理說，應該是。

你跟她相處一年，就能搞定一份鐵飯碗的工作，別人大學拼四年，都未必能搞定，所以這個女孩剛開始在朋友圈極具吸引力。有許多人就帶著這個目的和她交朋友，可是慢慢地這些朋友都散去了，因為陪伴她需要大量的時間和精力。這個女孩的情緒不穩定，天天哄她真的夠煩了，不如自己好好學習、好好考個證照、自己找工作。我是親眼看著有個喜歡巴結的朋友在她那裡敗下陣來，從她忠誠的狗腿，變成獨立自主的奮鬥者。

所以，有時候即便你有極強的社交價值，也交不到朋友，因為我們在社交的過程當中，不僅會去衡量社交價值，還會去衡量社交成本。

這種現象在兩性關係當中也比較常見。有一些女孩說：「我條件不錯，有一個人也蠻喜歡我的，但後來怎麼就放棄、不追我了？」

有可能那個人覺得投入的時間跟精力太多，和她在一起的成本太高了。

除了價值和成本之外，我們在社交時還會衡量風險。

為什麼我們總說不要跟人品不好的人交往？哪怕這個人能夠提供再高的社交價值都不要。因為他的社交風險太大了，你不知道什麼時候他會害到你，那時再後悔就晚了。

我一直強調，想要交真正的朋友，自己的為人一定要誠信和正直。因為和誠信正直的人交往，會節省精力，不用擔心有風險，比較安心。

成為朋友中那個安心的選擇，也不錯。

以上就是影響社交關係的三個因素：價值、成本、風險。**我們要做的很簡單：找到自己可以提供的社交價值，降低他人與自己社交的成本和風險，就能交到朋友。**

在實踐當中，還有一些需要注意。

首先，**社交價值的大小和開放程度有關係。**

其實有些人特別強，比我厲害很多倍，但是我認為跟他交往沒有用，因為他滿臉寫著「我不會幫助任何人，不願意跟任何人打交道」。所以，縱使你的社交價值再大、資源再廣、能力再強，跟我也沒有關係，那我為什麼要在你身上浪費時間。

我周圍有這樣的一個人，他其實不比我強，但是為人很開放。這個開放的意思是喜歡成就別人，喜歡把自己的價值讓渡給別人，所以廣受好評，沒人會不喜歡像他這樣的人。

看上去是他成就了別人，但是同時他也成就了自己。

當人們看到這種開放性，就會覺得自己也有被幫助的可能。即便對他無所求，也會願意和他做朋友，也願意幫他。

再多說一點。最好的自我介紹是什麼？

最好的自我介紹就是在那短短的幾分鐘內，展示出你的社交價值。

一個人在自我介紹時表現出幽默，就會有人願意跟他做朋友。

因為他能提供情感價值，跟他在一起，你永遠不會感覺受到冷落，你會很開心。被人哄開心，會有一種親密和被接納的感覺。但千萬不能為了幽默去耍聰明。如果你做過頭了，會讓人覺得自作聰明，跟自作聰明的人交往可能會不愉快，而且自作聰明的人都很自我，社交價值很弱。

除了幽默之外，一段短短的自我介紹能展示的社交資源還有很多。

我之前就見過一個人，他做的自我介紹相當符合我說的這個方法。

他上臺就講：「我是一個醫生，我這個人不太會說話，但我平時很愛幫助別人，我在某個醫院工作，如果你們需要我的話，就來找我，我會留下我的電話號碼。別的忙我幫不上，但平時有一些小病可以找我諮詢」。

這樣的自我介紹誰不喜歡？在那個場合，這個醫生並不是裡面最強的人，甚至在醫生裡都不算特別強，因為他任職的醫院不夠有名，而現場的其他人全是大企業家。

但是他在自我介紹裡展示了一種價值開放的狀態，無論人們會不會找他幫忙，都覺得他是個很樂於提供幫助的人。他的社交價值就被放大了。

這個方法真的特別好用。如果你覺得自己的社交價值不夠的話，一定要展示開放的狀態，這樣也可以幫助你交到更多的朋友。

第二個需要注意的就是，**千萬不要只是從單一面向去判斷自己和他人**。

為什麼我花了那麼大的篇幅去分享自己對社交價值的看法？

是因為我們很容易犯這樣的錯誤，把自己的社交價值單一化——我沒有錢，所以我不配跟人交往。近年更流行的一種說法就是要有趣，好像無趣的人就沒用一樣。

你可以提供的社交價值類型很多，其中有一些本身就是普通人可以提供的，所以千萬不要從單一面向來審判自己。

第三點叫作，**接納自我的陷阱**。

在社交過程當中，一定要注意有個陷阱叫作「接納自我」。

當一個人的社交價值特別弱的時候，很多人不喜歡他、不接納他、不跟他相處，這時候他可能告訴自己「沒關係，我做自己就好了」，周圍人也勸他（其實是在騙他），跟他說「你喜歡自己就行了，不要管別人怎麼想」。

然而事實是，人一定要有社交價值，一定要被別人需要、被別人接納，這樣他才能滿足自己的歸屬感需求。沒有人是完全可以做自己的，這個不是我說的，是哈佛的心理學家研究的結果。**一個人的幸福感，很大程度上，或者根本就取決於他的社交關係。**

生活中有些人不愛社交，獨自一人也很幸福，比如大文豪。

但這些人在其他方面其實得到了充分的認可和接納。

比如一個成績優秀的孩子，被他的老師接納，被他的家人喜歡，這時候雖然周圍有朋友不喜歡他，他會沮喪，但是對他的影響程度並不嚴重。

「人只要做自己就好，我不用跟任何人發生社交關係。」這種話千萬別信。

關於社交價值理論，我就介紹到這裡了。

根據這個理論來轉換一下自己的社交思路吧。

以前我們出去跟別人交朋友，總是盯著誰強、誰有資源，總希望得到別人的幫助，然後少奮鬥好幾年。以後你要先想，我能跟別人交換什麼？我能為他提供哪種價值？我在現場怎麼展示這種價值？

任何關係中其實都有這個等式，再親密的朋友實際上也在發生交換的行為。只不過交換的不是金錢和物質，而是情感和支持。

不公平的交易不會長久持續，沒有人喜歡長年累月地白白付出。

重複一下我們的結論：如果你能夠提供社交價值，並且與你交往的成本低、無風險，你就是一個非常值得交往的對象。

別把最好的時間，給了不對的人

我之前總結過一個談判的方法。在談判中經常會遇到這樣的選擇難題：有些條件，你答應了覺得自己吃虧，不答應又覺得傷感情。

這時候你該怎麼辦？

之前有一位要好的朋友來找我投資她的奶茶店，要出資十幾萬，但是一來我不看好奶茶店的生意，二來我絕對不做自己不夠瞭解和擅長的事情，所以我不想投資。但是她那麼努力地想要促成這件事情，直接拒絕我會過意不去，更何況我們是非常要好的朋友。

別笑我，其實正常的談判都是如此，維護自己的利益並非唯一的目標，假設客戶跟你要折扣，你不能直接拒絕，因為維護雙方的關係和感情也是談判的目標之一。

最終我做出的決定是：不投資，但把錢借給朋友。所以結果大家都很滿意，她終於圓夢開了奶茶店，而我呢，我對她的人品百分之百地信任，我也不用擔心損失。

扯這麼遠是想說什麼呢？

我把這個談判方法的底層原理抽離出來以後，後來將它套用到許多地方，其中一個地方就是社交。我之前說過，對我這樣一個內向且輕微社交恐懼的人來說，需要維持深度關係，最不享受的就是淺層次的社交。再加上我這個人對於時間的管理比較嚴格，不喜歡無目的行事，所以為了模糊的有用性去耗費時間和精力，是非常痛苦的事情。

於是問題就擺在我們的面前了，到底要不要在社交上花時間？

但這個問題其實同樣是個偽命題。跟談判一樣，很多時候我們手上不止有兩個選擇：要，或者不要。我們還有許多其他選擇，比如制定標準，判定哪些要哪些不要。

在生活中我們都知道用筆記來整理待辦事項，才不會手忙腳亂；我們也有理財意識，知道把錢分成不同的比例放在銀行、保險公司等，但是不會有太多的人專門做人脈整理。

實際上人脈和時間、金錢一樣，都是你的資源，人脈也是需要整理的，否則人際關係也會搞得一團糟。有時候你覺得自己應該多出去交一些朋友，但是你本身並不享受這個過程，而且說了那麼多廢話、花了那麼多時間，也沒有得到什麼有用的東西。就連當時認識的朋友，後來也沒有再聯繫過，難免暗下決心，以後再也不要做無用社交。

當下一次朋友邀請你時，你斷然拒絕了，但是後來總覺得自己錯過了一個億。

有時看了雞湯文說：「爸爸媽媽已經老了，時間不多了，你應該多陪陪他們」，你會很內疚，覺得自己陪他們的時間特別少。可問題是你在外面好像也沒有什麼社交成果，平時沒有維護好跟朋友的關係，關鍵時刻想請人家幫忙都開不了口。

這樣的兩難經常發生，以至不管選擇怎麼做，都會後悔。

其實我們能夠拿出來社交的時間，是非常非常少的。

你要吃飯、洗澡、睡覺，這些都是生活上必須去做且需要花費時間的事情。除此之外，要不要學習？要不要工作？要不要為自己的事業奮鬥？

一天當中大部分時間都要拿來生存、學習和工作，最後留給社交的時間，沒有想像中那麼多。因此，怎麼分配這些時間就變得特別重要。

我在自己社交焦慮的那段時間裡，總結出自己的「**人脈關係分層**」理論。先把人際關係分個層次，分了層次之後，再去設想針對每個層次的策略。

總體來說，人際關係可以分為三層。

第一層，叫作親密層。

親密層就是我們人生當中最核心的社交關係，我把家人以及關係特別好的朋友放到親密層。這些人為我提供了必須的情感價值，讓我獲得極強的歸屬感，這是我活著的根本。沒有這些人，我一個人在這個世界上未必有奮鬥的動力。

親密層往外一層，叫作人脈層。

我們平時經常說要建立人脈關係，就是指這一層。

這一層是最有可能幫助你的人。在社交理論當中有個這樣的說法：弱聯繫的人比強聯繫的人更有可能提供幫助。強聯繫的人，比如你的親人或者特別親密的朋友，這些人的社交圈、資源能力跟你差不多，所以你在這個圈子裡得到幫助的機率不是特別大。

相對來說，人脈層的人可能跟你的關係不是那麼親近，他們與你只有弱聯繫，但這些人很有可能偶爾給你提供一個工作機會或者職業上的其他幫助。

第三層就叫作社交層，是人脈層再往外的一層。社交層的人，我們可能知道他叫什麼名字，見過面，甚至還一起吃過飯，但是後來也沒有什麼其他的交往。互加了聯絡方式，也沒說過話，就算開口說話也只是點頭之交。

就這樣，人際關係從強到弱，分為親密層、人脈層和社交層，分層之後，你就可以把每一個你認識的人都分配到這三個層次當中。我們在每個層次的社交目標是不一樣的。

親密層社交的目的是什麼？在這個層次不要設置功利性目標，我們給對方愛和理解，對方給我們理解和愛，維護好這個層次的關係，即便我們不成功、沒有錢，仍然能夠感覺到幸福。親密層的人可以滿足你對於親密和愛的需求。

人脈層的社交目標就直接多了。我們期待人脈層的人可以為我們提供幫助。

至於社交層的人，挑出有可能維護升級到人脈層的，其他的就不用多耗費精力了。

當社交目標清晰以後，我們就知道該怎麼做。

如果人脈層的人來找你幫忙，你一定要幫，這樣將來他們才會幫你。哪怕他們不是主動來找你，好比你在朋友圈看到他們求助，力所能及的忙也要主動幫。

那是否需要天天和人脈層的人出去吃飯，天天跟他們保持聯繫？

很多人喜歡把人脈層的人交際成親密層，非要把所有人都變成稱兄道弟的關係，才覺得有互助的可能性。但是我特意觀察了身邊的案例，實際上一個人會幫助你，可能性來自這三種原因：

他跟你關係很親密，或者根本就是你的家人；

他很喜歡你，覺得你不錯；

他在你身上也有需要獲得的東西，你對他來說，也是人脈層。

但是這一切的前提是，這個人有幫助你的能力。

如果一件事情對他來說非常為難，你得花多少工夫跟他相處才能變成他的親密層，讓他願意為你去犧牲、去勉強？就算你可以搞定他，那麼一輩子的時間有限，又可以搞定幾個這樣的人？如果一件事情對他來說並不為難，那麼你並不需要和他關係多密切，只需要讓對方感受到你的慷慨仗義和善良，或者讓對方看到你的資源，他就有可能幫助你。

所以我的結論就是，與人脈層的人交往，首先要做好自己。做一個正直誠信，甚至幽默可愛、不討人厭的人。其次，跟他們保持常規聯繫，例如逢年過節要發問候的訊息，甚至可以送一點小禮物，也可以把對方的生日記下來表達祝福之意等等，免得到時候要找人家幫忙顯得太突兀。

最後，社交層的交往方法就簡單多了，大家互相尊重彼此就好。一般情況下，你去找社交層的人幫忙，他是不會幫的。因為如果這件事情比較簡單的話，你根本不會跟社交層的人開口，畢竟大家也不熟悉。如果事情比較為難，你也開不了口。

成熟的人都懂，在生活中幫助別人是一件很難的事情。

我說的幫助，可不是倒個水、拿個快遞這種瑣事，而是切切實實對他的工作、事業和前途有幫助。每個幫助都需要耗費一些資源。所以向社交層的人勉強開口求助，也極有可能受挫。因此與他們交往的時候不要勉強，只是見過面、吃過飯，交情並不深，但是彼此尊重，讓對方覺得你這個人不錯，就足夠了。切忌盲目「狗腿」。假設你們有機會進一步交往，並且你發現對方人也不錯，將來也有可能幫助到你，就可以把他發展到人脈層。

當你把人際關係分層且明確每層的社交目的之後，你會發現你對社交這件事情再也不焦慮了，而且你非常清楚應該如何對待每個人，應該付出多少時間和精力與他交往。

親密層的人是需要你耗費最多時間去經營和打理的一群，需要用愛和耐心跟他們相處，這決定了你的生命品質。我們常常犯這樣的錯誤，認為親密層的人生來就跟我們親密，比如家人永遠都是家人，所以我們不需要在他們身上浪費任何社交精力，應該花時間把外面那些陌生人變成我們的朋友。這就大錯特錯了，我經常提醒自己，這個世界上最重要的就是家人，如果我的親密層關係出了問題，那我在這個世界上的幸福也會有缺憾。

親密層的關係處理好的話，你的幸福感會持續，你會擁有滿滿的能量。

總而言之，需要花費最多時間的是親密層。再往下，人脈層就是用真誠與善良去相處，一定要給對方一種感覺，就是他來找你幫忙時，你一定會幫他。即便你未必能幫到他，但是給人這種感覺很重要。再往下是社交層，需要用社交禮儀來相處，基本上只要留下好印象，展示自己就可以了。

在使用這個理論的時候，也有些問題需要注意。第一點就是**社交價值的誤判**。

剛認識一個朋友，你就把人家歸類到親密層，但對方並沒有這個打算，結果會怎麼樣呢？「我投入無限熱情，對方只給我一個冷漠眼神」，然後你就會受傷、感到痛苦。

這種時候不要痛苦，你只要告訴自己：我只是把他的社交價值誤判了，我要把他從我的親密層放到人脈層或者社交層，然後跟他的相處就會變順暢。

社交價值誤判會給你帶來社交時間的分配失衡，你會把你的社交時間花費在不應該花的地方，所以當你發現這個問題的時候，迅速做調整就可以了，不必傷心哭泣，更不用強求。看看你的親密層，那裡有很多人還在呢。

第二點，就是你把對方放到了社交層，你覺得對方人不太好，那麼做個點頭之交，互相尊重就可以。可是對方想把你放到他的人脈層，或者想把你放到他的親密層。

他說他很喜歡你，天天約你，你又不懂如何拒絕，結果白白浪費了自己的社交時間。

如果你確定要把對方放在社交層，就不要為了那隱約的互助性而花費大量的時間。當然，有可能將來你真的需要求助對方，那時候對方拒絕你也沒有關係，因為你在他身上沒有投入過精力。有時候我們要的不是人人來幫我，而是付出有回報，沒有花費過心思，就不會覺得難受。**確定對方在社交層，只需要用社交層的方式來和他打交道。當他過度消耗你的精力時，你要直接拒絕。**有這個時間和他周旋，還不如給自己媽媽打通電話。

第三點，一定要學會主動求助，不要害怕被拒絕。

很多人面對人脈層的人，會不好意思開口提要求，擔心會被別人拒絕。其實根本不用擔心，如果你請求之後，別人幫助了你，他就是你人脈層的人，由於你跟他提過請求且被幫助了，你就欠了他。這時候你們之間的關係會更緊密，感情會更好。如果你提了要求之後，以對方的能力明明可以幫你，但是卻沒有幫助你，你就把他調到社交層就好了。

主動求助，不要擔心被拒絕，再大方回報，這是我近幾年來很重要的社交經驗。

除此之外，我再跟大家分享一個自己親身實踐過的高效社交方法。

第一步，提升自己的價值。

讓自己更強是永恆的真理，可以從各個方面提升自己的社交價值。

第二步，當你的社交價值變好，就可以尋找人群當中的社交明星，然後搭建人脈網。

有些社交明星可能什麼都不幹，天天只忙社交，他認識很多很多的人，喜歡聚會，即便人家不是看他的面子來的也沒關係。仲介本身就是有價值的。

有許多人可以透過合作達到共贏，但是他們並不會自動向外尋找這樣的連結關係，但人和人之間就是有縫隙存在，仲介的功能就是填充這個縫隙。

你一定要選一個好的仲介，跟著爛仲介絕對買不到好房子。有些社交明星本身就可以成為特別棒的朋友，跟他們一起出去玩會很開心，並且總是能認識到許多有價值的人，回家之後就可以把新認識的人進行分類，放到你的人脈關係分層圖裡。

第三步，你一定要注意社交禮儀，千萬不要做不得體的事情，千萬不要冒犯別人。

如果你冒犯了一個人，其他人就會覺得跟你交往有風險，對你產生誤解，於是你就會直接躺在對方的社交層裡了。

以上就是我的社交關係分層論。

分清層次，畫明重點，確定目標，再去行動。

這世界上未必沒有比這個更好的方法，但用我這個方法起碼不會自相矛盾，再也不用隨機決定或感覺混亂，你的社交也會更有秩序。

做好印象管理，成為你想成為的人

我大學三年級的時候，在社團裡認識了一位朋友，我非常喜歡他，社團裡其他人也都很喜歡他。他為人豪爽講義氣，又幽默有耐心。你身邊肯定也有這樣的朋友，雖然你不一定是他最好的朋友，但是你和你周圍大多數人都很喜歡他。

原本我以為這樣的人天生就有魅力、性格好，這不是能透過學習獲得的技能和技術，你可以跟他做朋友，但是不可能變得跟他一樣受歡迎。沒想到的是，等我們關係好到一定程度以後，他就把他受人喜歡的方法傳授給我，還教我怎麼追到喜歡的人。

他要追喜歡的女孩時就會想，那女生喜歡什麼樣的人。他列舉兩個關鍵字：溫柔和講義氣。

那個女孩子跟我們上同一堂課。每逢天色一旦變陰，不管下不下雨，我朋友都會帶傘。終於有一天下雨了，他就默默把傘給了那個女生。

於是那個女生對他就有了這個印象：這個男孩雖然不愛說話，但是非常細心、貼心，跟她說話的時候都是輕聲細語，一直以來都很溫柔。

留下好印象，很難嗎？畢竟很多人都會獻殷勤，最厲害的是下面這件事。

九月大一新生報到，作為大三的學長學姐，我們要負責接待新生，引導他們到宿舍。我這個朋友和他喜歡的女生被分配到同一組，負責幫新生搬運東西。入學時的天氣還很熱，大家都搬得滿頭大汗，有人在路上發現一輛無主的平板小推車，隨手就推過來用。結果，沒一會兒這輛推車的主人就找上門了，是另外一個學院的輔導員老師。當時這輛小推車正好在那個女生的手上，於是那老師就指著那女生的鼻子說：「誰讓你用這輛車了，不要隨便動別人的東西」。

大家一時還搞不清楚狀況，那女生也不敢出聲。

關鍵時刻，我這個朋友站出來了，他一下子把那位老師拉開，氣勢十足地反駁說：「你雖然是一位老師，但是在沒搞清楚狀況的情況下，憑什麼對一個女生這麼說話？」具體的話我已經忘記了，但是他光榮偉大的形象被我記住了。

當所有人都被老師罵了以後，是他一馬當先維護正義。這樣的人，你沒辦法不喜歡。我們所有人都被他的氣場征服。其實他平時在社團裡，只能說為人隨和，不是那種特別積極主動的類型，但是在下一次投票選舉的時候，我們選他出來當社長。

他在跟我說到這段往事的時候，提到其實自己當時也非常害怕，但是下意識地覺得這個機會可以抓住，讓我們包括那個他想追的女孩子都覺得他非常勇敢和講義氣。他當時也衡量了一下風險，無非就是被這個老師罵一頓，但這個老師也不是我們學院的，他能夠承擔這個結果。

至於他為什麼和我說這些話，因為當時我正為了一個很小的人際關係問題而苦惱，沒想到他這麼坦誠，直接告訴我他是怎麼做的。我一點也不覺得這個人心機很深，只是覺得他確實是個講義氣的人。

他跟我講完這件事情之後，我想了好多。

我們同齡的人，最喜歡說的話就是「做自己」，所以每次在人際交往中受挫以後，都會跟自己說「做自己就好了」。反之，也有人總是迎合和討好，這類人一般都有自我認同的焦慮，在外面對他人越點頭哈腰，回到家以後對自己越不滿意。

很少有人像我那位朋友，能夠做到既不任性又不迎合，而是主動地管理自己在他人心目中的印象。他彷彿一個導演，先做什麼、後做什麼，說什麼、不說什麼，不是憑心情，而是有自己的安排，這就是我說的那種自我監督能力強的人。

要主動管理印象，而不是留下印象。

從這一點出發，我開始總結自己的方法。

如果我們有一套方法，可以打造和管理自己在他人心目中的印象，那就太棒了。

具體怎麼做呢？

平時看到那麼多網紅，你對他們每個人的印象是什麼？你能用一兩個詞簡單形容他們留給你的印象嗎？可能某一個網紅，你對他的印象是搞笑。還有一些網紅，你對他們的印象是深情，因為有次看到一個女孩遭受網路暴力，這個網紅站出來力挺那個女孩，說了一些很溫柔的話。還有一些網紅，你可能覺得非常虛榮，因為他們經常炫耀一些名牌，但是你覺得那些東西不是他們應該有的。

總之你對每個人都標記了你認為的印象，而且這些印象都可以用一兩個關鍵字形容。在你的心裡，彷彿每個人身上都有一個標籤。

以標籤看人，其實是節省腦力的一種方法。人性確實很複雜，但是你的大腦會簡單粗暴地把人的性格歸類，反映在日常生活中就是我們會給人貼標籤。不只是對網紅，朋友圈裡面的每個人在你心裡也都有相應的關鍵字。

當然，你在別人心裡也會被這些詞定義。

不過，網紅會打造人設，明星也會，他們不會隨隨便便發一些吐槽的言論。作為一個普通人，好多人就比較傻，在朋友圈裡任意發洩情緒或是醜陋的自拍等訊息，本意是希望別人關注自己，結果別人只關注到了不好的那一面。

其實我們也可以挪用網紅的印象管理方法。

首先，定位關鍵字。

你要給自己一個定位，用一兩個詞來形容自己，你覺得自己是什麼樣的人？你想給別人留下的印象是什麼？

比如你想給別人留下的印象是，有品位、真誠，那你就要根據這兩個關鍵字行動。

有品位可能體現在你選擇的衣服上、平時去的餐館上，或是朋友圈裡發的照片上。真誠則需要做出一定程度的自我揭露，需要拿捏好分寸，大膽地講一些別人不敢講的事情。

我有個高中同學，給人的感覺就非常真誠。開班會時，老師讓每個人站起來說自己的缺點，有些女孩子比較扭捏，站起來說「我這個人的缺點就是太認真了」。

對比現在許多網紅營造坦率的人設，什麼都敢說，且說得越徹底越紅，那個時候的表達氛圍還不提倡real（坦率）。所以當我這個高中同學站起來說「我的缺點就是記仇」的時候，我們都紛紛把真誠這個標籤貼在她身上。

在做關鍵字定位的時候，有些小問題要注意。就是定位自己的關鍵字必須固定下來，不要總是換來換去，最好寫在本子上提醒自己。有些人對自己的要求總是不確定，今天看到A想要成為A，明天看到B就想要成為B。這樣的人，到頭來無法成為任何人，甚至連自己都做不成。這些關鍵字之間必須不衝突，但可以有層次。

我在之前說過，不要想「我要溫柔又要勇敢，要善良又要果斷，要這樣又要那樣……」凡是「這樣……又那樣……」這種句子的都是雞湯，大多難以實踐。所以你一定要記得，**給自己的關鍵字要少不要多**。只有少，你才能集中力量把這種印象風格成功打造出來。

如果你給自己定的關鍵字是「一定要果斷」，那麼在你果斷的時候是不是有可能會傷害別人？有的時候，是不是考慮得不夠周全？這些是必然的，任何一種性格都有正面和反面，所以你大膽定義就好，把你自己的風格貫徹到底。

如果你想讓自己的形象更有層次的話，那也很簡單，在適當的時機表達一些反面的印象關鍵字就好了。

一個很直率的人，偶爾非常溫柔；一個大辣辣的人，偶爾非常細心。有時候用這樣反襯的方法，去體現想要體現的關鍵字，效果會更好。

從關鍵字出發，做好行為記錄。哪些行為是符合這些關鍵字的，哪些又是不符合的。例如你給自己的定位是真誠，可是有一天你做了一件非常虛偽的事情，你就要寫下來，這一類行為很有可能是你的行為慣性，必須要主動地修正。

其次，把這些關鍵字植入別人的腦子。

你不能只是天天想像自己是什麼樣的人，做印象管理就是需要把這些關鍵詞傳達出去。也就是，頻繁曝光。

從心理學來講，我們會喜歡頻繁暴露在我們眼前的人，會喜歡自己熟悉的事物，這就是曝光效應。譬如我朋友圈裡有幾個女孩，其實我跟她們一點也不熟，但是她們發的訊息頻繁並且有品質，給我留下的印象關鍵字非常好，我自然就很喜歡她們。

當你定位好了自己的關鍵字以後，要學會頻繁曝光這些關鍵字，途徑有以下幾種：

第一個途徑，利用外表。

我以前也是那種不在意穿什麼也不在意吃什麼的人，我有自己要追求的事情，有自己喜歡的事情，從來不會在穿衣打扮上下功夫。但有一天我忽然領悟到，確實有一類人跟我一樣，對於穿衣打扮不感興趣，但是實際上利用外表給人留下印象，是最簡單、最快捷、效率又高的一種方法。

人是視覺動物，所以不要放棄這個方法。

我有兩個朋友，一個很文藝，平時給人的印象就是棉麻衣服、小清新、窗臺會種花的那種類型；另外一個就比較粗糙。有一次她倆不知道為什麼換了衣服，我那個文藝朋友一下感覺變土了。我才切實地感受到，一個人的性格有一部分確實是用衣著來表達的。

平時我們總是聽人家講形象管理很重要，但是真正體會到確實需要機緣，尤其像我這種不重外表的人。其實現在我在這方面做得還不夠好，原因在於對於有些人來說，改變言辭和思維很難，改變外表形象卻很容易；而對於我們這類人，改變言辭和思維卻比較容易，所以我在改變形象上會有點懶惰。

至於如何改變形象，有一個比較快速的方法是找到仿效的對象。

先不要去上價值幾萬的課程，也不要總是買衣服換花樣，美其名為找風格，畢竟現實是你並沒有那麼多錢。找一個人學習就可以了，這個人不見得是名人、明星，完全可以是你周圍的某一個人，這個人就是你喜歡的那種形象，如此一來就能解決問題。

你想想看，為什麼他的衣服、外表會給你留下這種印象？比較完之後，就能找到自己身上可調整的地方。

第二個途徑，利用社群媒體。

很多人會在社群媒體上發自拍照，但有些人的自拍真的特別醜。原因在於這些人發照片的時候，只關注自己的臉夠不夠瘦、眼睛夠不夠大、皮膚夠不夠白，對自己的臉滿意了，她就發出去，她才不會管這張照片的拍攝背景和整體構圖。

她也感受不到，別人在看這張照片的時候會從整體來看。

如果從整體去審視某些自拍照，一張毫無光影變化的假臉，疊加上亂七八糟的背景，一個人從鏡頭裡伸出來的那種感覺真的不美好。

你要學會發出真正好看的照片，並且用這張照片講故事。

人好看，場景也好看，又可以用故事去輔助照片，表達你的印象關鍵字，這樣做久了，你想要營造的印象就會深深地根植在周圍人的大腦裡。這是他控制不了的事情，因為人的大腦記憶會出現錯覺，逐漸地他會忘掉真實生活裡的你，記住照片和朋友圈裡的你。

用用這個方法吧！我有事實為證，真的是好用的不得了。

第三個途徑，當然是利用語言。

怎麼利用語言塑造自己在別人心裡的印象？你要學會說兩種話。

第一種話，叫作「自我聲明」。

我以前羞於做這樣的事情，就是在言談中表達我這個人如何如何，我開不了口說這種自誇的話。但是後來我發現，這麼說是有魔力的。

我姨媽經常發表談話，表達她為家庭做出的犧牲，慢慢地我發現，我對她給自己做出的設定堅信不疑。當然，她本身也的確為我們家犧牲了很多。可是如果不表達，未必能讓人知道得這麼徹底。

而且你要學會在適當的時機說出來。比如你做了一件好事之後，可以說我這個人真的挺好，我這個人算是一個真誠的人，慢慢地，周圍的人就會被你的自我聲明影響。**只要你的行為和你的自我聲明相符合，你的語言就會加強在別人腦海當中留下的印象。**

第二種話，你要學會講「有自己觀點和態度的話」。

很多人都覺得新聞話題什麼的跟自己沒關係，為什麼還要去表達評論。不，你的觀點和態度也會幫助你塑造在別人那裡的印象。你對這件事情的態度是漠不關己嗎？還是你跟別人一樣特別憤怒？或是你有更廣闊的胸懷、更大的憐憫心？

不同的觀點，表明不一樣的人格特質。

你可以在社群媒體上發一則言論：「我覺得這件事情關乎每一個人和千萬家庭，在這種時刻，我們每個人都要發聲，只有這樣，當有一天我們身上發生這樣的事時，才能得到別人的援助。」這樣的你，是為公義而熱心的你。

也有人則是經常發洩壞情緒，說話沒有觀點，只有一堆吐槽。這樣的你，是思維混亂且不冷靜的你。再有一些喜歡冷嘲熱諷的人，總以為自己很犀利，也是失敗案例。

所以，**你一定要發表適合自己的觀點，展現自己的態度。**

除此之外，在現實生活中的你也要有自己的觀點和態度。

不要總是順著別人。每個人都有自己的看法。

很多情商課天天教你去猜別人的心思，順著別人的意思去說，但是這麼做效果好嗎？未必。因為這樣的你在別人那裡沒有印象，頂多有個好相處的印象而已。

再者，利用正向連結去曝光。

為什麼汽車廣告裡面，總是站了一堆特別漂亮的女孩？因為廣告商希望消費者把這些女孩漂亮、性感的特徵投射到汽車上。事實也是如此，這些女模特兒確實能夠幫助廠商塑造消費者對汽車的印象。

我喜歡一些品牌，比如GUCCI（古馳）、無印良品，每個品牌都有自己的特質，都可以代表我的一部分。**要學會表達「我喜歡」這三個字。**可能是指某一個品牌，也可以是某方面的書，當你表達了以後，這本書或這個品牌的特質與你的特質就會連結在一起。

正向連結不僅體現在這些地方。再舉個例子來說。

人們喜歡講好消息的人，不喜歡講壞消息的人。

今天有個大颱風，有些人傳播這個消息的時候，就會抱怨「今天有颱風，老闆還不給放假」。這叫壞消息，這樣會影響你在別人那裡的印象。

你完全可以用正面態度來表述這件事情，把它變成一個好消息：「要刮颱風了，每一個下雨的日子，我都覺得跟其他日子不一樣」，別人對你的好感度就會增加。

把自己和好消息連結起來，不要總是傳播壞消息。

最後，利用積極期待。

這個名字是我隨便取的，下面我告訴大家這個方法從何而來。

我的左手小拇指其實有一點殘疾，不太方便，我剛滿月的時候被老鼠咬了一口，導致我左手的小拇指有點彎。小時候，如果你身上那麼一點殘疾被別人發現了，別人就會嘲笑你，尤其小朋友是不留情面的，什麼難聽話都講得出來。

我就琢磨出一個扭轉這種局面的方法：我會很用力地表現自己對這個缺陷的喜歡。我說：「我小拇指上的這個小殘缺太棒了，這個就是我的記號，哈哈哈哈，而且很可愛，有沒有？」當我這麼說的時候，那些要開口嘲笑我的人反而會手足無措。

到後來，魔力就產生了。別人也會覺得，我這個缺陷還不錯，很可愛。

最後就能總結出一個道理：

如果你喜歡自己的某一方面，別人也會喜歡；

如果你假設別人喜歡你的某一方面，到最後別人就真的會喜歡。

即「只要相信，期待就能成真」。這件事情在心理學上也有過驗證。

心理學家找了十幾個人參加實驗，讓他們跟陌生人交談。在交談之前，心理學家對部分參與者說：「對面這個人很討厭你，因為我在他面前捏造了一些對你不好的事。」然後他又對另外一些人說：「對面這個人很喜歡你，因為我跟對方講了很多你的優點。」

實際上，心理學家沒有跟任何人說過這樣的話。

這群參與者的交談開始了。結果就是那些覺得對面的人喜歡自己的人，會表現得更有魅力，會更開朗、積極、且討人喜歡，最後他們真的獲得了對面的人的喜歡。至於那些以為對面的人很討厭自己的人，在交談過程中表現得小心翼翼、滿懷戒心、畏畏縮縮，後來對方真的就討厭他們。

這個實驗表明，如果我們的期待是積極的，我們就會表現得積極，別人就會用積極的方式來回饋我們；如果我們用比較消極的期待面對對方，我們最後得到的也會是很消極的結果。比如，我們經常害怕被別人拒絕，你會發現到最後，你真的會遭到別人的拒絕。

所以，要學會用積極期待去引導別人對你的印象。

關於怎麼去頻繁曝光自己的印象關鍵字，先說到這裡。

下面我再分享一個大絕招。

那就是：**利用超出期待的事件，牢牢固定住你在他人心目中的印象。**

首先，我們要學會管理別人的期待。

管理別人的期待，就可以幫助我們降低別人對我們的消極印象。

為什麼吹牛的人不討人喜歡，因為每次在他那裡，別人的希望都會落空，所以自然對他的評價越來越低。切勿為了一時的爽快和存在感，讓別人對你期待過高。期待越高，越有失望的風險。你完全可以先主動降低你在別人那裡的期待值，然後再有意識地去突破，去做超出期待的事情。

你肯定也曾有這樣的感受。身邊有個朋友，之前總是一副屌兒啷噹的模樣，但是突然有一天做了一件很嚴肅的事情。在評價他的時候，你就會說，這個人看起來不正經，但是實際上很嚴肅。

反過來，如果一個人天天說自己特別高尚、人特別好，且跟別人說「你們有麻煩都來找我，一定幫你們」。雖然他幫了不少忙，但是如果有一天他沒幫別人，別人對他的印象就會唰的一下降下來。所以要學會有意識地去操控他人對你的期待。

剛認識一個人的時候，可以試著降低他的期待，然後忽然有一天，你做了一件超出他期待的事情，他對你的印象會立馬扭轉，且牢牢固定。

這背後是有原理的。

首先是「近因效應」在起作用。

你有沒有過這樣的經歷：一個人其實有各種的不好，但突然有一天，他幫了你一把，你對他前面全部的印象就都沒了。這就是為什麼女孩子很容易原諒渣男。渣男傷害過她很多次，但最近一次好像表現得還不錯，這個女孩就覺得他人還是好的，這就是近因效應。

你對一個人最大的印象，大多來自最近他對你做的事情。所以不要害怕降低了別人對你的期待之後，你在他那裡的印象就沒有辦法扭轉了。完全可以。

其次，我們對一個人的印象並不是由日常來決定的，而是由他親自做出讓你印象最深刻的一件事情所決定。那什麼事情會讓人印象深刻？剛才說的前後對比太明顯算一種，還有其他許多種類，比如別人做不到的事情你做到了，也會讓人印象深刻。像我開頭講的那個大學朋友，就非常善於抓住時機去做超出期待的事情。

所以如果你在別人的印象裡是吝嗇的，你只需要狠狠地大方一次，他們就無法把你定義為吝嗇的人。如果你在別人的印象裡是懶惰的，你只要用力地勤奮一次，他們就不再覺得你懶惰。在工作中，這個方法更好用。某些時刻超出老闆的期待，絕對可以幫助你在職場上的成功。

記住，永遠不要再那麼被動地給別人留下印象，而是要學會主動，像一個導演一樣去策劃、去管理。

可能你會覺得，這樣的人會不會想太多，活得很累？

不用想太多。這麼做的人，真的不會累。

我們之所以能夠擁有想要的人生，能做成某一件事情，都是需要付出代價，都是需要去謀算策劃。想得越多，麻煩越少。

○◒◒●

說話就是交易，有價值的話才能受歡迎

說話，是一輩子都要修的功課。在這門功課上，我們得到不及格的分數太多了。

我現在回想自己大學畢業找工作的那段經歷，在面試時刻，說錯了好多話。面試官問我：「你最喜歡的一句話是什麼？」我說：「最窮不過要飯，不死終將出頭。」

你可能會問，這句話不是顯得很有幹勁嗎？為什麼是錯的？

因為我沒有考慮到，當時面試我的是一個看起來超級穩重、注重規則的女主管，她更喜歡的答案應該是「可靠就是最大的能力」等這類話。果不其然，過了兩天我就收到了拒絕通知，而且HR詳細地告知我被拒絕的原因：上司認為，你這個人不太好管理。

我後來研究了許多具體的說話技巧，包含怎麼和人談判、如何說服他人、如何稱讚一個人時顯得很真誠等等。學來學去，我發現說話跟做交易的本質是一樣的。

說話，其實就是做交易。說的人給出內容，聽的人付出時間和耐心。所以，怎麼說話

才能受歡迎這個問題，就和賣什麼別人才願意買是一樣的。最低的標準就是「值得」。當傾聽者付出了成本之後，不能讓他虧本，要讓他開心、有獲得感，這樣他的大腦就能產生多巴胺，而多巴胺會令人上癮，他會忍不住來找你說話。

這個上癮的過程就好比打遊戲，在遊戲中能夠獲得美好的感受，所以會一直不停地想要再來一局。不過生活當中，有些人就像很無趣的、令人生厭的遊戲，人們在他們的遊戲裡只感受到挫敗和屈辱。

想讓別人聽你說的話，需要察言觀色，發覺對方想聽什麼。也就是說，當你賣出一樣東西的時候，必須要考慮對方是否有這方面的需求。但是，有時候很難判定對方需要什麼，尤其是在彼此都不瞭解的情況下。換位思考是很難的。

我曾寫過一個方法去修煉這方面的能力，就是去記錄那些別人對自己做錯的事情，記錄自己被冒犯的時候，並且分析這類話的特點，保證不從自己的口中說出。除此之外我們還要記錄回饋。說錯話本身沒那麼可怕，記住對方給你的反應，保證不再說就好了。

還有一個更直接的方法，就是提問。

但是像推銷員一樣開口就問「您需要點什麼？」其實會令人不舒服而提起戒心，與陌生人初相識時，最好先聊一些比較輕鬆的話題，打開閒聊的局面，然後再去探索他目前的狀態和需求。

收集第三者證據，也是有效的方法。大多數人並不會直接把自己覺得最舒服的交談方式講給他人聽，而是選擇在社群媒體中默默吐槽遇到的不愉快交談經歷。如果你就是被吐槽的那種人，就要注意糾正自己的不當言談。當然，也有人會寫出一些感動和溫馨時刻。

我有個學員曾講過這樣一個故事。

她懷孕和生產的過程都是獨自在國外度過的，本來丈夫要過去陪同，但是被工作絆住走不開。在國外獨居期間，她要挺著大肚子自己買菜做飯，連生產時刻也只有醫生和護士在她身邊。離開醫院的那一天，其中一個護士跟她說：「從懷孕到生產，你都是一個人，辛苦了」。

那一刻她痛哭流涕，其實家人不是不關心她，丈夫會每天打電話提醒她吃好一點，母親也會表示擔心和掛念，但從未有人跟她這麼認真地說一句「你辛苦了」。

我當時聽到這個故事，就默默地跟自己說，愛和關心有時候不能代替「你辛苦了」這四個字，因為有些時候真的是很辛苦啊。說出來，才表示你看到了、你懂了。

這就是換位思考的訓練方式，這個世界上沒有感同身受，人類的悲歡並不相通，我們只能透過觀察、感受和記錄，來慢慢地瞭解人性。

辨別一個人的需求很難，如果容易的話，這個世界上每個人都會賺到錢。不過有一個更簡單的方法，就是去想一下，哪些東西是大家都需要的。

說話過程中可以提供的價值大致有這幾種。

首先，情感價值。

類似表揚、感謝、愛的表達，這些都可以讓人感受到情感上的愉悅。不過，這些話有些人卻不喜歡好好說，他們經常用貶損表達喜歡、用批評表達愛，但這就跟走鋼絲一樣，稍微不慎便弄巧成拙。我就比較老實，我會真誠而赤裸地表達喜歡和感激。這些是絕對不會出錯、有一定價值的話，算是說話市場當中的長銷款。

其次，資訊價值。

大學期間我們班上有個女孩，聽課認真且記筆記整齊，每次回到宿舍會向我們所有人轉達老師開的作業內容，這就是在提供資訊價值。

再者，資源價值。

人脈就是典型的資源。有人跟你說，要介紹厲害的朋友給你認識，你會很開心。

最後，智力價值。

現在我所在的一個創業群裡，有許多行業翹楚會彼此分享經驗，我經常能從他們的分享中找到看問題的不同角度，可以感受到一種智力上的提升。我人生中的每個階段都能遇上這樣的摯友，與他們談話彷彿能看到一個新的世界，那個世界的架構與自己的所聞所見都不同。

這四種價值，是每個人都需要的東西。

給出去，總是沒錯。

在使用說話交易理論的時候，我總結出幾個說話的原則。

第一，確定你的交易方。

你在生活當中一定經歷過這樣的場景，A拿B開玩笑，周圍一幫人哄堂大笑。在A的眼裡，他說話的交易方是這一群人。但這個時候他往往忽略了B的感受，B作為一個被開玩笑的人，有沒有覺得你為他提供了價值？還是說，你的行為只導致了傷害？

我們不必非得為了取悅一群人而去傷害另一個人。

有時候，當眾去誇獎一個人、拼命地捧高一個人，也會導致其他人不舒服。所以在說話之前，一定要確認自己的交易方有哪些人。

當你說出一句話，現場的每一位都可能是你的交易方。

第二，傾聽更容易提供價值。

其實作為一個傾聽者，在社交中風險更小。傾聽者完全可以從容不迫地提供自己的說話價值，在對方講話的時候，雙目注視、頻頻點頭，以此表示耐心。

這個交易中，你只要做到上述這些事情就可以了。如果你想多增加自己說話的價值，還可以給出正面的回饋，例如「你說得真好」，那麼你會很容易獲得對方的歡心，對方什麼事都會想跟你說。

以前我很羨慕那種被人信任的人，他們也不見得是社交明星，卻給人一種信心和被接納感，所以周圍的人都願意找他們分享祕密。後來，我發現做到這一點也不難。點頭稱是，表示聽懂，給出回饋——就做到了。

不過傾聽也有傾聽的缺點。就是有時不能充分地展示自己的價值。說話的人展示自己的機會更大，因為他可以掌控自己的說話內容，完全可以主動地設計一些更有價值的內容擴散出去。他可以講笑話把你逗笑，他也可以表示自己有許多的資源，以這樣的方式讓人們喜愛他。

可是聽的人沒有這個機會。他只能透過傾聽和回饋，表示自己是個溫柔有耐心的人。這是說話價值理論給我的第二個啟示。

第三，不說無價值的談話。

有幾種談話，就是典型的無意義、無價值的談話。

第一種是無用、無聊的話。

每次開口說話前都想一想，這段話對別人有用嗎？有什麼用？會讓他開心，會讓他覺得自己受人喜歡，還是能為他解決問題？無用、無聊的話並不會直接傷害他人，但因為對方聽你說話付出了成本，所以他聽完之後會很惱火，或許在過程中就會表現出不耐煩。

在演講當中，有一句話我一直覺得是超級廢話。好多人上臺之前很緊張，喜歡在開場時說「我這次沒有準備」、「我現在有點緊張」、「我也不知道說什麼好」……

這些話的意義在哪裡？

對演講者來說，或許可以緩解緊張，但是對聽眾來說，就是完全無用和無聊的東西。

第二種是無價值談話，是引起對方消極感受的談話類別。

有些話本身就是壞話。我每次跟員工說要加班的時候，都能感受到他們的痛苦從頭皮上冒出來。這種話不僅沒有為對方提供價值，反而會引起他們的消極感受。

還有一些話看上去不是壞話，卻會讓對方覺得危險。比如我當著A的面說B的壞話，其實我並沒有說A不好，也沒有剝奪A的什麼東西，但是我的行為會讓A覺得，是不是有一天我也會說他的壞話。任何暴露人品缺點的話，其實都會讓對方潛意識中感受到防備和不安。相反地，如果一個人真誠正直，和他交往就可以預測到，他的行為絕對不會傷害到自己。

除此之外，更值得關注的另外一種話，就是「為你好的話」。我家裡的七姑姑八阿姨最喜歡說「我是為了你好」，卻在提出建議的時候非常強勢，這些話即便表達了關心和愛，也會讓人不舒服。

以上就是一些不受歡迎的話。

不過人活著不可能一直處處取悅、毫無原則，總是有一些風險比較大的話必須說出口。那麼應該怎麼說，才能儘量降低交易風險呢？

第一種高風險的話，是批評別人的話。

比如孩子今天蹺課去網咖，當父母的肯定會責備他。可是許多批評最終無效的原因是對方根本不聽。因為不喜歡，所以選擇逃避。

那具體怎麼處理批評話術，才能不讓對方胡亂拒絕？

分為四個步驟：

第一個步驟，表達對方做的具體事實給自己帶來的感受。

我學習說話的過程中，得到的最深刻體悟是：其實誰生氣就是誰的原因。什麼意思呢？孩子不好好學習、戀人不回訊息……你之所以會生氣，其實不是他們不好，而是你自己的需要沒有被滿足，你自己定的標準沒有達到。

你需要孩子好好學習，你需要戀人及時回訊息，這才導致你有動力去批評和譴責，因為你想改變他人。但是沒有人會覺得這種被改變是舒服的。所以不如直接坦誠地說「你的做法導致了我的消極感受，所以我才想讓你改變」。把責任攬在自己身上，對方就不會那麼抗拒。

你可以對孩子說：「你偷跑去網咖，這讓我非常難過，我一直都在擔心你是不是在外面出事了。」而不是說：「你都長這麼大了，怎麼還這麼不懂事？」

第二個步驟，說完自己的感受後，去充分傾聽對方的理由。他為什麼會這麼做？他當時是怎麼想的？孩子可能會告訴你：「我去網咖是因為有個朋友心情不好，所以我想陪他放鬆一下。」

第三個步驟，從中挑出不對的環節替換。

比如，「朋友不開心，不一定要陪他去網咖，你可以陪他去打球」。充分聽取對方做錯事的過程之後，給出建議和替代的方法。

第四個步驟，說出對他的期待。

這個方法可厲害了，當你給出建議之後，你可以表達你的信任和期待。

「我覺得下次碰到這種情況，你一定能處理得更好。」

「在我心裡，你是絕對能做到既安慰了朋友又不讓我擔心的孩子。」

批評一個人，無非希望他用正確的做法替代錯誤的做法。所以如果你想讓對方做什麼，就去鼓勵他，甚至提前讚美他做得好。而不是反覆地說「不要」、「不許」、「不應該」這類話語。

按照正確步驟來說話，就能把一句本來會讓別人不高興的批評的話，變成一句讓別人聽了之後感覺不錯，甚至覺得很好的話。最後，他會自願去改正錯誤的做法。

第二種高風險的話，叫作反對。

很少有人真心喜歡被人反對。

就連我作為老闆，理智上明明知道應該多聽取員工的意見，尤其是優秀員工的意見，才能把工作做得更好，但還是會有不舒服的感覺。於是只能自己去克服，告訴自己，不能討厭提反對意見的人。可是如果能學會一些針對提反對意見的說話方法，其實可以讓雙方的心情比較好過。

首先先合理化對方的觀點。當然不是同意他的觀點，而是去合理化他的觀點。

這招我用得可熟練了。每次我要反對一個人的時候，我會先找出合理的部分。

第一、肯定對方的感受。

「你會有這樣的感受，是很正常的。」

注意，有這樣的感受是合理的，並非產生的觀點合理。

第二、肯定對方產生觀點的過程。

「你有這樣的觀點，肯定是有你的理由。」

這意味著，我覺得你因為這個理由產生如此觀點是合理的，而不是我同意你的觀點。

肯定完之後，就要提建議了。

從自己的經歷和角度出發，提出反對意見：「我反對你，並不是說你就是錯的，你說的話都是沒用的，只是從我自己的經歷，從我自己所見過的證據來說，這樣做更合理」。

舉個例子來說，朋友和男朋友吵架，決定回去拿刀把男朋友砍了。如果你反對這麼做，你要怎麼說？

首先要肯定對方的感受：「你的男朋友很過分，產生憤怒感太正常了。」或者肯定對方產生觀點的過程：「基於這樣的事實，或者基於你的性格，你決定這麼做，我能夠理解。」然後從自己的角度出發提建議：「就我而言，我之前也想過用暴力方法來處理問題，然而效果不好，所以我覺得應該先採取更好的溝通方式，看看能不能解決。」

如此一來，對方就容易採納你的建議。

當一個人被反對的時候，最討厭的感覺就是「你說的都對，我說的都錯」，你不在意我的感受和我的理由，你只是一味地覺得你才是最聰明的。

第三種高風險的話，叫作請求的話。

我請別人幫忙，就等於讓別人付出。我的請求並沒有給對方什麼價值，所以他可能不會喜歡。

公司裡我很欣賞的一位員工，他幾乎樣樣都好，就是在和同事合作的時候，總是喜歡用命令的口氣。「我要在三點之前拿到這份資料，你去給我做好它。」這種話沒人喜歡聽，對方只會覺得你討厭又蠻橫。

怎麼說出請求的話，才能讓對方覺得付出的同時，自己居然還賺到了？

第一種方式，可以說清楚讓對方幫忙後的結果。

「如果你可以幫我做這份資料的話，接下來的工作一定會非常順利，我在流程上至少能節省三小時，我們整個專案都會獲益的。」這種話可以讓對方感受到自己行為的價值。

第二種請求的方式，叫作非你不可。

「只有你能幫我做這份資料了，別人都不行。」這種非你不可的說法，會讓對方感覺到自己被認可。

還有第三種方式，就是感謝。提前把你的感謝說出來：「幫我掃地，太謝謝你了。」其實就等於把有價值的話附加在沒價值的話上，會讓你的請求變得好一些。

第四種高風險的話，叫作安慰。

安慰的風險可高了。

好多人都覺得安慰的話天生就帶有正義性質，所以說話時不會特別注意。

但遭遇不幸的人是非常脆弱的，情緒也不穩定，假設你本身條件比對方優越，對方可能會覺得你在說風涼話；假設你在安慰的時候反覆提到他的傷口，他反而可能更痛苦；假設不知道對方想聽什麼話，那麼對方在無比難受的情況下，還要付出時間和耐心聽你說那些無價值的話，也會很難受。

所以大家千萬不要隨便安慰他人，不要覺得，我安慰你就是給你送溫暖來，所以我的每一句話都是好話。

那麼我們在安慰的時候，應該注意什麼？

第一，不要一開口就分享自己的經歷跟感受。

很多人安慰別人的時候，喜歡講「你這個情況我也遇過」，然後自顧自的傾訴了十五分鐘，這樣會讓對方感受特別差。因為他失去了被關注的感受，而人的痛苦是需要被他人關注的。

第二，不要直接就提建議。

如果你一開始就提建議的話，他只會體會到更深的無力感。像是我有一次跟我哥抱怨遇到的難事，我哥就跟我說，「早跟你說過應該這樣做、那樣做。」那一刻我很鬱悶，我難道不知道怎麼做嗎？我只是需要被關注和安慰而已。

第三，一定要去肯定和支持對方的感受。這種話永遠都不會出錯。

比如對方離婚了，很傷心，你應該無條件地支持對方：「遇到這種情況肯定是會傷心的，換了誰誰不難過啊。」這種話就叫作肯定跟支持對方的感受。

在安慰別人的時候，最容易犯什麼錯誤？忽略對方的感受。

舉個例子，A家的小狗走丟了，B跟他說：「不是什麼大事，沒關係。」我們安慰別人的時候是不是經常說「沒關係」？但「沒關係」這個詞其實很容易冒犯到別人。

「為什麼沒關係？我的感受就那麼不值得嗎？我這麼難過，你卻告訴我沒關係？」

念書的時候，班上經常有人考不好而心裡難過。我們班主任就安慰那同學：「不應該難過，這種時候應該抓緊時間分析考卷，看看自己哪裡沒考好。」這種話比「沒關係」更嚴重，因為這直接點出了對方的感受是錯誤的。所以我們在安慰別人的時候，一定要向他傳達「你此刻的情緒是對的，是應該的」這樣的話，他才會感到安慰。

還有最後一個方法，如果你真的不知道說什麼，不妨在行動上關心他。

「我也不知道該說什麼，那我就去幫你買點吃的吧！」

最後一種高風險的話，叫作拒絕。

拒絕別人，風險肯定很高，它就是無法提供價值的行為，所以別人肯定不愛聽。那麼應該怎麼做？有人跟你借錢，然而你不想借，怎麼辦？

第一個步驟，理解對方的困境。

「我知道你現在遭遇了經濟上的困難，這時候肯定需要借錢。」

第二個步驟，清晰地說出自己拒絕的理由，表明拒絕的態度。

「我最近手頭也有點緊，所以這次暫時不能借錢給你。」

第三個步驟，告知對方什麼情況下自己一定會提供幫助。「借錢這件事我幫不了，我可以幫的就是為你介紹借錢的管道，如果需要的話你就告訴我。」或者說，「如果過了這段時間，你還解決不了這問題的話，我一定會幫你。」

我們需要注意的一點是，你一定要強調自己的不便之處。很多時候，你拒絕別人的態度很模糊，這種模糊會讓對方覺得，你本來是可以幫他的卻不願意幫他。

有些人更傻，總是懷疑他人的借錢理由。「有這麼困難嗎？一定要借錢嗎？借錢不好。」這樣只會讓對方覺得你是在為拒絕找藉口。

你可能會覺得，一定要這麼拐彎抹角嗎？不借就是不借，乾脆一點拒絕不就好了。如果是那種可以乾脆拒絕的關係，我們就不用那麼為難了。

拒絕本身是非常傷害對方感情的行為，之所以要小心翼翼地處理這件事情，就是因為不想失去這個朋友。朋友來找你幫忙，一般都已經把姿態放低了，如果再被拒絕了，等於在這種低姿態上又被你踩上一腳。所以如果處理不好，感情就會受到很大的影響。

我們要利用自己的智慧把影響降到最低。

以上就是處理一些風險性對話的方法。

接下來該思考的一個問題是，是不是價值高的話就可以隨便說？能把好話說得好的人，其實也不多。

我跟許多人分享過我說感謝的一個妙招。我在剛上高中的時候成績非常差，那時候總要找班上的優等生請教問題，每次跟他們說謝謝的時候，我都會在感謝話語上加上讚美的話，比如加上一句「你怎麼這麼棒，這麼厲害。」感謝加上表揚，能讓你的話價值翻倍。

感謝也可以疊加承諾，如「有什麼我能幫忙的地方，你一定要告訴我」。

感謝還可以疊加效果，如「謝謝你幫我，因為你，我現在感覺學習也不難了」、「你幫我解決的這個問題已經困擾我許多天了，因為你的幫忙讓我今晚不用熬夜」等等。

我還有許多具體的技巧，在我每天總結自己說錯的話時，對各種情況都做了分析和研究。這些具體的技巧，即便知道了，也很難直接應用到生活中。因為我們的大腦已經習慣原來的談話迴路，很多話都是脫口而出的。如果想要做出改變，就需要大腦非常警惕，能夠迅速地分辨出談話的信號，調整成自己腦海中那個更正確的說話方法。

我經常跟學員說，知道正確的知識很容易，但是如果缺乏自我監督能力（意識到自己在做什麼）和自我塑造能力（用正確的做法替代慣性的錯誤做法），就很難做出改變。

在說話交易理論之下，可以多列舉一些高風險的談話，並找出處理方式，一旦往後出現類似談話時，就能有意識地調整自己。

知道這個理論本身就會讓人警覺一些。

最後想提醒大家，**說受人歡迎的話有個前提，就是你必須是一個有價值的人。**

有些人的表揚和誇獎是無用的，為什麼？因為這個人本身就沒什麼價值。對於自己不認可的人，得到他再多的誇獎也沒有快樂可言。

有些人的支持和贊同也沒有用，因為他本身不是一個有邏輯、會思考的人，他的同意也只是盲從罷了。一個根本沒有自己獨立看法的人，是支持還是否定都無足輕重。

所以什麼是有價值的人？

第一種，有能力給別人提供資源與幫助的人，他的話是有價值的。

第二種，有能力獨立思考且思考深刻的人，他的話也是值得聽的。

有價值，進而受歡迎。

這就是我的說話價值理論。

Chapter Six

學習篇

別讓你深度思考的能力被毀掉

或者丟失。

閱讀理解能力，是最基礎的能力

每次和那些極度疼愛兒女的「寶媽」聊天，我都會問她們，除了上學之外，還會考慮培養孩子哪一方面的能力？

媽媽們的答案基本上都是會送女兒去學鋼琴、學舞蹈等等。可能是這些媽媽們都因為沒有特長而吃足了虧，因為不會唱歌、不會跳舞，所以只能看著那些能歌善舞的女生在學校的各種晚會上光芒四射，而自己只能眼巴巴地坐在臺下當觀眾。若是兒子的話，要學什麼呢？學打籃球、踢足球等運動。

我的大學同學生了個兒子，才兩三歲就送去學書法，原因是他覺得寫一手好字對男孩來說很加分。

這些答案沒有對錯，我只是在想，作為父母的他們，認為讓孩子學習這些東西的重要原因是什麼？

到底學什麼更能滋養一個人的成長呢？

就我回溯自己短短二十多年的人生，資質普通、沒什麼加分技能，若不提勤勞、勇敢這些特質，我立身處世所憑的能力是理解和表達。

懂得快——別人一說我就能理解；

表達方面有優勢——不算能言善辯，但是表達還算清晰。

而這些能力來源於一件事——閱讀。

所以如果讓我選擇，我會給我將來的孩子一座圖書館，他可以不學唱歌、彈琴，但他一定要有大量的閱讀基礎。我還會帶他去聽各種專家、學者、明星、企業家，甚至一個有著特別生活經驗的普通人的講座。我會送他去世界各地，去發掘發生在我們生存的星球上的各種人的故事。

女作家郝景芳曾寫過：

現實中的教育系統，負擔的第一功能往往不是培養，而是選拔。

選拔實際上並不涉及教育理想，而是一種資源配置。

為了杜絕徇私舞弊，最好是有清清楚楚的數位標準；

而為了獲得數位標準，最好是有標準答案的題目。

以「培養」為目標的教育，期望每個孩子擁有適合自己心靈的成長環境；

以「選拔」為目標的教育，期望用可操作的手段挑出排名前幾名的孩子。

這段話，我百分百同意。

我們在求學期間基本上都沒有被培養過，而且即便選拔，嚴格的考試制度也只能夠考核某些能力罷了。這就是我們高中一畢業就會迷茫的原因，比迷茫更可怕的是，有些學習成績不好也沒學其他東西的孩子，等於帶著一個幾乎本能的大腦，面對一個沒有正確答案的複雜世界。

複雜的真實世界裡需要的是什麼呢？

需要的是洞察和理解的能力，是分析和思辨的能力，是表達和影響的能力，是創造和協調的能力。

而學校幾乎沒有教過這些東西，如果不想成為一個上過學的白癡，就要自學。

我很重視自己這方面的自我教育，因為需要，也因為不服氣。像我們這種從小地方來、因考試出頭的「高材生」，常被塑造成木訥而不聰明的刻板印象。

既然學校沒能讓我變聰明，那我就要自己培養自己。作為一個個體，我無法像教育專家一樣為自己設計出一個專業的能力培養體系，我只能一路摸索一路學習，拼命地從環境中汲取我需要的東西。後來我發現，當我學習得越多，我就學習得越快。

具體來說，**一個人的學習速度和學習能力的強弱，其實取決於他過去學習的東西，取決於他過去積累了多少、記憶了多少。而我們大腦當中積累和儲存的知識，可以稱為「背景知識」。**

「背景知識」這個概念是我從一本書中找到的。我一直很想用個詞形容大腦記憶體的重要性，直到有一天遇到這個概念，我驚喜地發現，就是它，它可以代表我想說的意思。

背景知識是什麼？我舉一個例子做說明。

廚師小明和服務生說：「我不會在老闆來吃晚飯的時候，試推我的新菜。」這句話包含了兩個要點。第一，小明要推出新菜；第二，他不會在老闆來吃晚飯的時候推出新菜。這是我們能從這句話當中總結出的要點，也就是我們能讀懂的字面訊息。但如果要真正理解這句話，就需要知道它沒有明確給出的背景知識是什麼。

第一，人們在嘗試新東西的時候，很容易出錯；第二，我們都希望給老闆留下一個好印象，所以不願意在他面前冒然推出新東西。

只有擁有這兩條背景知識的人，才能真正理解小明說這句話的意思。

如果是一個小孩子，他不知道嘗試新東西會出錯，或者他不知道人們在老闆面前都想留下好印象，就不能理解這句話。所以他會問：「為什麼啊？為什麼不在老闆來的時候嘗試？」這就是人和人之間理解能力的差距。

我們平時在看任何一本書時，甚至聽人家說的話裡，都有許多背景知識被省略掉了，所以有人能聽懂，有人就不能。

如果剛剛小明把所有的資訊都說出來，就會這樣說：「我不會在老闆來吃晚飯的時候，試推我的新菜，因為推出新菜很容易出差錯，而我想在老闆面前留個好印象，所以我不會推。」

我們聽的人就會覺得這些說話和寫書的人非常囉唆。

我再舉一個例子。

有一次我在直播的時候，有個學生問我：「我想學習英語，又想減肥，同時還想開始準備考研究所，我有一堆事情要做，但是我每天什麼都不做，總是在宿舍裡浪費時間，怎麼辦？」我說：「導致這個結果的原因有很多，但是其中之一，就是你的選擇太多了，你需要減少你的選擇。」她回答：「哦，是的，我太不專注了。」

因為直播時間有限，我無法為她解釋更多，實際上這個跟是不是專注沒有關係，選擇過多本身就會限制行動。

這時候我看到快速滾動的留言畫面裡出現這樣一個文字——「選擇悖論」。

選擇悖論是我之前帶著大家在讀書會上學習的一個概念，書裡對於選擇過多帶來的危害做了細緻的探討。那一刻我在想，有這個背景知識的人和沒有這個背景知識的人，在聽到我說的那句話時，理解的內容不一樣，理解的程度也不一樣。

資訊被呈現的時候，本身就是跳躍性的，如果背景知識不充足，理解能力會不到位，就會覺得深奧和艱澀。長期下去，就失去了深度閱讀和深度思考的能力。結果只能去看看朋友圈裡的雞湯故事和偽科學文章，因為理解那些內容，只需要基本的生活經驗，不需要任何其他的背景知識。

一旦需要相應的背景知識才能理解問題時，這樣的人就會露出膽怯、暴露無知。

我發現我許多在農村生活的小學同學，小時候在同齡人中很聰明，但是長大後許多人就會變得像我們的父輩一樣，大腦的運轉好像變緩慢了。而其中上過學的、到大城市念書的幾個同學，仍然能保持大腦靈活。原因就是後者見的世面比較廣，書讀的比較多，大腦中儲存的背景知識也比較豐富，理解能力就更好。

最近公司在做APP，產品經理經常跟我抱怨，技術人員的理解能力有問題、很難溝通，好像根本聽不懂他說的話，明明已經說得很清楚了，為何對方還不懂？

職場上除了專業技能之外，判斷人的另一個方法就是看這個人靈不靈活、好不好溝通。大腦靈不靈活其實取決於他大腦裡儲存的東西夠不夠。

如果你說一句話，對方在大腦中根本調不出任何有用的東西去幫助他理解，就是不靈活。所以他的問題是連地基都沒有，而不是樓蓋得不夠高。多與人溝通確實可以提升理解能力，因為對方丟給你的話本身就是資訊，你的大腦需要處理和分析才能理解別人說的話，聽得經驗多了，自然收集到的資訊就多。但是更快的方式是「多讀書」。讀書是獲取背景知識最快捷的方式之一，不用親身經歷，不用一直和人親自溝通，就可以讓自己的大腦迅速豐富起來。

書讀得多，理解能力就會增強。

而閱讀理解能力就是人最基本的能力。

有一本書叫作《馬文・柯林斯的教育之道》，全球知名的哈佛幸福課的主講人曾強烈推薦過這本書。

馬文・柯林斯（Marva Collins）是出生於一九三六年的一位美國教育家，她在一九七五年創立了一所學校，專門接納那些別人眼中的不良學生，把那些面臨著毒品、犯罪困擾的孩子一個接一個地送入大學。

除了對學生鼓勵，讓他們變得更有自信之外，馬文·柯林斯採取了一個很特殊的教育方法，她把當時學校的落後教材拋棄，找來了一些故事書，手把手訓練學生的閱讀和寫作能力。她始終都認為，無論一個人以後做什麼，只有擁有閱讀和表達能力，才能適應工作，並且做得更出色。

透過那些故事，馬文·柯林斯教學生們歷史、地理、哲學、戲劇……在她的細心指導之下，即便是四年級的小學生都可以閱讀莎士比亞的作品。這種大量的閱讀訓練，大大增加了學生的背景知識，進而提升了他們的理解能力。

背景知識增多的好處，不只是在閱讀理解方面，當你積累了足夠的背景知識之後，你的記憶能力和表達能力會提高。就像我今天寫的這篇文章。

這篇文章肯定被不止一個人看到，但是大家的理解程度不一樣，當你在看這篇文章的時候，你的大腦會不由自主地檢索過去的記憶和經歷，幫助你去理解我所寫的每個詞。有人檢索到了相關的內容，所以很快理解；有人不能，會覺得不知所云和枯燥；有人早已經知道我所說的一切，所以理解起來很容易，甚至可能會覺得無聊。

理解程度的不同，又決定了你能記住多少。

如果你擁有相關的背景知識，你只需要把你理解到的新知識歸類到過去的記憶和經驗中。這是一件很容易的事情。而無法理解的人，別說是記憶了，死記硬背一個孤立的知識，也很快就會忘記。所以背景知識的多少，嚴重影響你的學習效率。

我們學習的速度，如果畫一幅圖的話，它的速度其實一直在增加。學得越多，學得越快。人和人之間的差距只會越來越大。

我的起點可能比大多數人要低很多，之所以最後能到達跟別人同樣的終點，甚至比我的同齡人還要走得快很多，就是因為我學習速度很快，並且越來越快。

讀書真的會使人聰明啊。

深度思考，是走向世界的捷徑

一九九五年，美國舊金山舉行過一個會議，這個會議上集合了來自全球的五百多位政治與經濟精英，包括柴契爾夫人、老布希等人。

這些精英聚在一起討論的命題是「如何應對全球化」，他們都覺得，隨著全球化的程度加深，一定會造成嚴重的貧富差距。最終全球財富會集中在20％的人手裡。這樣一來，80％的人就成為邊緣人，如果他們不滿、抗爭、發生衝突怎麼辦？

有人就想出了一個方法，這個方法叫作「給那80％的人塞上一個奶嘴」。

這些奶嘴是什麼呢？一種是比如賭博、色情、遊戲等發洩型產業，可以讓人把多餘的精力發洩出來。另外則是發展滿足型產業，比如看一些明星的花邊新聞、讓人可說長道短，讓人沉溺在安逸當中，從而失去上進心，也失去深度思考的能力。這樣的話，他們慢慢就不會抗爭了，他們會期待媒體為他們思考，會被娛樂資訊佔據全部思考能力等等。

這個戰略就是著名的奶嘴樂計畫[21]。

人一旦失去深度思考的能力，就容易上當受騙。更重要的是，有一句很棒的話大概是這麼說的：**走向世界的捷徑，就是擁有自己的觀點**。

可是你捫心自問，自己是有觀點、有看法的人嗎？這些觀點足夠深刻和理性嗎？

我們到底是屬於那80%的人，還是那20%的人？

思考能力低下有幾個特徵：

第一個特徵，特別愛聽故事和看故事。

自媒體作家最喜歡編故事。因為他們知道，喜歡在手機上看文章的人不喜歡動腦。而不愛動腦的人只看得懂故事，所以他們就天天在社群平台裡編故事，拼命吸引不愛動腦的粉絲，最終把這些粉絲變現。

看故事和聽故事，是人從童年就養成的習慣，但是我們不能只看故事和聽故事，當看到需要動腦思考的內容，或稍微有點難度的內容時，你是會動腦思考還是馬上翻過去？

你現在還能讀那種有深度的文章嗎？還是每天都沉浸在別人編的故事裡？

你的思考能力，是不是已經被毀掉？

第二個特徵，情緒化。

---

21 英文為Tittytainment，譯為「奶嘴樂」或「奶頭樂」，由「Titty」（奶頭）與「Entertainment」（娛樂）兩個字組合而成。泛指低成本、用來滿足感官、容易讓人著迷的娛樂。

有一部分人喜歡用情緒代替自己的思考，遇事第一個動的是情緒，而不是腦子。情緒一上來，什麼事都做得出來，什麼話都說得出來，這種人很容易被煽動和唬弄。

第三個特徵，情感跟邏輯分不清楚。

「媽媽一定都是為我們好，所以媽媽說的都是對的，所以要聽媽媽的話。」這句話就是嚴重地把情感跟邏輯混為一談。「媽媽是為我好，是愛我的，我特別感動」，這是情感。但是「因為媽媽愛我，所以她說的都是對的，我都要聽」，這就是邏輯錯誤。

「你為了我好」跟「我要聽你的」之間沒有邏輯關係，你對我好並不代表你是對的，出於為我好的目的，也可能做出傷害我的事情。

第四個特徵，只能從自身出發。

你公開發個訊息說「婆婆和媳婦太難相處了」，底下一定會有人反駁你說「我和我婆婆相處得就很好」。像這樣的人是用自己見過的個案來替代全部，以偏概全，凡事從自己的經驗出發，這是典型的思考能力比較低下的表現。

第五個特徵，喜歡把假設當結果。

「現在國家的經濟已經開始衰退，所以我們都不要辭職，找工作會越來越難。」這句話是我隨便舉例的，在生活中這樣的言論太多了，給出一個假設的前提，然後提出建議。

在這句話當中，「經濟衰退」就是一個假設。

很多人喜歡把假設當結果，從假設出發就開始去推論其他事情，而這個假設本身都不一定被證明過，如果假設是錯的，那後面的話根本就不可信。

第六個特徵，用現象代替原因。

在一個公司裡，員工每天懶散、業績不好，應該怎麼辦？

銷售總監認為，這是銷售人員沒有幹勁造成的，所以他每天都想方設法地對銷售人員喊口號、培訓、發獎金，各種措施齊頭並進之後，卻仍舊沒有效果，即便員工看上去很有熱情。為什麼會這樣呢？

因為銷售總監看到的並不是原因，只是現象。原來公司業績不好，並非銷售人員懶散所造成，而是產品品質有問題。銷售不積極不是根本原因，而是產品本身缺乏競爭力。

有些事情只是呈現出來的現象，不能把它當作原因來解決。我朋友是某公司客服部門的經理，客服部門的離職率非常高，剛招募的員工基本上三個月內就會離開，老闆怪她培訓不到位，但其實是銷售人員的管理有問題：銷售員對客戶經常誇大其詞，最後導致客戶埋怨過多，客服人員承受的壓力太大，才導致了離職現象頻繁出現。

第七個特徵，把機率當必然。

不好好學習就一定考不上大學，考不上大學人生就一定很失敗。

這叫作把機率當必然，這也是思考能力低下的表現。

如何培養深度思考的能力？觀點到底是怎麼形成的？為什麼有些人看上去很有想法？

一般情況下，觀點形成需要經歷四個階段。

第一個階段，在缺乏知識、缺乏資訊，能力也不夠的時候，我們判斷一件事情，首先是靠直覺。直覺認為這個說法有道理，但是具體為什麼，卻說不上來。

而直覺很容易帶來偏見。我媽就對父母離異的孩子有偏見，她認為父母如果離婚了，孩子的性格一定有缺陷。或有人認為貧寒家庭出身的孩子，一定很自卑。

這些偏見可能是因為聽了別人的一番言論之後形成的，也可能是自己對過去經驗的模糊感受。偏見總有一天會受到挑戰。以前你認為父母離異的孩子一定是自卑和不幸福的，結果有一天你看到了另外一個說法——在不健全家庭中成長的小孩，長大之後反而更幸福。這個時候，一場辯論會在你的頭腦中展開，見識了不同的觀點，就要去選擇到底相信哪一個。

判斷的次數多了，就會擁有判斷力。這就是觀點形成的第二個階段。

在後來的人生當中，你會遇到各種不同的觀點在大腦中激盪，慢慢地你變得不敢說話，也不敢下定論，你再也不是那種能把自己的直覺脫口而出的人。你會從一個特別敢說話、什麼都敢說的狀態，到一個不怎麼敢說話、小心謹慎的狀態。其實這是好事，這證明自己開始因為有知而不再無畏。這是第三個階段。

最後，在終於積累了很多的經驗，看了很多的觀點之後，你就能形成自己比較認同的觀點，這時候又敢於表達自己的想法。

你的觀點經歷了從直覺到偏見，到反覆被挑戰之後調整，到最後形成自己的觀點，基本上就會穩定下來，短時間內不會再變化。

但是這個觀點也不是牢不可破的。你經歷過偏見被推翻的過程，所以並不排斥他人來挑戰你的觀點，這時候的你會成為既有主見又不頑固的人。所以如果想要形成深度思考，必須要讓自己的偏見接受挑戰。像我媽這樣的人，一輩子也不會改變她的偏見了，因為她沒有機會對其他任何論點進行思考，因為她這個年齡已經停止學習。

刻意的深度思考有兩個方向：上推式思考和下推式思考。

什麼是上推式思考？

調查研究發現，在某國，A人種的犯罪率比B人種要高出23%，那就意味著每一百個B人種犯罪，就有一百二十三個A人種犯罪。

當你看到這句話的時候，你會想什麼？

「沒錯，A人種受教育的程度低，他們特別暴力、愛搶劫，而且還亂生孩子」。

你會對這個調查結果產生自己的想法。

在沒有見過其他的觀點時，大腦當中現在形成的很有可能是直覺帶來的偏見。

我們往上層研究一下，為什麼那個國家的A人種犯罪率高？

上推式思考的關鍵就是，在看到資訊的時候，不跟著資訊下定論、說情緒，而是反推為什麼，往上推論。為什麼A人種犯罪率高呢？

因為在某國，青年的犯罪率比較高，原因也很簡單，年輕人比較衝動，而A人種年輕人的人數比B人種年輕人要多，最終造成的結果就是A人種罪犯比B人種罪犯多。也就是說，犯罪率高並不是因為他是A人種，而是因為年輕人大多數都是A人種。往上推論之後，你可能會自我檢討「好像冤枉A人種了」。這個時候，就是不同的觀點在腦海當中碰撞，已經開始挑戰你的既有偏見。

我們接著再往上想，為什麼A人種年輕人這麼多？在二、三十年前，A人種有一個很高的生育潮，不知道為什麼，他們那段時間特別愛生孩子。

當你這樣一步一步往上推敲的時候，會發現原因一層接著一層，最終你會找到問題的源頭，把這個問題認識得更深刻，思考深度大大加強。

所以，以後我們看到類似的新聞報導時，不要盲目地被資訊帶著走。大部分這樣的新聞資訊都有強烈的指導性和煽動性，他們之所以那麼說，就是希望你去這麼想。

用往上推論的方式去解決問題，才能找到根本問題所在。

再舉個例子。經理在倉庫的地面上發現了油漬，他有以下幾種做法：

一、找人把地面擦乾淨，並檢查一下哪裡漏油。發現是一台機器漏油了，於是找工人來檢修，修好之後不再漏油。

二、發現機器漏油之後，繼續查漏油的原因，發現是其中一個螺絲的標準不合格，要求採購部重新採購新螺絲，杜絕漏油情況發生。

能做上推式深度思考，就能從源頭解決問題。

在上述兩個案例當中，主要採用「**原因鏈條法**」往上推，這個方法要求大家一定要問「為什麼」，問到不能再問為什麼為止，找出事情的根本原因，然後再下結論。

原因鏈條法是一種上推方式，還有其他方式。

第二種叫作**追溯證據來源和可靠性**。

今天我跟你說在某國，A人種的犯罪率比B人種高23%，並且強調這是一個心理學家調查得出的結論。你不要直接下定論，你可以往上思考一下，我話裡的資訊是否可靠。這個數字是否是真的？這個心理學家是誰？他是否有權威性？我說的話是否有偏差？

第三種上推方式，叫作**時空追溯法**。

我前兩天看到報導說印度強姦案發生的機率很高，但是我不會馬上下結論——印度很亂。而是會想要研究一下，印度一直以來都是這樣嗎？歷史上是否也存在這種現象？如果歷史上印度並非強姦率很高的國家，那麼到底是什麼因素發生了變化？

這樣做也容易讓你找出根本原因，形成深度思考。

除了歷史追溯之外，也可以做平行對比。

關於在中國看病難的新聞，隔一段時間就會被報導一次，黃牛排隊、難掛號、醫生態度不好、住院沒有床位等等。看到這種新聞時，先不要抱怨。

可以向過往追溯，中國歷史上看病一直都這麼難嗎？如果過去很容易的話，為什麼現在很難？也可以平行對比，只有在中國看病才這麼難嗎？為什麼別的國家並不難，還是說別的國家看病比中國還要難？

這時候就容易形成深度思考。

以上是我提供的關於上推的三種路徑：

第一種路徑，追溯原因的鏈條，一直探詢為什麼之後的為什麼。

第二種路徑，追溯證據的來源和可靠性，看看提供的證據是準確還是不準確。

第三種路徑，時空追溯法，比較過去的情形，也可以拿其他的對象平行對比一下，看看是怎麼一回事。

與上推式思考不同的另一種思考方向，叫作下推式思考。

什麼是下推式思考？

最近有很多人都在呼籲限制明星參加真人秀的酬勞，他們指責明星片酬過高，他們參加一個節目等於十個科學家工作一輩子。一般人看到酬勞數字時會很驚訝、很氣憤，難免會下結論：「不應該讓明星拿那麼多酬勞，應該限制酬勞最高不能超過二百萬。」

這時候其實可以進行下推式思考，想一下，如果真的限制明星酬勞，會發生什麼事？

假設明星的酬勞降價成二百萬，但是他的節目會有很多人看，越紅的明星對提高收視率越有幫助，收視率高了，廣告效果就會好。但廣告效果有保障的話，電視臺的廣告費還是那麼貴。所以限制酬勞的最終受益者是誰？

法律沒有限制電視臺收廣告費的上限，所以只要這個節目的收視率高，電視臺就可以跟許多廣告商要價，而最終它一定會選擇那個給錢最多的廣告商。

這樣的情況不是我們想要的，那麼怎麼辦呢？限制電視臺廣告收費的價格嗎？假設最高定在五百萬，有許多廣告商要投，應該挑選哪一個？

挑選了誰，誰不就賺到了嗎？這個廣告商開心死了，以前要花五千萬才能搶到的廣告時段，現在五百萬就能拿下。當然，可能五百萬也拿不下，在這麼多廣告商都覺得五百萬很值得的時候，大家一定會卯起來搶，那麼會不會有廣告商願意多拿五百萬給電視臺高層作為賄賂，反正出一千萬也值得。讓賄賂發生肯定是不對的。那這樣好了，廣告商獲益之後讓他多納稅，最終把這部分錢變成稅收，可不可行？

又或者不要限制明星的收入好了，他可以拿一千萬酬勞，然後讓他直接去納稅。

如果要向明星收重稅的話，會發生什麼事情？有沒有可能會出現一些避稅的方法，比如簽陰陽合同什麼的？監督這些明星納稅可行嗎？成本會不會很高？

我也不知道哪個方法最好，但當你進行下推式思考的時候，你的思考已經開始變得有深度了。**下推式思考的精髓，就是假設。**你可以假設結果就是這樣，然後去推論接下來會發生什麼事情、有哪些問題。假設限制明星的酬勞會怎麼樣？不限制明星酬勞而收取重稅會怎麼樣？

在一步一步的假設中，有可能就會產生你想要的答案。

在這個過程中，思考開始從一個點變成一條線，一條線會變成一個面，一個面會變成一個球，你的思考會越來越立體和有深度。

以上就是我培養深度思考能力的兩個方向。

思考無論是否深刻，大腦一定要開放。一個大腦不開放的人，喜歡處處下結論，而一旦有了結論，思考就停止了。我經常告訴自己：「我說的話不可能是絕對正確的，是可能有變化的。」正因為這樣，我才會一步一步地推翻自己，從而更接近真相。

在我們這個時代，資訊太多了，如果沒有深度思考的能力，就會像一個陀螺一樣，反覆被抽打而旋轉，今天被這個煽動、明天被那個啟發，最終一定會付出代價。

在我們這個時代，問題越發複雜，每個問題都存在於它的系統當中，如果只能看到表像，問題就不會被解決，最終還是要付出代價。

結論就是，誰傻誰吃虧。

別讓你深度思考的能力被毀掉或者丟失。

學得快的人，善於利用別人的思維與經驗

大多數人因為年輕而驕傲，但是我經常因為年輕被質疑。

聽聽這話：我吃過的鹽比你吃過的飯還多，我走過的橋比你走過的路都多。

一個人的年齡確實跟智慧有關，活著的時間越長，積累的學習材料越多，大抵來說生存的智慧也會增長。但年齡絕對不等於智慧。

有些人真的是長年齡而不長腦子。

因為一個人的成長不只是需要學習材料，還必須要經過思考加工。

這就好比生活確實給人許多題目，但是無法逼你去做每一道題，所以許多三、四十歲的人仍猶如巨嬰。同樣地，有些人做一道題學到的東西比別人做十道題都多，並且懂得自己找題做，這也可以解釋為什麼二十多歲的人可以比四、五十歲的人還要成熟和有智慧。

提供兩個超越年齡障礙、累積經驗的方法。

第一個，利用別人的經歷作為學習材料。

高中學習時做過這樣的練習題：一個飽經風霜的六十歲老人，與一個十六歲的小孩，在聽到同一句話時，理解的程度並不一樣。老人的閱歷與經驗豐富，所以理解得更深刻。增加自己的學習材料，是增智的手段之一。

我那時候書讀得不多，但是一旦看到一個社會事件，或者周圍人經歷事件的時候，就會問自己三個問題。

第一個問題：如果是我，我會怎麼做？

第二個問題：他是怎麼做的，結果是什麼？

第三個問題：跟他的做法相比，我選擇的做法好在哪裡，差的話差在哪裡？

許多人以為增長見識就是多去旅行，或者多見世面，這是個大錯特錯的想法，因為光看沒有用，沒有深度參與或者深度思考，就跟你複習書本的時候一樣，眼睛滑過去了，什麼也沒記住，腦子一動不動。所以不能只是看，還要想才行。

經常這麼做的好處有很多。

第一，把別人的生活經歷作為學習材料，比在課本上看到的、課堂聽來的會更直接和深刻；第二，因為關注了很多不屬於自己生活經歷的知識和問題，在以後遇到你關注過的知識，就比沒有關注過的人強很多；第三，把這些廣泛的關注範疇作為背景知識，可以加深你對每一個當下的理解。

我一直用這個方法來學習，喪心病狂到看到別人離婚時，都會想「要是我，我會怎麼做？」我讀研究所時學習了婚姻法，結合以前自己看到的實例，學得不亦樂乎。當八卦媒體報導某明星出軌時，我就一直等待他們的公關消息，等到以後會分析出軌方、受害方和婚外情對象、婚外情對象的對象，四者誰寫的公關文最好？危機公關的規律是什麼？

海底撈火鍋店之前被爆料廚房不衛生，遭遇了嚴重的信譽危機，當下就發出了一篇非常精彩的公關文。我會想，如果是我，我會怎麼寫這篇文章？

雖然我未曾親身經歷，但是我思考過許多比我的經歷更複雜和更龐大的事情。這才是見世面。見，且思。絕對不能做這個世界的旁觀者。

有人喜歡坐著鼓掌，有人喜歡看戲罵人，但是他們最終都只會成為他人的消費品。資訊太多太雜，越旁觀的人腦袋會越笨。那些想賺你錢的人，就希望你什麼都不想，只要接受就可以。你越處於旁觀位置，大家就越容易賺你的錢。而聰明人從不只是簡單的旁觀者，他們的腦子沒有停止過，都是一邊看一邊想。即便沒有經歷，也能擁有經驗。

第二個，利用別人的思維作為發散的方向。

這個世界上比我聰明的人多的是。在讀一些書的時候，我發現自己並不能夠完全理解作者的意思，這就意味著作者的思考比我更複雜。

什麼是利用別人的思維作為發散的方向？其實就是**用別人的腦子來思考**。

當出現一些問題跟事件的時候，首先要問自己對於這個問題是怎麼想的，一定要獨立思考，明確闡述自己對這個問題的觀點，然後再去理解不同的觀點。

看到資訊的時候，一定要看評論，但是不要只看一個人的評論，也不要直接看評論。

看評論是人的本能，不信你下次主動觀察一下自己，點開一則新聞的時候，下意識的動作是不是先去看評論。為什麼？因為人對一則新聞有自己的看法和情緒，而點開評論，就是為了尋找那個跟自己共同的聲音。如果有人罵了你想罵的話，說了你想說的觀點，那順手就是給一個讚，對吧？

如果有人的說法跟你不一樣呢？你還是會先看這條評論的評論，如果有人在罵這條評論，你就放心了，你甚至還會追著罵。

而當你發現你跟所有人都不一樣呢？勇敢的人會表達自己的看法，怯懦一點的就會來一句「難道只有我一個人這麼想嗎？」實際上就是一種盼望他人來認同的心理。

一般人都是不吭聲的，因為人在進化中有長期的群居經驗，在一個群體中，如果你和大家都不同，這是一件很危險的事情，你的本能就會掩飾這種不同。你發現了嗎？

在我描述的這一連串過程中，人沒有在做任何思考，幾乎都是下意識的動作。我們只是瘋狂地在找認可我們的聲音，這就是為什麼每天有無數資訊經過我們的腦海，但是我們的思考能力卻沒有任何提升。

如果你有耐心去思考別人的觀點，你會發現有些人的觀點跟你一樣，但出發點不一樣；有些人跟你的觀點雖然不一樣，但是他也有恰當的邏輯。

也有些人看評論時，覺得評論說得有道理，看評論被反駁了，覺得反駁也有道理，反駁的人又被罵了，覺得罵人的也有道理。最後選擇去相信被最多人點讚的那個看法。

別被我說暈了。如果你有我說的這種特徵的話，確實需要認真地提高自己思考問題的能力。**方法就是先去理解不同的觀點。你沒有想到的觀點和角度，先去理解為什麼別人會這麼想。然後你再去豐富自己的觀點，深化自己的思考。**

好吧，這麼說有點抽象，我再舉個例子。

我的筆記裡面有一個欄目叫作「思想」，上面記錄了很多觀點。

當社會發生一個熱門事件的時候，我會把自己覺得不錯的不同角度的觀點都寫下來，強迫自己再重新思考一遍。

比如其中有一則筆記的標題是：勞動者之間是不是平等的。之所以記錄這則筆記，是因為當時看到一個社會事件：有一個從頂尖大學畢業的人去當了清潔工。

我的第一個想法是：工作沒有高低貴賤，每一個勞動者都值得尊重；但是每一份工作創造的價值大小有差別。原子彈專家和清潔工就是不一樣。但是我不能貿然表達，否則一定會有人誤解我。

等我想明白了以後，打開評論，看到了各種觀點。有人在罵，說：「人人平等，清潔工怎麼了？狗眼看人低。」還有人說：「個人選擇，個人自由，其他人沒有資格干涉。」也有人說：「我不支持大學生去做清潔工，因為人格上的平等，不意味著勞動價值上的平等；勞動價值的平等，也不意味著對人員素質要求的平等。」

看到這句話的時候，我記錄了下來。因為我沒有說明白的事情，他說明白了。

我在筆記裡寫下「人格的平等，不等於勞動價值的平等」，原子彈專家跟清潔工相較，從勞動者的人格上來看當然是平等的，但是他們為這個社會創造的價值不一樣。當我們能夠為社會創造更大價值的時候，卻選擇做一份價值更小的工作，其實也是一種形式的浪費。每個人能長大，除了父母栽培、自己努力之外，還消耗了一定的社會資源。

「勞動價值平等，不意味著對人員素質要求的平等」，這句話我也寫下來了。

假設製造一顆原子彈和掃乾淨一條大街的勞動價值平等，但是這兩個工作要求的人的能力不一樣，一個對腦力要求更高，一個對體力要求更高，所以找一個與自身素質更適配的工作，顯然是更理性的選擇。

不過即便是我認可的觀點，也會有人反駁。若反駁有理，我也會一一記下。在這個過程中，我獲得了許多看問題的角度，他們可能有人是大學老師、有人是街頭小販，他們的人生經驗和我的人生經驗完全不同。這就是用別人的腦袋來思考。

而且肯表達出來的觀點，尤其是從KOL（關鍵意見領袖）發出的文章的觀點，一般他們都會引以為傲，哪怕只是一則簡短的訊息也都會精心編輯過。這等於把別人腦袋當中非常好的那部分拿過來，消化成自己的思考，促進自己的大腦成長。

到底什麼是愚蠢，什麼是聰明？

其實聰明的人不見得任何時候都是正確的，但是因為勤奮思考，所以有自己的原則、觀點和立場，並且隨時在吸收和學習，準備更新自己的認知。

他們宛如施展吸星大法，能把周圍的一切都化為自己功力增長的原料。**別人的錯誤和失敗，形成我的經驗；別人的經驗，成為我的智慧。**

但是愚蠢的人呢？就好像我村子裡的一位二大爺[22]，每次都拿個小菸斗站在大槐樹底下指點東批評西。「不要小看我」，他每次都能把周圍人反駁得心服口服，因為他的每一個觀點都有一個根據，而那些根據就是來自網路的隻言片語。

生活中有太多這樣的人了。經歷少，不思考。

所以六十七歲的人了，還跟小孩一樣「純真」。

22 現今用於負面的稱呼，有粗俗、傻氣等鄙視之意。

學習就是加速度，是普通人最不凡的武器

命運給你一個比別人低的起點，是希望你奮鬥出一個絕地反擊的故事。

這句話我在演講時說過，可實踐起來並不容易。

我認為，人生好比跑步，我之前看過一段影片，可以明明白白地說明什麼叫作「贏在起跑線」。

一群孩子站在草坪上進行一場跑步比賽。

老師說：「比賽開始之前，我會先說幾個條件。如果你符合這些條件，就向前邁兩步；如果你不符合條件，就待在原地不動。」

宣布完規則之後，老師說了第一個條件：「如果你們父母的婚姻仍持續到現在，向前兩步。」接著是第二個條件：「如果你的成長環境裡有個父親般的人物，向前兩步。」

「如果你未來有機會去接受私立學校教育，向前兩步。」

「如果你家請過家教，向前兩步。」

「如果你不曾擔心過沒錢，向前兩步。」

「如果你從來不用和爸媽一起煩惱帳單，向前兩步。」

這個時候，參賽者之間的距離已經逐漸拉開了。

很多參賽者可以在每一個條件宣布時，都開心地向前跨越兩步；也有些參賽者，從最開始到最後，一步都沒有移動過。

一位黑人男孩始終待在原點，看著大家一步步接近終點，他感到有些迷茫。

看完這個短片，你會想到什麼？我當時想到了努力。對！一定要努力。落後的孩子就要跑快點。出生在什麼起點上，我們不能控制，有一些外在條件，也並非我們能左右。

但是這個老師忽略了一些事實，那就是每個人身上都有不同的加分項目。

那個什麼都沒有的黑人小朋友，或許他比所有人都更有勇氣、更聰明、更自律，所以未必會輸。可勇氣無法衡量，一般人都會忽略它的作用，不會注意到它的優越性。

還有，聰明也並非一眼能夠看到的條件。但這些其實都可以給你的人生助跑。

家境比我好的人有一大把，教育程度比我高的人也很多，但正是因為起點低、壓力大，所以我比常人更捨得吃苦、更敢於面對。

這是一種巨大的優勢。

除此之外，有許多優越條件是既定的，比如你不可以重新選擇你的父母，甚至他們的感情也不是你能影響的；生命當中是否有一個如父親般給你指導的前輩，真的只能靠運氣。但有些條件可以透過努力去獲得。儘管我們沒有遇見一個前輩，會隨時隨地給予我們指導，但是我們可以透過讀書、透過學習獲得。

創業之初，我曾立下一句slogan（口號）：**學習就是加速度**。

在我們沒有資本、沒有好的發展機遇時，學習是我們縮短跟別人差距的唯一方式。學習是可以讓我們贏得更快的方式，是我們可以趕上別人的唯一武器。

只要擁有學習的習慣和技巧，就永遠有贏的可能。

但是學習本身就很難。在學習這件事情上，常出現的問題有下述這些。

其實我們能用來學習的時間非常少。大家認真核算一下，自己一天的時間到底夠不夠用。作為一個在職場上工作的人，我們經常感覺抽不出時間學習，所以做了許多的學習計畫最後都無疾而終，過了一段時間回頭看，什麼都沒有學到，又會罵自己怎麼那麼懶。

懶惰是一方面，但實際上你的時間真的沒有想像中那麼多。

我在實習階段也曾做過學習計畫，但是發現根本就執行不了，有時候我擁有時間，但是缺少精力。下班回到家已經晚上七點，看上去好像可以學習到十二點，但是我沒有把自己放鬆的時間計算進去。上班使人筋疲力盡，回到家以後，意志力嚴重缺乏，根本無法開始學習。

還有人計畫在上班時間學習。確實，工作有時候是不飽和的，但是你有考慮到同事可能隨時來找你，老闆可能隨時會發現你的情況嗎？上班時間根本無法集中精力去學習。

普遍情況是這樣的：我們一天當中大部分的清醒時間，都是在工作，工作本身當然是種學習，但是非工作形式的學習，在工作時間肯定是無法完成的。

工作的時間是你賣給老闆的時間。工作結束後回到家已經很累了，你可能還有家庭生活，留給自己的時間少之又少。所以大家千萬不要高估自己的時間，在使用學習時間的時候要非常謹慎，不要覺得只要學就有用、學什麼都行，然後隨便買一堆書、買一堆課程，瞎聽瞎看，這樣你浪費掉的最珍貴的東西反而不是錢，而是本來就很稀罕的學習時間。

第二個我們在自主學習當中會遇到的問題，就是學習範圍太廣。

總有人問我，線上學習是不是騙人的，為什麼我報名那麼多課程去學習，卻沒有任何改變？其實知識本身不會騙人。有人在推廣的時候虛假宣傳，有人在內容上瞎編亂造，我們只能說是這個人騙人。至於為什麼你學習以後沒有改變，因為本來就不會有改變。

首先，你學習的東西太少。可以檢視一下自己現在列的書單和自己報的線上課程，儘管涉及了各方面，然而在每一個方面的學習廣度和深度都沒有，所以很難感受到自己透過學習解決了某個問題和帶來了哪些改變。

一個人從小學到高中讀書讀了十多年，大學還花了四年集中學習一個知識領域，都沒有什麼改變，怎麼可能透過學習一兩個月就有所改變？

膚淺學習只能讓你瞭解，不能為你解決。

第三種比較常出現的學習問題，就是當我們選定了某個領域來學習，比如我想學新媒體營運，那一定要有一個完美的學習計畫，一定要系統性學習，而為此可能會花費上萬塊去報一個專業班上課。

許多學習理論也是宣導：一定要整體性學習，一定要系統學習，一定要有學習框架。其實很多時候，過分追求一個完美的計畫和框架，會導致自己沒有辦法開始，等到這個計畫做得完美之後，你可能已經不想學了，光做這個框架就已經浪費你很多精力。

對於自制力差的人，反而要堅信：三分鐘的熱度，有三分鐘的收穫。

除了報名課程去學習，平時聽到別人說的某句話或者談到相關問題的文章時，都要認真地鑽研，不要想著以後再看，還要系統地規劃一下才可以開始。

學習這件事情太難堅持，這本身就是最大的問題。許多人去學習只是模糊地覺得學習是一件正確的事情，並沒有仔細思考過自己學習的原因。

人為什麼要學習某樣東西？

自主學習的動力一般源於以下幾種：

第一種學習動力是興趣。興趣會帶來想學的感覺，比如看到人家彈古箏非常優雅，所以就特別想要彈古箏，這是學習動力的一種。

第二種學習動力就是急用。我需要掌握這個技能去解決當下的問題。

第三種學習動力可以忽略不計，就是為了模糊的有用感而學習。

我周圍有些朋友一旦迷茫、焦慮，不知道幹什麼的時候，就會學英語。

我問他們為什麼要學英語。他們說：「希望可以改變一下現在的狀態，想要上進一點。」為什麼上進等於學英語？他們就會說：「嗯……英語將來很有可能會用到啊，閱讀英語原著什麼的。」總之結論就是，一旦想要自我提升就會學英語，一旦學英語就會背單詞，一旦背單詞就會放棄。

最好的學習狀態當然是「我很想學」，而且「這個技能非常有用」，這是一種完美的狀態。但是急用的東西未必感興趣，感興趣的東西未必急用，如果要我來選的話，就去學那個急用的技能。有人可能覺得這樣太功利了，這些人秉持的觀念就是學什麼都有用。

你讀的書會成為你的底蘊。

賈伯斯在史丹福的演講中曾說：假如我當年在大學沒上過那一門課……所有個人電腦恐怕都不會有今天各種優美的字體。

這也是一個「當初不經意的選擇，對後來人生造成影響」的例證。

「一時興起↓擁有某個技能↓為前途奠基」，我從來不會設想有這樣的好事，因為我不知道哪個技能會在將來發揮作用。

現實是什麼呢？現實是有一堆東西要學，有一堆問題等待被解決。

那為什麼我不學習那些可以讓我的現狀變好的東西呢？為什麼我非要追求看不到的底蘊？如果學習不能讓我生活變得更好，學習也就沒有意義了。

而比這更現實的是，人在學習時需要看到效果，否則真的難以堅持。

當抱著急用的心態去讀書學習的時候，因為著急，所以學習效率很高、成效很好，最終用自己的所學解決了實際存在的問題，就能體會到什麼是學以致用，你才會把學習當作信仰、當作習慣。我現在的創業過程中，每天都要一邊做事一邊學習，不用被任何人激勵和監督，我就能自己堅持不懈地學。因為遇到的問題太多了，怎麼管理員工？怎麼管理專案？這些都是需要從零開始學習的東西。

許多創業者能保持讀書和學習的熱情，其原因跟自己的境遇分不開。當你的環境一旦安逸下來，就不會再遇到新的挑戰，學習的動力也會喪失。

這種動力不是模模糊糊的興趣可比擬的。

原因很簡單，我喜歡彈古箏跟我下週要上臺表演古箏帶來的學習緊迫感是不同的。對成年人來說，學習最難的就是投入和堅持，然而大多數人的「興趣」不成熟，都只是一時興起，非常脆弱。所以經常會發生這樣的狀況：今天想去跳舞，明天想學瑜伽，後天想學古箏，最後都沒有學成。因為你的「想」和好奇心不足以支撐你克服學習過程中的障礙，和忍受學習中的無聊直到入門。

如果真的是興趣所在，那是忍都忍不住的學習欲望，所以壓根不存在選擇的問題。

還有一個原因，就是即便我們對這個東西非常感興趣，但是學習材料和學習過程本身非常枯燥。比如我對跳舞感興趣，我可能只是對它在臺上展現的那一刻感興趣，只是對在舞臺上的狀態非常羨慕。但是學習舞蹈的孩子都知道，學習的過程很枯燥，一個動作要做幾十遍甚至幾百遍。

怎麼樣把學習變得有趣，這是人類的永恆命題。

我們來總結一下從急用性出發學習的好處。

第一，能夠幫助你及時應用你的所學，並且得到回饋，它符合學習的正確步驟，完成了知識和實踐的結合。

我在上高中的時候，最痛苦的就是不知道所學的東西是從哪裡來，也不知道它將來有什麼用。學習對我來說就是一個記憶工作，我只要在做題目的時候想起來該怎麼解答就可以了。更何況我學的那些都非常抽象，理解起來也很困難。

從急用性出發學習的第二個好處，就是因為這個問題很著急解決，並且一直存在，所以會自動提醒你馬上去學習。

我有個朋友要在公司年會上講話，但是他的表達能力很差，所以他天天都堅持去練習演講。因為這件事情就顯目地寫在日程表上，所以會一直提醒他趕緊練，不練就來不及了，他在短短兩週之內練習的效果可能比別人練習一個月還要好。

第三個好處，就是學習效率高。因為要用，所以你必須快速地理解和消化這些知識，相比毫無目的地散漫學習，效率要高出好多倍。

我無法再用更多的詞彙跟大家解釋這個方法有多好，說太多你們會覺得我很囉唆。

但是自從高考結束以後，一直以來我就是用這樣的方法在學習。我透過讀書和自學，解決了人際交往的問題，也解決了自己在創業中遇到的問題。

面試的時候，有一個應屆畢業生問我：「我到公司以後有人帶嗎？」我說：「你這個問題本身就有問題。我出來創業，有人帶我嗎？入職以後，你的前輩頂多是把基本的操作流程快速地告訴你，或者矯正你一些工作習慣。現代社會分工很細，沒有什麼工作的門檻高到需要跟古代學徒制似的，一個人去完完整整地帶另一個人。」

不會有人帶你的，帶也帶不了多遠。最核心的那些東西必須要你自學。你可以讀書，你可以去網路搜尋，你甚至可以去一些行業群內付費向專家提問，你可以花錢去聽最好的名師課。在一個公司裡，帶新入職的基層員工的人又能厲害到哪裡去？

互聯網如此發達的時代，明明可以很方便地跟這個行業內的卓越者學習，你為什麼不自己去？所以，你根本不需要糾結什麼有沒有人帶你。她當時聽糊塗就回了一句：「你說的也對。」好吧，實際上我們公司就是沒有誰帶誰的說法。

在實踐中學習，遇到問題主動詢問和自己動手，就是最好的學習。

從急用性出發去學習的具體步驟是怎麼樣的過程呢？

第一步，做一個問題清單，列舉自己眼下最想解決的問題是什麼。

現在急需解決的問題，無論是在工作、學習或生活當中，都可以寫下來，然後在上面標明緊迫程度。舉我自己為例，我最近比較急著要學的知識是關於如何管理，甚至還去看了許多心理學書籍。我就像一個饑渴了許久的沙漠迷失者，在一本又一本書中尋找答案，這個過程根本不用任何人敦促。

第二步，從清單中最急迫的問題開始，用關鍵字上網搜尋相關的書單。搜到書之後，除了觀看讀者給的評分，還可以找一下這本書的讀書筆記，透過別人寫的讀書筆記就能看出這本書的主要內容是什麼、寫得好不好，進而可以過濾掉很多標題吸引人但內容普通，或者雖然內容好但是無法解決你問題的書籍。

第三步很關鍵，是一個非常好用的技巧，就是從目錄出發，先去瞭解一下這本書講的是什麼，找出其中最迫切需要閱讀的章節開始讀。

這樣做的好處，第一，可以避免你把這本書買回來之後從來沒有打開過；第二，避免你讀了序言跟第一章之後，就沒有興趣讀下去了。如果這個章節讀了一半沒讀懂，不妨再退回開端重讀。這時候你就會很感興趣，因為讀不懂又成為一個急迫解決的問題。

這個方法我屢試不爽。

第四步，把你問題的答案記錄下來，也就是做讀書筆記。

記錄是非常重要的，我們會發現，有些問題橫亙在生命裡且會多次出現。而我們的記憶力顯然沒有那麼好。

以前去大學開講座，大家提出的問題幾乎都很類似。

A提出了這個問題，「請問要怎麼提高情商」，B還是會提問一遍。

更不能理解的是，B在往後的人生中會一直向不同的人提問這個問題。人總是這樣，以為提出問題就是解決問題，至於問題的答案是什麼，他連記都不想記，等下一次再遇到這個問題，怎麼辦？只好重問。

很多時候，我們對於問題的關注度超過了對於答案的關注度。所以你一定要記錄自己已經找到了哪些方法，並且按照那些方法去實踐，最好把那些方法的實踐效果也記錄下來。這樣的話，當你想提這個問題的時候，你就可以看看哪些被實踐過，有沒有回饋，就沒有必要總是反覆地提問了。

最後一步，就是做一些其他章節的閱讀，快速結束這本書，看看有沒有更多、更好的啟發。這就是我們自主學習的步驟。

不知道你讀到這裡，腦海當中是否浮現一個疑問：為什麼我把學習和讀書畫等號？發現沒有，我在提到具體如何學習的時候，第一個步驟是教大家去找書。實際上現在的學習手段不只是讀書，有許多影片或音訊課程，甚至還有許多專業網站。但是讀書還是我首推的方法。

你有沒有發現，人對文字是有崇拜心理的？對待文字，人類的心情會很莊重。沒有出現影片和音訊的年代，也就是文字時代，文字就是智慧的象徵，著書立說就是一個學者的終極追求。話，可以隨便說，書，不會隨便寫。

說出口的話，有人會忘記，但寫下的字是需要經過許多人的眼睛和腦子審視，也會被許多人評論，而且他們還可以對著你的文字去查詢或深入探討。所以人在寫書的時候，會比在說話的時候更謹慎。

這就是為什麼我推薦大家去書裡找答案。

在書裡，你能找到一個更謹慎的答案，你也能找到一個更系統的答案。

遇見問題，先去書裡找答案，這是一個很好的習慣。

但是問題是，即便書裡有答案，大家還是視而不見，他們喜歡反覆問、到處碰，卻依舊茫然。

那些厲害的人，都是自學的高手。

學習多了，學習本身就成為一種能力，成為普通人最不凡的武器。

End
寫在最後：年輕沒有用

TED上有個心理學家的演講影片，大概是說：二十歲到三十歲是人生最重要的十年。許多關於人生的重大決定，都是在這個階段做出來的，好比和誰結婚、要不要生個孩子、選擇什麼樣的工作等等。

人們總說，三十歲不過是人生一個新的十年。這是一句謊言。

二十多歲的時候談戀愛，好像在玩搶凳子的遊戲，你總覺得眼前的這段不算數，總覺得不會和他結婚，戀愛的原因只是覺得寂寞，想有人陪著你一起玩。

可是到了三十歲，音樂會忽然停止。周圍的人都找到了自己的那把椅子坐下，因為不想成為那個唯一沒有坐下的人，你會慌忙地搶一把離你最近的椅子。

一位婚姻不幸的女性說：「我常常想，我現在的丈夫就是當時離我最近的那把椅子。但最近的那把椅子不一定是最好的選擇」。

二十歲的時候總覺得自己很年輕，還可以去浪費和揮霍，於是把當下該做的都推掉以後，把青春當成放縱的藉口。到了三十歲就只能湊合。年輕時，做錯事讓人付出的最大代價，不是傷心，而是時間本身。青春不過也就那麼幾年罷了。

我今年二十八歲，二十歲這十年即將過完。如果讓我對十年前的自己說一句話，我會告訴她，青春真的沒有用。**你總覺得年輕人有無限可能，但如果像你這樣過著一成不變的生活，那未來只有一種可能：你會成為一個更老的自己，不會有任何其他的事情發生。**

年輕人如果更早知道這一點的話，後來的人生會更從容。

現在我把自己後來知道的一些事情分享給你，希望對你有幫助。

關於工作：

第一點，即便年輕，也沒有那麼多嘗試錯誤的機會。

很多人喜歡說，年輕就是要多嘗試。但就像我之前說的，時間是最大的成本，做事最好有連續性，在一件事情上積累一年和五年，感受不一樣，資源也不一樣。

有句話說，一個普通人只要在一個領域裡深挖，那就是回報率最高的做法。

第二點，不要害怕暴露缺點，隨時準備跳出舒適圈。

我曾錄了幾條抖音發到網路上，結果好多人在評論裡嘲笑我，說我不好看，說我胖，說我說話的姿態不好。看完這些評論之後，我很慶幸，慶幸自己當時鼓起勇氣去做這件事，慶幸這些缺點被暴露出來。

人是怎麼進步的？就是因為有缺點暴露了，然後去改正，人才會進步。

在職場上也是這樣，不會做的事情、做錯的事情、麻煩的事情、不喜歡的事情，不要逃避和偷懶。這些事情就是你工作中的怪獸，打怪的過程能暴露出你身上需要增加的能力值，進而實現成長和蛻變。否則，你有可能成為那些不敢跳槽的職場老油條。

第三點，老闆只喜歡做選擇題，而不是簡答題。

千萬別總是問老闆，這個怎麼做、那個怎麼做。什麼都問他，那麼要你幹什麼呢？哪怕再幼稚，哪怕是新人，也要動腦想出幾個方案，然後讓老闆去選。

在職場上，一個人的價值體現在他能解決多少問題。

第四點，瞭解人比學技術重要。

不管是做產品還是社交，都需要高情商。我說的不是那種送往迎來的表面社交技巧，而是比較有能力換位思考，能夠體會到他人的邏輯和心態。據說賈柏斯可以在測試產品的時候瞬間把自己變成白癡，像一個什麼都不懂的人一樣來使用產品，然後提出問題。這個能力很厲害，所以他才能做出那麼好的產品。

所有的生意，都是人的生意。懂人，才能賺到錢。

第五點，做一些長期才能看到效果的事情。

有句話說，我們總是喜歡高估自己一年內能做的事情，卻低估十年以後的自己。

短暫地投入，快速地成功，這是每個人都喜歡的事情，但是往往會期待落空。一年內我們能做到的事情不多，但從現在開始長期堅持和投入，十年後則會發生翻天覆地的變化。讀書、鍛鍊、學習某樣技能，這些事當中只要有一件可以堅持十年，你就能顛覆自己的命運。

第六點，工作是頭等大事。

別被網路上流傳的那些猝死文章給嚇跑，也別被感情填滿生活，如果有一樣東西不會給你帶來任何好處還會影響工作，就要立馬揮刀斬斷。工作太重要了，人生價值需要在工作上體現，理想生活和承擔責任也需要工作來保障，所以別為了任何人犧牲你的事業。我們需要注意的是工作效率和工作節奏，而不是在工作和生活之間做選擇。

關於愛情：

第一點，在第三次戀愛之前，覺得不合適就要果斷分手。

我有個姐姐，談了七年長跑的異地戀，二十九歲的時候分手了，再去尋找新的伴侶戀愛，卻發現不像年輕時可選範圍那麼大。但其實在這七年中，她一直覺得有不合適的地方，卻沒有勇氣終止這段錯誤的感情。

戀愛最大的成本就是時間。別信那種「三十歲沒什麼」的鬼話，年紀越大選擇越少，這個是必然的事情。尤其在小城市，三十歲之後遇到合適伴侶的機率會明顯變低。找到合適的人是需要嘗試的，當中難免有錯，所以這個過程不要太晚開始，也不能太猶豫。在第三次戀愛之前，或許你都不知道什麼是合適。在賀爾蒙的作用下與一人相戀，相處久了若發現不合，果斷分手就好了。或許以後不會遇上比他更好的，但是誰說得準呢？

單獨去評價一個事物，遠遠沒有在對比後再去選擇來得理性。直到遇到第三個對象，也許你就會知道自己要的到底是什麼。這個時候就不要沒頭沒腦地亂撞了。

第二點，只要說出你的需求，大多數吵架都可以避免。

不爽的時候，我們都會把自己的需求隱藏起來，生悶氣、等對方來猜、去找一個表面的原因來掩蓋。但大多數情況下只要把自己的需求說明白，就可以避免爭吵。

男人也是非常現實的。永遠別想著靠男人上位。

第三點，男人也會嫌棄女朋友窮，而且這樣的人不在少數。

有錢人也知道自己有錢，所以一般情況下，你必須付出對等的代價，才能達到平衡狀態。

賺錢還可以靠自己，但是戀愛不能一個人談。合適的人絕對不等於有錢的人。

第四點，結婚前最好先和對方談談。

談談你們能給對方帶來什麼切身利益，哪怕只有「在一起很快樂」，也算好處的一種。婚前把大多數問題都釐清。例如：幾歲生孩子、雙方的父母怎麼安排等等。婚後再來磨合這些問題會更痛苦。

第五點，吵架是增進感情的機會。

人需要爭吵、翻臉，再和好。兩極分化之後會有互相融合的過程。這種允許憤怒的關係才給人穩固的篤定感。在這個過程中，要去找到解決矛盾的方法，掌握表達生氣和吵架的技巧。別怕有矛盾，怕的是雙方沒有辦法解決矛盾，每次吵架都能演變成分手戰爭，這對雙方來說都是損耗。

關於生活：

第一點，信賴的朋友要有兩三個。

到了一定年紀，那些脾氣差的、滿身負能量的、沒有共同語言的、沒有人生目標的、特別虛榮的朋友基本上就可以斷掉了。他們都不適合深交。

在你的事業有了起色，當你有了家庭後，你的精力越來越有限，把時間放在有價值的人身上才更值得。比如那些能給你建議、能讓你學習、能互相信任，以及在一起會很開心的人。這樣的朋友有兩三個就足夠。不要為了合群而壓抑自己。凡是勉強努力才能合群的，本身就不是你的圈子。如果始終無法融入一個圈子，最應該做的就是換一個。

只要一個人性格無害、品格正直，就不會沒有朋友。

第二點，越早做打算越好。

我們這一代，二十多歲的時候容易迷茫，每個人都不知道將來會怎麼樣。迷茫的時候也是有很多事情可以去做、去想。

年輕時要學會理財，學會為未來的生活去防範風險。你永遠不知道什麼時候要用錢，手頭至少要有讓自己抵禦一次失業或生病風險的錢。也要掌握一些可遷移的技能，防止失業。還要為自己解決養老問題，以免老來悲慘。

第三點，學會休息。

如果你在假期一味地放縱只會更累。睡到天昏地暗、宅到地老天荒，這都沒有辦法緩解你的疲憊感，反而會讓你的生理和心理越來越疲憊。所以一定要學會休息，學會在休息的時間放鬆、清空自己。這個休息會成為你工作的救星。

很多人都是這樣，既不會工作也不會休息，把自己搞得渾身是傷、疲憊不堪。我找到的最適合的放鬆方式，就是遠離城市，徹底和工作隔離，去爬山和郊遊。

第四點，學會盯住自己的人生目標。

你必須知道，自己來到這個世界上到底是要做什麼，什麼樣的你才是最舒服的。

做自己規劃好的事情，不要被無意義的人或者事牽絆，不要為無關緊要的事生氣。不要被他人為你塑造的形象所累，不要被稱讚和好評綁架，不要相信任何一種他人告訴你的人生目標，例如生孩子。

第五點，家庭最重要。

人因為無條件的愛和親密感，從而有堅定的自信基礎。我之所以有足夠的安全感，是因為我知道這個世界上有人會無條件地接納我和愛我，所以我才能無懼任何否定和困境。

因為被愛，所以才能勇敢。家庭對我來說最重要，家人是我們連結感的重要來源，決定幸福中很重要的一部分。所以要珍惜和維護你的家庭，如果你很不幸地出生在一個充滿缺憾的原生家庭裡，那麼，你要自己去創造一個新的家。

第六點，什麼時候都可以重新開始。

三十歲不晚，五十歲也不晚。只要是做正確的事，任何時候都不晚。或許最終沒有足夠的時間和條件去實現，但起碼你正走在通往正確的路上。

如果選錯了愛人、選錯了工作，還勉強堅持下去，那便會錯一輩子。學會及時止損、斷臂求生，就算一輩子好不了，也比一輩子不好來得強。

第七點，永遠靠自己。

這個簡直就是人生真理。你會發現什麼人都靠不住，有時甚至連父母都不能依靠。當父母和你的觀念不同時，他們並不會支持你，或者突然有一天你會發現父母的無力。但這並不代表要讓大家成為「離群索居者」，而是在心理上一定要自立。自立的人才有安全感。不管你有任何願望，你有任何想買的東西，不管你想過哪一種生活，都要靠你自己來完成。

十八歲的時候我認為，二十五歲的人老得可怕。

二十五歲的時候我反而不覺得害怕。

年少不值得回頭，那時候的自己慌亂無序、驕傲自大。而現在，時光賜予人智慧和成熟，讓一個人日漸篤定和從容。能夠駕馭一切以後，誰會羨慕被奴役的日子？

年輕沒什麼好的。雖然我現在還算年輕。

台灣廣廈國際出版集團
Taiwan Mansion International Group

國家圖書館出版品預行編目（CIP）資料

懂拚，贏過有錢、有勢、有背景：月入百萬的傳媒CEO教你「精準努力」，從方法和思考贏得翻倍的成功！/ 劉媛媛著.
-- 二版. -- 新北市：蘋果屋, 2023.04
面；　公分
ISBN 978-626-96826-4-5（平裝）
1.CST: 成功法

177.2　　111021374

懂拚，贏過有錢、有勢、有背景

月入百萬的傳媒CEO教你「精準努力」，從方法和思考贏得翻倍的成功！

作　　者／劉媛媛

編輯中心編輯長／張秀環・**編輯**／陳宜鈴
封面設計／何偉凱・**內頁排版**／菩薩蠻數位文化有限公司
製版・印刷・裝訂／東豪・弼聖・紘億・秉成

行企研發中心總監／陳冠蒨
媒體公關組／陳柔彣
綜合業務組／何欣穎
線上學習中心總監／陳冠蒨
數位營運組／顏佑婷
企製開發組／江季珊

發 行 人／江媛珍
法律顧問／第一國際法律事務所 余淑杏律師・北辰著作權事務所 蕭雄淋律師
出　　版／蘋果屋
發　　行／蘋果屋出版社有限公司
地址：新北市235中和區中山路二段359巷7號2樓
電話：（886）2-2225-5777・傳真：（886）2-2225-8052

代理印務・全球總經銷／知遠文化事業有限公司
地址：新北市222深坑區北深路三段155巷25號5樓
電話：（886）2-2664-8800・傳真：（886）2-2664-8801
郵政劃撥／劃撥帳號：18836722
劃撥戶名：知遠文化事業有限公司（※單次購書金額未達1000元，請另付70元郵資。）

■出版日期：2023年04月
ISBN：978-626-96826-4-5

本書原名：《精準努力：劉媛媛的逆襲課》
本書臺灣繁體版由四川一覽文化傳播廣告有限公司代理，
經中南博集天卷文化傳媒有限公司授權出版。